HISTOIRE
ABRÉGÉE
DU MOYEN AGE,
SUIVIE D'UN
TABLEAU
CHRONOLOGIQUE ET ETHNOGRAPHIQUE,

PAR

M. H. ENGELHARDT,

DOCTEUR ÈS-LETTRES, AVOCAT, PROFESSEUR D'HISTOIRE AU
COLLÉGE MIXTE (GYMNASE) DE STRASBOURG.

STRASBOURG,
F. LAGIER, LIBRAIRE-ÉDITEUR, RUE MERCIÈRE, 10.
PARIS,
HACHETTE, LIBRAIRE, RUE PIERRE-SARRAZIN, 12.
BORET, LIBRAIRE, RUE HAUTEFEUILLE, 10 BIS.

—

1836.

STRASBOURG, IMPRIMERIE DE G. SILBERMANN.

HISTOIRE
ABRÉGÉE
DU MOYEN AGE.

A DIJON,

CHEZ VICTOR LAGIER, LIBRAIRE, PLACE SAINT-ÉTIENNE.

STRASBOURG, IMPRIMERIE DE G. SILBERMANN.

HISTOIRE

ABRÉGÉE

DU MOYEN AGE,

SUIVIE D'UN

TABLEAU

CHRONOLOGIQUE ET ETHNOGRAPHIQUE,

PAR

M. HENRI ENGELHARDT,

DOCTEUR ÈS-LETTRES, AVOCAT, PROFESSEUR D'HISTOIRE AU COLLÈGE MIXTE (GYMNASE) DE STRASBOURG.

STRASBOURG,

F. LAGIER, LIBRAIRE-ÉDITEUR, RUE MERCIÈRE, 10.

PARIS,

| HACHETTE, LIBRAIRE, | RORET, LIBRAIRE, |
| RUE PIERRE-SARRAZIN, 12. | RUE HAUTEFEUILLE, 10 BIS. |

1836.

AVANT-PROPOS.

Avant de me déterminer à publier l'Histoire abrégée du moyen age, je ne me suis pas
dissimulé la difficulté de cette entreprise. Je
n'ignore pas qu'il existe déjà en France et
en Allemagne d'autres ouvrages sur ce sujet,
et je suis loin de vouloir contester leur mérite;
mais, soutenu par l'espoir que mon travail
pourrait être de quelque secours à l'instruction du jeune âge, et encouragé par plusieurs

de mes amis, j'ai triomphé des scrupules que j'avais de le livrer à l'impression.

Ce livre était destiné d'abord à servir de base à des leçons d'histoire, et à remplacer la dictée; car celle-ci, même abrégée, absorbe toujours un temps précieux, qu'on pourrait consacrer plus utilement au développement oral, véritable essence de l'enseignement, parce qu'il s'adresse directement à l'âme, et tend à éveiller plus vivement l'attention et l'intérêt des auditeurs. Depuis, en revoyant mon travail, je lui ai donné une plus grande étendue. J'ai essayé, sans vouloir le détourner de sa destination primitive, d'en faire à la fois un guide pour l'instruction dans les colléges ou dans les maisons d'éducation, et une lecture profitable pour les personnes qui, n'ayant pas le goût ou le loisir de se livrer à une étude plus approfondie de l'histoire du moyen âge, de ce mémorable entre-acte destiné à lier l'antiquité aux temps modernes, désireraient connaître l'ensemble et les scènes les plus frappantes de ce grand drame. En effet, l'étude de cette période de l'histoire de l'Europe offre d'autant plus d'attraits qu'elle nous enseigne comment naquit et s'organisa la nouvelle société qui possède aujourd'hui l'empire d'une grande partie du monde, et qui, depuis le quinzième siècle, a étendu sa domination par-delà les mers.

Montrer comment, depuis l'invasion des Barbares, l'ordre social moderne de l'Europe est sorti, par des transformations successives, de l'ordre social ancien; signaler les élémens qui ont contribué à l'organisation de la nouvelle société; suivre dans leur marche et dans leur établissement les principaux peuples qui sont venus se disputer les dépouilles du monde romain; peindre à grands traits, comme le comporte l'étendue de ce livre, les révolutions intérieures des États qui ont survécu au grand bouleversement dont l'Europe a été le théâtre depuis le cinquième siècle; indiquer les rapports sociaux nés entre les vainqueurs et les vaincus; exposer enfin de quelle manière les élémens divers qui servirent à constituer la société du moyen âge, l'Église, la féodalité, la royauté, la bourgeoisie, se sont coordonnés, se sont développés et ont agi les uns sur les autres, voilà le plan que je me suis tracé en composant cet ouvrage. Je me suis particulièrement attaché à raconter l'histoire des peuples de l'Europe, et ce n'est qu'accidentellement, suivant l'influence que ceux de l'Asie et de l'Afrique ont pu exercer sur eux, que j'ai eu à m'occuper de ces derniers.

Comme les peuples issus de la Germanie ont eu la principale part à la fondation des États modernes, et que beaucoup d'institutions que nous trouvons dans la société du moyen âge ont leur type dans les mœurs primitives des tribus germaniques, j'ai commencé par jeter un coup d'œil sur les usages les plus remarquables des Germains avant qu'ils se fussent fixés dans les provinces romaines.

Il est dans l'histoire des événemens d'un intérêt majeur, qui résument en quelque sorte une longue série de faits, et se placent comme autant de points d'arrêt, de distance en distance, pour nous rendre attentifs à un changement capital qui s'est opéré dans l'ensemble de l'état politique, ou à un progrès sensible dans la marche de l'esprit humain. Ces faits notables, qui impriment une nouvelle impulsion à la vie de l'humanité et changent souvent l'ordre social, peuvent servir à établir des divisions dans le récit historique. Ces grands momens dans l'histoire, ordinairement le produit d'un certain nombre de circonstances intermédiaires et subordonnées, marquent naturellement la transition d'une période à une autre. En partant de ce principe, j'ai divisé l'histoire du moyen âge en quatre parties.

L'invasion des peuples de la Germanie et de l'Asie en Italie, dans la Gaule et en Espagne, devient le signal de la chute de l'empire romain et du renouvellement de la société européenne; avec elle commence la première période. La fondation de l'empire de Charlemagne, qui est en même temps un essai de centralisation au milieu des progrès de la féodalité, et une alliance de la royauté avec le chef de l'Église, forme la transition de la première période à la seconde. A la mort de ce grand prince, la féodalité rompt facilement les liens qui l'avaient momentanément contenue, et poursuit son cours, jusqu'à ce qu'elle vienne se briser contre la civilisation moderne. Les croisades, mouvement d'enthousiasme chrétien contre l'islamisme, migration à la fois chevaleresque, religieuse et poétique, qui se fit en sens opposé à celle des Barbares du cinquième siècle, et dont les résultats ont été aussi importans pour la vie sociale que salutaires au développement intellectuel, séparent la troisième période de la seconde. Enfin, la décadence de l'autorité théocratique, de cette haute puissance morale, posée comme point de ralliement entre les dissolvans de la société du moyen âge, décadence qui coïncide avec l'avènement de la bourgeoisie à l'autorité politique dans les assemblées parlementaires, sert d'introduction à la quatrième et dernière période. Celle-ci se prolonge jusqu'à la fin du quinzième siècle, et s'arrête à la découverte de l'Amérique et de la route maritime aux Indes, grande époque de progrès qui marque l'ouverture d'une nouvelle ère et le commencement de l'histoire moderne.

Comme il est aussi utile qu'intéressant dans l'étude de l'histoire de s'élever de temps à autre à des considérations générales au moyen desquelles il est plus facile à l'esprit d'embrasser d'un seul coup d'œil la connexion des faits, j'ai présenté en tête de chaque période, et en forme d'introduction, un sommaire raisonné de son contenu, en y joignant un aperçu rapide de l'état moral, littéraire et scientifique des peuples, qui est presque toujours dans une liaison intime avec leur situation politique.

Quant au fond de l'ouvrage, je crois inutile d'avertir que les peuples qui ont joué un rôle éminent sur le théâtre du monde, ont réclamé plus de développement que ceux qui ont paru avec moins d'éclat sur la scène. Ainsi j'ai cru essentiel de m'étendre sur l'histoire des Francs, la nation la plus justement célèbre dans le moyen âge, et d'entrer dans quelques détails sur leurs institutions. Il en est de même de l'histoire de France, d'Allemagne et d'Angleterre, à laquelle j'ai voué une attention plus spéciale. Je n'encourrai sans doute pas de reproche pour m'être plus longuement arrêté, dans la quatrième période, à l'histoire des États de l'Italie, dont l'étude est à la fois instructive et attrayante. A cette époque, ce pays, presque entièrement détaché des liens qui l'unissaient autrefois à l'Allemagne, offre un tableau aussi riche qu'animé des passions les plus nobles et les plus viles, de l'arbitraire et de la liberté, de la vertu et de la dépravation, et de ce merveilleux mouvement de l'imagination et de l'intelligence qui a fait de cette belle contrée le foyer de la civilisation moderne.

L'histoire des peuples du nord et de l'orient de l'Europe, bien qu'elle n'offre peut-être qu'un intérêt secondaire à beaucoup de lecteurs, n'a pas été passée sous silence. Il m'a paru important de faire voir de quelle manière la civilisation de ces peuples se lie à l'établissement du christianisme parmi eux, en quoi leurs institutions ressemblent à celles des nations du midi et de l'occident, en quoi elles en diffèrent.

L'Histoire abrégée du moyen age étant destinée en même temps à servir de guide à l'enseignement et de livre de lecture, j'ai cru ajouter à son utilité en indiquant les sources les plus importantes, et parmi les auteurs contemporains de cette époque, et parmi les écrivains les plus estimés des temps modernes qui ont traité du moyen âge. Mon but n'a pas été de faire parade de savoir ou d'érudition, mais de faciliter les recherches des personnes qui voudraient approfondir des faits que je n'ai pu retracer que d'une manière générale. C'est encore pour venir au secours du lecteur que je me suis fait un devoir de joindre à mon livre une chronologie détaillée; j'ai eu soin de la coordonner autant que possible avec l'ordre des matières.

Si le travail que j'offre à la jeunesse laborieuse et aux amateurs des études historiques, dont le nombre augmente de jour en jour, remplit le but auquel il est consacré, et si le public le reçoit avec bienveillance, je considérerai cet accueil favorable non-seulement comme une récompense accordée à mes efforts, mais comme un encouragement à faire paraître dans peu de temps un ouvrage semblable sur l'histoire moderne.

HISTOIRE
ABRÉGÉE
DU MOYEN AGE.

CONSIDÉRATIONS PRÉLIMINAIRES.

L'irruption des peuples barbares, suivie de leur établissement dans les provinces romaines, est un de ces événemens extraordinaires qui ont changé la face du monde et enfanté un nouvel ordre de choses. Avec ce fait mémorable s'ouvre une nouvelle ère dans les annales de l'histoire, naissent de nouveaux États, des formes gouvernementales jusqu'alors inconnues, une civilisation essentiellement différente de celle de l'antiquité.

Robertson, dans la célèbre *Introduction à l'histoire de Charles-Quint*, a fait la remarque que deux grandes révolutions se sont opérées dans l'ordre politique et moral des nations de l'Europe: la première, par les progrès de la puissance romaine; la seconde, par la destruction de cette puissance.

C'est par la première de ces révolutions que les peuples soumis à Rome ont perdu leur individualité, en adoptant insensiblement les mœurs, les lois et la langue des vainqueurs. Ces peuples, sans être compatriotes, étaient tous devenus Romains, parce qu'ils étaient tous liés par une obéissance commune envers la capitale du monde.

Si la domination romaine a eu des effets salutaires pour les peuples subjugués, en les appelant à participer aux avantages qui résultent d'une grande gloire militaire et aux bienfaits de la civilisation, si elle a déguisé la honte de leur servitude sous une apparence de prospérité, elle leur a aussi préparé tous les maux dont la dépravation des mœurs, le despotisme impérial, les vexations des proconsuls, les rébellions des légions et les attaques des barbares ont accablé l'empire romain durant la longue et affreuse agonie qui a précédé sa dissolution.

Cette dissolution, retardée par le respect que le nom de Rome inspirait aux nations germaniques, et par ce despotisme militaire, qui seul encore maintenait l'intégrité du vaste empire, fit de si rapides progrès depuis la mort de l'empereur Julien, et surtout depuis le dernier partage opéré par Théodose-le-Grand, qu'un choc un peu violent venu du dehors devait achever la ruine de l'empire romain.

Parmi les causes diverses qui ont contribué à sa destruction, deux surtout sont saillantes : la première est le défaut de loi organique, qui, en réglant la succession au trône, eût donné des garanties aux droits des sujets et fixé les rapports des provinces avec la métropole; la seconde, l'absence de tout sentiment national dans la masse du peuple, sentiment indispensable pour résister aux invasions de l'ennemi.

Tout dans cet immense édifice sans base, n'offrait plus que l'image d'une agglomération de parties hétérogènes, un jour réunies par la force des armes, depuis maintenues dans la soumission par l'arbitraire et le despotisme, et sans cesse disposées à profiter de la première occasion favorable pour se détacher du centre commun. Le trône, élevé par un prince plus habile que vaillant, ne reposa jamais sur un fondement solide et légal. Le pouvoir monarchique, flottant entre l'hérédité et l'élection, était, comme le sceptre des despotes asiatiques, à la merci du caprice de la garde prétorienne, pour tomber ensuite entre les mains des armées. Celles-ci, originairement formées de légions romaines ou de troupes auxiliaires, levées dans les provinces et soumises aux règles d'une sévère discipline, se recrutèrent, dans les derniers temps de l'empire, de mercenaires étrangers, qui ne faisaient l'apprentissage de l'art de la guerre que pour tourner leurs armes contre l'État qu'ils étaient appelés à défendre. Ajoutez à ces causes de dissolution les partages fréquens de la monarchie depuis le règne de Dioclétien, les révolutions subites et souvent violentes qui ébranlèrent le trône, le déplacement du centre de l'empire par la translation de la résidence impériale à

Constantinople, la concentration des armées dans le voisinage de la nouvelle capitale, l'abandon dans lequel se trouvaient les provinces de l'ouest, la jalousie croissante entre les deux États, depuis le partage de Théodose, la faiblesse et la lâcheté des derniers empereurs, devenus tributaires des Barbares, la trahison des généraux, l'insubordination des troupes employées à la défense des frontières, enfin la direction que prirent les peuples barbares dans leur marche envahissante, et vous pourrez sans peine vous expliquer la chute de l'empire romain d'Occident.

Quand on considère l'état social de l'Europe depuis ce mémorable événement, on reconnaît l'influence de la civilisation romaine survivant aux bouleversemens causés par l'irruption des Barbares, celle de l'Église chrétienne, s'érigeant en barrière contre les progrès de la brutalité et de l'ignorance, et celle de l'esprit de liberté uni à l'énergie de caractère des peuples conquérans.

Trois élémens concourent à l'organisation sociale des premiers siècles du moyen âge: l'Église, la féodalité et la royauté. Rivales souvent dangereuses, elles tiennent la balance ou cherchent à se subjuguer. Long-temps les deux premières se partagent le pouvoir, en se servant l'une de sa force morale, l'autre de sa force matérielle, tandis que la troisième, exposée à la fois aux attaques violentes de l'aristocratie et aux décrets humilians du sacerdoce, n'a plus qu'une existence nominale.

L'Église, tantôt médiatrice entre la civilisation et la barbarie, tantôt auxiliaire de l'aristocratie féodale, quoique subissant l'influence de la grossièreté des mœurs et du défaut d'instruction, empêche la dissolution de l'ordre social, parce qu'elle rattache les peuples par le lien d'une foi commune, et ne cesse d'être l'unique asile des lettres, la défense du faible contre le fort et la garantie de la paix publique. Une foule de circonstances favorables aux progrès de la puissance spirituelle concourent à élever insensiblement la considération du chef suprême de cette Église; pouvoir long-temps faible et timide, qui grandit soudain par la force que lui imprime le génie et la volonté puissante d'un pontife. Sorti victorieux d'un long et opiniâtre conflit avec la puissance temporelle, il tend à s'ériger en arbitre souverain entre les peuples et les rois. Les préjugés du temps et les moyens dont le sacerdoce dispose pour frapper les imaginations et pour agir sur les convictions, lui aplanissent les difficultés qui s'opposent à son projet de fonder la monarchie universelle théocratique. Mais à la fin, ce pouvoir, prêt à écraser tout ce qui ose entraver ses plans de domination absolue, abuse de ses forces, lasse l'esprit servile des souverains et des nations, se dégrade par des querelles scandaleuses et détruit ainsi le prestige par lequel il avait fasciné les yeux. C'est alors qu'il provoque lui-même l'idée d'une réforme dans les mœurs de ses ministres et dans la discipline ecclésiastique.

La féodalité, conséquence nécessaire du changement que l'état des personnes et du territoire a éprouvé par l'établissement des peuples barbares dans l'empire romain, ne se présente long-temps que sous la forme d'une force brutale et anarchique. Née de la guerre et de la conquête, elle n'existe que par la violence et n'agit que par un instinct aveugle de liberté et d'indépendance; elle ne tend qu'à s'agrandir aux dépens de tout ce qui est légal et régulier; elle ne vit que de combats et de rapines; ni le respect dû à la royauté, ni l'autorité des lois, ni les titres sacrés de la propriété ne l'arrêtent dans ses progrès. La force seule peut repousser la force; tout, du reste, doit subir sa loi. Les décrets même de l'Église, ce frein puissant de la barbarie, ne peuvent rien contre le droit de l'épée.

La rudesse des mœurs, un état d'hostilité constant entre les hommes qui ont pu maintenir leur liberté et leur propriété au milieu de cette lutte et de ce déchaînement de passions, l'isolement des pouvoirs, l'absence de tout esprit national, l'insurrection permanente de l'aristocratie contre le suzerain, dont l'autorité n'est plus qu'une fiction, tel est le tableau que nous offre le corps social européen à cette époque. Tout pouvoir royal, considéré comme unité dans l'État, a disparu; le roi n'est plus que le suzerain de nom de ses vassaux, qui méconnaissent toute idée de subordination.

Cet état de dissolution ne pouvait avoir de durée; le désir même de conserver une propriété bien ou mal acquise, et de mettre fin au conflit continuel entre des intérêts divers, souvent décidés à la pointe de l'épée, fait sentir le besoin de l'ordre et de la paix; les rapports entre les seigneurs et leurs vassaux vont devenir plus stables et plus réguliers; la féodalité, si long-temps anarchique, va s'organiser en un ordre politique qui aura ses mœurs, sa police, ses lois. Alors aussi s'élève la chevalerie; avec elle naissent des sentimens plus généreux et plus délicats: l'enthousiasme religieux, l'amour de la poésie, la courtoisie, le goût des expéditions aventureuses, tout annonce le retour de la société vers un ordre de choses plus conforme à la raison, à l'équité, au bon droit, quoiqu'on aperçoive encore de toutes parts des traces de barbarie, de grossièreté et de superstition. C'est une époque transitoire qui prédit des temps meilleurs; elle est signalée par les croisades et par la formation des communes.

Quant à la masse du peuple, habitant les villes, les bourgs et la campagne, long-temps dépouillée des droits les plus sacrés de l'homme, de la liberté personnelle et de la propriété, elle est en grande partie réduite à la servitude, à l'abrutissement et à la misère, jusqu'au moment où, par le concours de circonstances favorables, on voit sortir, du sein même de l'anarchie féodale, la bourgeoisie, le tiers-état, qui, d'abord chétif et dispersé, essaie timidement ses forces, s'enhardit insensiblement, et, réprimé encore dans l'essor qu'il veut prendre, devient enfin le principe vital des États modernes, l'élément indispensable de la prospérité et de la puissance des gouvernemens.

Ce changement important dans l'état social coïncide avec les progrès de l'industrie, du commerce et de l'agriculture.

En même temps que la bourgeoisie prend de l'ascendant, la royauté, presque effacée par l'éclat de l'aristocratie et humiliée par l'Église, commence à renaître de sa nullité et à se placer elle-même au sommet de l'échelle féodale. Elle profite de l'émancipation des villes pour se fortifier, et de la division qui éclate entre les vassaux pour les combattre avec succès et s'enrichir de leurs dépouilles. En même temps elle s'oppose aux prétentions exagérées de la cour de Rome et attaque le principe de la suprématie spirituelle sur le pouvoir temporel. Dans cette lutte contre l'Église, la royauté acquiert une force morale qui la relève dans l'opinion des peuples et la fait regarder comme la source des lois et le principe de la justice. C'est l'acheminement de la royauté suzeraine vers la royauté souveraine.

A côté de la royauté qui grandit, on voit surgir de nouveaux corps politiques, émanés à la fois de la noblesse, du clergé et des communes. Sous le nom de *parlemens*, d'*états généraux*, de *cortès*, de *diètes*, ils commencent dès le quatorzième siècle à intervenir dans la question de l'impôt, et même à demander leur part de la puissance législative; ils proclament le principe que le roi ne peut lever de taxes sans leur consentement, et aspirent partout à servir de contre-poids au pouvoir monarchique. Ces assemblées, premier type du système représentatif, donnent l'éveil à l'esprit public et au sentiment national, dont la dispersion des pouvoirs et l'isolement des peuples avaient comprimé l'élan. La forme républicaine, qui déjà s'est fait jour dans l'organisation des communes, rencontre encore un puissant obstacle à son développement dans les mœurs féodales et dans les progrès rapides du pouvoir monarchique; elle s'établit cependant avec succès dans plusieurs villes de l'Italie, et réussit surtout dans les petits cantons de l'Helvétie, favorisée par la pauvreté des habitans et l'heureuse alliance de la noblesse avec le peuple.

Ainsi l'esprit de liberté, qui, dans les premiers siècles du moyen âge, ne s'était présenté que comme une force aveugle et brutale, s'adoucit et se régularise, éclairé par les progrès des lumières; en même temps il se répand parmi les classes moyennes de la société. Actif comme toute puissance morale, il se propage depuis le treizième siècle par des essais de réforme dans l'ordre ecclésiastique et dans les doctrines religieuses, malgré les obstacles qu'opposent à ces tentatives de réforme, dont le besoin se faisait sentir au sein même de l'Église, le despotisme papal, et l'ignorance ou le fanatisme qui domine parmi le clergé et les moines. Les bûchers de l'inquisition brûlent pour les audacieux qui élèvent la voix contre les abus de la cour de Rome et les déréglemens des gens d'église; mais ces nobles efforts ne seront pas perdus; ce sont autant de germes d'une régénération religieuse semés dans le peuple : ils porteront leur fruit, lorsque l'intelligence humaine sera assez mûre pour les comprendre.

Quand on observe attentivement la lutte constante engagée pendant les siècles du moyen âge entre les divers élémens de la société européenne, on peut se convaincre que la marche de la civilisation, stationnaire par momens, n'a cependant jamais été rétrograde. Dès le onzième siècle, elle tend à briser les liens que lui avaient imposés la barbarie, l'asservissement des masses, les guerres violentes, entretenues par les passions de la noblesse et par le fanatisme monacal. C'est du fond même des cloîtres, alors le seul asile ouvert aux lettres, que jaillissent les premières étincelles de lumière et que sortent les premières paroles de réforme. Le besoin de l'instruction se fait sentir à mesure que la prospérité s'accroît dans les classes inférieures de la société; les écoles s'ouvrent de toutes parts et préparent la voie à un enseignement plus approfondi et plus étendu dans les universités. Celles-ci se multiplient depuis le quatorzième siècle, et deviennent, malgré les funestes erreurs des discussions scolastiques, un nouveau foyer d'instruction et de lumières.

Ce mouvement progressif de l'entendement humain se manifeste aussi par la réhabilitation de la littérature ancienne en Italie, où les savans bannis de Constantinople trouvent à la fois un refuge et des encouragemens. Les admirables inventions qui se succèdent depuis le treizième siècle sont un signe non équivoque du réveil de l'esprit humain. L'application de l'aiguille aimantée à la marine donne un nouvel essor à l'art de la navigation; le perfectionnement de la poudre à canon change le système de la guerre, et hâte la ruine de la féodalité; l'invention de l'imprimerie, en versant les bienfaits de l'instruction sur toutes les classes de la société, sert à propager le véritable esprit religieux par la lecture de l'Écriture sainte, et ferme à jamais les portes à la barbarie et à l'ignorance.

Ainsi la fin du quinzième siècle proclame l'aurore de la régénération des peuples de l'Europe. Deux grands événemens en sont les avant-coureurs: la découverte du nouveau monde, suivie de celle de la nouvelle route maritime aux Indes, et la révolution religieuse et politique qui éclate au seizième siècle, et renferme elle-même les germes d'autres révolutions qui doivent un jour s'opérer dans l'ordre social.

LES PEUPLES DE LA GERMANIE

AVANT LEUR ÉTABLISSEMENT DANS LES PROVINCES ROMAINES.

1. Pour comprendre l'organisation sociale que les peuples barbares ont introduite dans les provinces romaines devenues leur conquête, et pour mieux juger les institutions qui ont régi les États du moyen âge, il faut pénétrer dans les forêts de la Germanie, demeure primitive de la plupart de ces conquérans, et y étudier dans leurs mœurs le type des usages, des lois et de la forme des gouvernemens de cette époque.

Quelque incomplètes que soient les notions que nous possédons sur l'état primitif des peuples germaniques, il nous est possible pourtant de rendre un compte plus ou moins exact de l'étendue de l'antique Germanie et de la manière de vivre de ses habitans, en combinant les récits de César, de Pline, de Strabon et de Tacite, avec les recherches des érudits des temps modernes.

2. Il est difficile de déterminer avec certitude les limites de la Germanie, parce que les peuplades de cette immense contrée se sont arrêtées, dans leurs fréquentes migrations, tantôt dans les provinces orientales de la Gaule, au milieu des peuples de la race celtique, tantôt parmi les Sarmates, au-delà de la

Vistule. Quoi qu'il en soit de ces migrations, on peut admettre comme limite générale de l'ancienne Germanie, le Rhin à l'occident, le Danube au midi, la Vistule et les branches des Carpathes à l'orient; au septentrion la mer du Nord et la Baltique, en comprenant dans ces limites la Chersonèse cimbrique et la Scandinavie.

3. Le nom de *Germains* (*Germani, Wehrmannen*), qui signifie hommes armés ou guerriers, servit, selon Tacite, à désigner à une époque postérieure, et par extension, la nation entière, qui dans l'origine se nommait *Teutons, Thuiskons*[1], d'où dérive le nom moderne de *Teutsche* (peuple). Cette qualification générale n'était d'ailleurs que rarement en usage parmi les nombreuses tribus de la Germanie. Celles-ci se distinguaient par des noms particuliers qui se fondaient souvent dans la dénomination commune d'une grande confédération, comme celle des Chérusques, des Marcomans, des Suèves, des Alémans. Le nom de Teutons était spécialement donné à une peuplade qui habitait sur les côtes méridionales de la mer Baltique.

4. Les auteurs anciens qui traitent des peuples germains ne s'accordent guère dans leur classification. Pline-l'Ancien les divise en cinq races: les Vandales ou Vindiles, les Ingævons, les Istævons, les Her-

---

[1] Adelung, *Histoire primitive des Allemands*.

mions et les Bastarnes et Peuciniens[1]. Dans cette division, qui a de l'analogie avec celle de Tacite, les Vandales figurent comme une race principale, tandis qu'ils sont vraisemblablement une sous-division de la nation des Suèves, décrite avec soin par Tacite, et dont les nombreuses tribus s'étendaient depuis les rives du Haut-Rhin et du Danube jusqu'à celles de l'Oder et aux côtes de la Baltique. Les Bourguignons (Burgundions), les Lombards (Langobards), les Hérules, faisaient partie de la même race. Les Istævons, établis depuis les rives du Bas-Rhin jusqu'en Belgique, étaient subdivisés en Chamaves, Bructères, Sycambres, etc. Les Ingævons comprenaient les Saxons, les Cimbres, les Teutons, les Frisons, sur les côtes de la mer du Nord. La confédération des Chérusques, depuis connus sous le nom de Francs, celle des Marcomans, des Cattes, des Hermundures, des Quades, qui occupaient le centre de la Germanie, appartenaient à la race des Hermions. Les Bastarnes et les Peuciniens étaient fixés sur les frontières de la Sarmatie et dans le voisinage de la Dacie.

5. Les Germains vivaient dispersés dans des cantons (*Gaue*, *gavi*); ils ne connaissaient ni les villes ni les villages; leurs habitations étaient isolées comme des fermes. Long-temps après avoir répudié leurs mœurs primitives et sauvages, les peuples de l'Allemagne considéraient encore les villes

---

[1] Pline, *Hist. nat.*, IV, 28.

comme le séjour de la servitude. Le soin des troupeaux et les travaux des champs étaient ordinairement abandonnés aux femmes ou aux esclaves. La chasse et la pêche étaient l'occupation favorite des hommes libres en temps de paix; les habitans des côtes se livraient à la piraterie, et des germes d'industrie et de commerce s'étaient développés parmi les tribus établies sur les bords du Rhin et du Danube, dans le voisinage des provinces romaines. Les mœurs des nombreuses peuplades qui couvraient le sol de la Germanie différaient ainsi selon les localités, les besoins et les relations dans lesquelles elles se trouvaient entre elles ou avec les étrangers.

6. Les usages et les mœurs tenaient lieu de lois écrites: tout homme libre avait le droit d'assister en armes aux assemblées de la tribu, où se discutaient les affaires d'intérêt public. Les moins importantes étaient réglées par les chefs ou anciens (*Grawe* ou *Grafen*). Dans les assemblées générales, connues depuis sous le nom de Champs-de-Mars, qui se tenaient à la nouvelle lune ou à la pleine lune, et dans lesquelles la police s'exerçait par le ministère des prêtres, la proposition et la discussion des affaires étaient réservées aux anciens; mais la décision appartenait à toute la tribu, qui exprimait son approbation par le bruit des armes, ou sa désapprobation par des murmures ou des hurlemens. Là se réglaient les expéditions de guerre, les traités de paix et d'alliance, le partage du butin; là se jugeaient les

accusations criminelles les plus graves, et on conférait à la jeunesse le droit de porter les armes. L'élection des chefs, rois (*Kœnige*), comtes (*Grafen*), ou ducs (*Heerzoge, Heermannen*), se faisait également dans ces assemblées, et était soumise à la sanction de tous les hommes libres de la nation. L'autorité des ducs, illimitée durant la guerre, finissait souvent avec elle. « Dans le choix des ducs, dit Tacite, on avait égard plutôt à la valeur qu'à la naissance. » L'organisation politique des peuples germains offre ainsi des élémens de démocratie, d'aristocratie et de monarchie.

7. Bien qu'il soit difficile de préciser la classification des hommes qui composaient les sociétés barbares, on peut admettre qu'ils se divisaient généralement en hommes libres et en esclaves. La subdivision des premiers en nobles, hommes libres ordinaires, et affranchis, qui a été admise par plusieurs auteurs, est vraisemblable, sans être prouvée. Les esclaves provenaient, ou de prisonniers de guerre, ou d'hommes qui avaient perdu la liberté au jeu du dé, auquel les Germains se livraient avec une grande passion. Les esclaves étaient astreints à cultiver les terres de leurs maîtres et à fournir à ceux-ci une certaine quantité de blé, de bétail ou d'étoffes. Il est aussi question d'une autre classe d'hommes servans, espèce de vassaux ou de colons, qui demeuraient sur les terres des hommes libres, jouissant de la liberté personnelle et tenus seulement à payer une rede-

vance, ou à rendre quelque service à leurs maîtres ; par là ils faisaient partie de la tribu et avaient le droit d'assister aux assemblées générales.

8. Quoique la liberté personnelle et l'égalité des droits puissent être considérées comme les principes fondamentaux de l'organisation sociale des tribus de la Germanie, on rencontre pourtant la royauté parmi elles. Ces paroles de Tacite: « Les rois sont choisis parmi la noblesse, les ducs parmi les plus courageux, » nous portent à croire que la royauté barbare reposait à la fois sur l'élection et sur l'hérédité. Le principe de l'élection se trouve dans l'usage d'élever les rois sur le pavois, qui rappelait le consentement de la tribu au choix des notables, quoiqu'on reconnût le droit de succession aux membres d'une famille qui comptait parmi ses ancêtres un homme digne de la royauté. Telle fut la nature du droit héréditaire de la famille des Mérovingiens chez les Francs, des Balthes chez les Visigoths, des Amales chez les Ostrogoths, et des Agilolfingiens chez les Bavarois. Chez tous les peuples de la Germanie le pouvoir royal était limité par l'intervention de l'assemblée nationale. Le prince, quelle que fût la considération dont il jouissait dans la tribu, et quoiqu'il se distinguât des simples guerriers par la longueur de sa chevelure, n'avait pas plus de droit au butin que tout autre homme libre de la tribu; et s'il en obtenait une plus grande part, ce n'était que du consentement de ses compagnons d'armes. La royauté,

faible en elle-même, ne puisait de force que dans le caractère de celui qui en était revêtu.

9. Les tribus des peuples germaniques formaient souvent des confédérations pour la défense commune, quelquefois aussi pour l'attaque. La confédération se donnait un chef, un duc, choisi parmi les plus braves. L'autorité de ces ducs grandissait en raison de leur valeur. « Ils commandaient, dit Tacite, plutôt par l'exemple que par la puissance; s'ils étaient vaillans, s'ils se distinguaient, s'ils combattaient au premier rang, l'admiration faisait leur dignité. » Les confédérations, composées d'un certain nombre de tribus, étaient communément désignées par le nom de *Manney* (association d'hommes ou de guerriers). Ces associations, selon les conditions sous lesquelles elles étaient formées, ou selon le but qu'elles avaient à remplir, étaient qualifiées de *Wehrmaney*, ou *Germanie* (association pour la défense), d'*Allemaney* (association de tous les hommes), de *Marcomaney* (association de la frontière).

10. Outre ces confédérations générales, composées de diverses tribus, il existait chez les peuples de la Germanie une autre espèce d'association ou de fraternité d'armes, plus indépendante et plus active que la confédération ordinaire; elle se formait de jeunes guerriers qui attachaient leur destinée à celle d'un chef qu'eux-mêmes s'étaient donné ou qui s'était offert à eux. Ces jeunes hommes, que Tacite

appelle *compagnons* (comites), et que César désigne par le nom de *suivans* (*ambacti, das Geleit*), ou de *cliens*, et qu'on nomme aussi *antrustions, leudes* ou *fidèles* (*Getreue*), partageaient les périls et la gloire de leur chef. C'était un devoir sacré pour eux de défendre leur duc ou de mourir avec lui; lui survivre après la bataille était une infamie. Les chefs combattaient pour la victoire, les compagnons pour leur chef, qui était obligé de fournir à sa suite des vivres, des chevaux et des armes. Sa renommée s'étendait avec ses succès, qui engageaient souvent les nations voisines à venir se ranger sous sa bannière victorieuse. Quelquefois le titre de roi devenait la récompense des exploits d'un tel guerrier. Il arrivait aussi que ces associations armées se missent au service d'une autre tribu ou d'une autre confédération. L'organisation de ces petites sociétés guerrières nous offre le premier type de la féodalité.

11. La juridiction chez les Germains était ou domestique ou publique; la première s'exerçait par le père de famille sur ses enfans et sur ceux qui étaient dans sa dépendance; la seconde appartenait à toute la tribu sur ses membres. La justice était rendue, soit par l'assemblée générale, soit dans les cantons (*gavi, Gaue*) par le comte (*Graf*), assisté de ses assesseurs. Les hommes libres de la tribu étaient jugés par leurs égaux ou par leurs pairs; c'est le berceau de l'institution du jury. L'origine des *ordales* ou des jugemens de Dieu, en usage chez quelques peuples

de la Germanie, paraît remonter à une haute antiquité.

12. Les crimes qui portaient atteinte aux droits et à l'honneur de toute la tribu, tels que la trahison, la désertion, la lâcheté, étaient seuls punis de mort. Ordinairement la sentence prononcée par l'assemblée générale était exécutée par le prêtre, organe de la divinité. Les offenses privées donnaient lieu à la vengeance de famille ou au droit du talion (*Blutrache*); ou elles étaient rachetées par des amendes (*Wehrgeld*) au profit de l'offensé et de sa famille, au profit du roi ou de la tribu.

13. L'hospitalité était une vertu commune à tous les peuples de la Germanie; ils la pratiquaient avec le plus noble désintéressement entre eux et à l'égard des étrangers. La probité, la bonne foi, l'horreur du mensonge, le courage, l'amour de la patrie et de la liberté, l'association de tous contre l'agression étrangère, composaient le code moral et politique de ces nations dans leur primitive organisation. Si les tribus rapprochées des frontières de l'empire romain se ressentaient de l'influence pernicieuse des mœurs dépravées de leurs voisins, elles éprouvaient aussi l'effet salutaire de la civilisation romaine.

14. Nous ne possédons que des notions incomplètes sur la religion des Germains, et nous les devons aux récits de César et de Tacite, ainsi qu'aux traditions

que nous puisons dans l'*Edda*. Le culte de ces peuples s'adressait aux astres, à la terre, au feu et à d'autres objets de la nature. Ils n'avaient ni temples, ni idoles; car la fameuse *Irmensœule* n'était qu'un trophée érigé en l'honneur de la victoire de Teutobourg. Quelques tribus adoraient un Dieu suprême sous le nom de *God*, *Allvater* ou *Wodan*, qu'elles révéraient mystérieusement dans des bois sacrés. D'autres rendaient un culte à *Tor*, dieu du tonnerre, ou à *Freya*, déesse de la beauté. Le culte sanglant d'*Odin*, d'origine scandinave, paraît avoir remplacé chez beaucoup de peuples, et principalement chez les Saxons, la religion plus douce de *Hertha*, déesse de la terre, longtemps pratiquée par les habitans des côtes de la Baltique. L'espérance d'une vie à venir se révèle chez ces peuples dans l'idée d'un paradis, connu sous le nom de *Walhal*, où les guerriers morts en combattant venaient s'asseoir au festin des dieux et se livraient de nouveaux combats. Les oracles et l'art de la divination jouissaient d'un grand crédit parmi les Germains. Le culte primitif de ces nations a subi diverses modifications, principalement chez les peuplades limitrophes de la Gaule, des provinces romaines et esclavonnes, par l'introduction de divinités étrangères et d'une idolâtrie qu'ils ignoraient auparavant. L'ancien culte disparut entièrement lors de l'établissement du christianisme.

PREMIÈRE PÉRIODE.

(406-800.)

Depuis l'entrée des peuples barbares dans les provinces de l'empire romain d'Occident, jusqu'à l'époque de la fondation de l'empire de Charlemagne.

OBSERVATIONS GÉNÉRALES.

La première période de l'histoire du moyen âge commence à la grande invasion des peuples d'origine germanique dans la Gaule, en Espagne et en Italie. Leur établissement au sein de l'empire romain d'Occident accélère la chute de cet empire depuis long-temps affaibli. Celui d'Orient, à la fois menacé par les Perses, les Bulgares, et ensuite par les Arabes, perd ses plus belles provinces, quoiqu'il résiste encore à la destruction, grâce à la situation de sa capitale et à un heureux concours d'événemens. De toutes parts les anciennes institutions romaines sont aux prises avec la barbarie et la grossièreté des mœurs des nouveaux conquérans; mais aussi partout l'Église chrétienne s'érige en médiatrice entre les vainqueurs et les vaincus, et devient ainsi le lien entre la civilisation du monde ancien et la force matérielle, qui menace de détruire l'ordre social.

Cependant les peuples barbares se succèdent rapidement, et se partagent les dépouilles de l'empire romain. De nouvelles hordes chassent les premiers occupans, et sont à leur tour soumises ou expulsées par d'autres. Ainsi la marche dévastatrice des Vandales, des Suèves, des Alains à travers les Gaules et l'Espagne, jusque sur les côtes africaines, est suivie de l'invasion des Visigoths, qui, après avoir livré Rome et l'Italie au pillage, passent les Alpes et fondent un empire dans le midi de la Gaule et dans la péninsule des Pyrénées. Peu après les Bourguignons s'emparent de la Gaule orientale, les Francs de la Gaule belgique, pendant que les Angles et les Saxons, appelés par les Bretons, vont disputer la Bretagne aux sauvages habitans de la Calédonie. Au milieu de ce débordement de nations étrangères, Attila, roi des Huns, peuple sorti de l'Asie, quitte les rives du Danube pour porter la désolation dans la Gaule, où ses armes viennent se briser contre l'alliance des Romains, des Goths et des Francs. Après une courte apparition en Italie, celui qui s'intitulait le *Fléau de Dieu* meurt en Pannonie, et les peuples qu'il avait soumis recouvrent leur indépendance.

Les Ostrogoths, sous Théodoric-le-Grand, mettent fin à la domination des Hérules, assise elle-même sur les débris de l'empire d'Occident. Toute l'Italie, la Sicile et la Rhétie obéissent au sceptre de l'illustre guerrier, qui ramène la paix, l'abondance et la civilisation dans ces contrées désolées par la guerre et par l'anarchie. La monarchie créée par Théodoric est exposée, après sa mort, aux attaques de Bélisaire, destructeur du royaume des Vandales en Afrique. L'Italie entière est soumise à Justinien, restaurateur de l'empire d'Orient, jusqu'à ce que les Lombards, peuple suève, viennent arracher la partie septentrionale de cette contrée aux souverains de Constantinople. La Gaule, long-temps démembrée par les Visigoths, les Bourguignons, les Romains et les Francs, devient la proie de ces derniers. Clovis, roi de la tribu des Francs-Saliens, fonde sa puissance sur l'union avec l'Église, et ses premiers successeurs, en poursuivant ses conquêtes, créent une monarchie, qui, outre la Gaule, embrasse une grande partie de la Germanie et doit sa grandeur et sa durée à un concours de circonstances favorables, et à la valeur des premiers chefs de la nouvelle maison carlovingienne, Pépin d'Héristal et Charles-Martel, le régénérateur des Francs.

Pendant que l'Europe occidentale est inondée, dévastée et soumise par les peuples germains, que de nouveaux États s'y constituent, qu'un ordre social inconnu jusqu'alors y prend naissance, avec une monarchie qui participe de la forme élective et héréditaire, avec une noblesse qui, de l'état guerrier, passe graduellement à celui de propriétaire, sans perdre son esprit belliqueux, avec des institutions dont les premiers linéamens se rencontrent dans les mœurs natives des Barbares; les Arabes, inspirés par la voix de Mahomet, sortent de leurs déserts, et, guidés par le fanatisme religieux et par l'amour des conquêtes, ils déclarent la guerre à tous ceux qui refusent de croire au prophète. L'islamisme se répand avec eux sur les provinces asiatiques et africaines de l'empire grec; leur marine jette l'effroi dans les murs de Constantinople; leurs armes pénètrent à travers l'Espagne, où ils renversent la domination des Visigoths; mais en Gaule ils viennent échouer contre la valeur de Charles-Martel dans les plaines de Poitiers. L'étendue de leur empire devient une cause de son affaiblissement; la mollesse succède à l'austérité des mœurs, et les califes Ommiades, détrônés en Orient par la famille des Abbassides, ne conservent leur autorité qu'en Espagne.

Si, de ce continuel mouvement de peuples, qui du cinquième au neuvième siècle s'est fait sentir dans la plus grande partie de l'Europe, nous portons nos regards sur les rapports sociaux, sur l'état des mœurs, des lois, des sciences, des arts et du commerce, nous remarquons, d'une part, le déclin de la civilisation romaine, et de l'autre, les progrès de la barbarie. Toutefois il y a encore des différences notables, des nuances infinies dans le caractère et dans les mœurs des peuples barbares; ainsi les Vandales et les Huns nous apparaissent plus dévastateurs et plus cruels que les Goths, les Francs, les

Bourguignons et les Lombards. Ces nuances dans la barbarie elle-même exercent une grande influence sur l'état des peuples vaincus et sur leurs rapports avec les vainqueurs. C'est alors qu'on voit se former, suivant le titre de l'acquisition, la différence entre les terres allodiales et les terres bénéficiaires. De cette différence émane celle entre les propriétaires libres et les possesseurs de terres données à titre de récompense, qui depuis ont été appelés vassaux. Ainsi naît le système féodal, qui s'organise et s'affermit dans la période suivante.

Dans tous les États fondés par les peuples de race germanique, l'autorité royale est limitée par des assemblées nationales, composées originairement de tous les hommes libres, et par la suite des leudes ou nobles, possesseurs de terres, et du clergé, dont l'influence politique s'accroît en proportion de ses richesses et de ses lumières.

Deux sortes de législation sont en présence dans cette période, les lois romaines, et celles des barbares. Les premières, que les vainqueurs laissent aux vaincus, reçoivent, dans cette période même, une nouvelle illustration par la publication du code de Justinien; les dernières, successivement rédigées en codes, servent de règle aux vainqueurs.

Le principe que l'offensé a le droit de venger en personne l'offense qu'il a reçue, et que ce droit de vengeance passe aux autres membres de la famille outragée, domine généralement dans les lois criminelles des peuples germains; mais ce droit sanguinaire se trouve adouci par la faculté que possède l'offenseur de se racheter, en payant la composition de la peine. La conservation de la paix publique est le but de ce genre de punition. Dans la procédure introduite par les conquérans, on remarque le jugement par pairs ou par jurés, présidés par un juge établi par le roi; mais, à côté de cette justice royale et populaire, se forme la justice territoriale des seigneurs, qui remplace presque généralement la première pendant les siècles de la féodalité. L'usage du combat judiciaire et des jugemens de Dieu ou des ordales, prouve combien dans ces temps les mœurs guerrières se mêlent aux idées superstitieuses.

Un élément de la société romaine survit encore dans cette désorganisation générale: c'est le régime municipal, que les vainqueurs n'ont jamais pu entièrement détruire, et du sein duquel va s'élever plus tard la bourgeoisie, appelée à un rôle si important dans les affaires de l'Europe. Ce régime se conserve surtout dans les pays méridionaux, malgré les institutions barbares qui s'établissent de toutes parts.

Quand on examine la situation de l'ordre religieux dans cette période, on aperçoit dans le Nord le paganisme encore dominant, tandis que dans les autres contrées de l'Europe, dans l'Asie occidentale et dans le nord de l'Afrique, le christianisme, malgré les sectes nombreuses qui le dénaturent, tend de plus en plus à l'unité par une hiérarchie déjà fortement constituée. Lors de l'invasion des Barbares il est chargé de l'importante mission de convertir les féroces vainqueurs et de les préparer à la civilisation; son influence morale et politique s'étend partout et arrête les fâcheux effets de la barbarie. Pour s'affermir, la hiérarchie ecclésiastique cherche à s'affranchir du pouvoir temporel; elle se présente dès le commencement de cette période comme une société indépendante, intervenant dans les démêlés qui naissent entre les maîtres du monde et les populations soumises. L'évêque de Rome, soutenu par les rois des Francs, essaie de fonder son autorité sur le clergé de l'Occident; la donation de l'exarchat de Ravenne et l'alliance avec Pépin et Charlemagne sont les premiers échelons de la puissance temporelle des papes. L'Église acquiert en même temps un nouvel auxiliaire par l'accroissement que prend l'ordre de Saint-Benoît dans les pays occidentaux, et déjà les moines exercent une grande influence sur les Barbares, qui sont plus disposés à se convertir à leur voix qu'à celle du clergé séculier. Les couvens, dans ce temps de désordre et d'anarchie, offrent un asile au malheur et une retraite à la science.

L'état des sciences, des lettres et des arts, dont la décadence se fait remarquer dès le milieu du second siècle de l'ère chrétienne, est plus déplorable encore depuis le bouleversement de l'empire d'Occident. Les ravages commis par les Barbares et la terreur qui s'est emparée de tous les esprits suspendent en Europe les travaux de l'intelligence; les écoles sont fermées, beaucoup de bibliothèques sont devenues la proie des flammes ; le clergé seul conserve une faible teinture des lettres ; quelques moines s'adonnent à l'étude de la littérature ancienne ou consignent l'histoire de leur époque dans des chroniques ; les villes de la Gaule, de l'Italie et de l'Espagne, qui ont eu le bonheur d'échapper à la dévastation générale, conservent les précieux restes de la civilisation romaine. Dans l'empire d'Orient, envahi, mais non renversé par les Barbares, les lumières continuent à répandre quelque éclat. Constantinople et Alexandrie restent, jusqu'à la conquête de l'Égypte par les Arabes, le foyer des sciences, de la philosophie et des lettres. Les arts et le commerce trouvent encore des encouragemens dans ces pays. L'Italie, quoique livrée au pillage par les conquérans germains, se relève sous le sceptre bienfaisant du grand Théodoric ; les lumières y renaissent dans le sixième siècle sous la domination des Ostrogoths et des Grecs. Le gouvernement des Lombards aussi permet à l'industrie et à l'agriculture de se ranimer. Dans le septième siècle et dans la première moitié du huitième, l'ignorance et la grossièreté des mœurs font de nouveaux progrès : le clergé n'échappe pas à leur funeste influence. A la fin du huitième siècle on remarque pourtant un mouvement progressif dans l'esprit humain ; cette amélioration est visible surtout parmi les moines de l'Angleterre et de l'Irlande, fondateurs d'écoles et de bibliothèques. D'un autre côté, la révolution, qui, dans le même siècle, asseoit en Asie les princes de la famille des Abbassides sur le trône, tourne à l'avantage de la civilisation en Orient. Le goût des lettres et des arts, protégés par ces califes, se communique à tous les États mahométans, et exerce une réaction salutaire sur le développement de la littérature et sur l'adoucissement des mœurs des peuples méridionaux de l'Europe, soumis à la domination des Arabes ou en rapport avec eux.

PEUPLES QUI ONT FIGURÉ DANS LA MIGRATION.

1. Des peuples nombreux ont pris part au grand mouvement qui, depuis le cinquième siècle jusqu'au neuvième, s'est propagé des bords de la mer Noire aux rives du Rhin, et des côtes de la Baltique à celles de la Méditerranée, et qui a eu pour résultat la destruction de l'empire romain d'Occident et la fondation de nouveaux États en Europe et dans une partie de l'Asie et de l'Afrique. Ils peuvent être classés de la manière suivante:

1° Peuples de *race germanique*, tels que les Vandales, les Suèves, les Allemans, les Bourguignons, les Francs, les Saxons, les Angles, les Hérules, les Goths, les Lombards, les Danois, etc.

2° Peuples de *race esclavonne*: les Quades, les Vénèdes, les Antes, les Slaves proprement dits, etc.

3° Peuples de *race asiatique*: les Alains, les Huns, les Avares, les Chazares, les Ugres ou Onogures (Hongrois), les Bulgares, les Arabes (Sarrasins ou Maures).

Invasion des Vandales, Suèves et Alains dans la Gaule. Établissement de ces peuples en Espagne.

2. Il est difficile de préciser l'époque à laquelle commencèrent les premières irruptions des peuples barbares dans les provinces romaines ; elles remontent vraisemblablement au second siècle de l'ère chrétienne. Elles deviennent plus fréquentes et plus menaçantes dans le troisième, par suite des troubles qui alors agitaient l'empire.

Les mouvemens en sens divers que l'arrivée des Huns en Europe (375), pendant le règne de l'empereur Valens, causa parmi les nations gothiques (Ostrogoths, Visigoths et Gépides)[1], dont les demeures s'étendaient depuis le Pont-Euxin jusqu'au Danube, et l'insurrection des Visigoths contre cet empereur (378), paraissent avoir été les motifs de la première invasion en Italie sous le roi Alaric (401-403). Cette invasion fut repoussée par Stilicon, ministre et général de l'empereur Honorius. Elle fut suivie d'une seconde invasion entreprise par différens peuples barbares sous les ordres de Radagaise (405).

[1] A l'époque de la grande migration, les Goths, fixés dès le troisième siècle de l'ère chrétienne sur les côtes septentrionales du Pont-Euxin et entre la Vistule, le Dniester, le Dniéper, le Don et le Danube, se divisaient en trois peuples : les Ostrogoths, ou Goths orientaux, les Visigoths, ou Goths occidentaux, et les Gépides. Les premiers, long-temps soumis aux Huns, recouvrèrent leur indépendance à la fin du cinquième siècle ; les seconds obtinrent de l'empereur Valens des habitations en Thrace, et de Théodose en Pannonie et en Moésie.

Ce chef pénétra jusqu'aux environs de Florence, où il fut défait par Stilicon, qui lui fit trancher la tête. Enfin, en 406, les Vandales, les Suèves et les Alains passèrent le Rhin et dévastèrent la Gaule. Ces trois peuples, alliés aux Bourguignons, furent contraints par la résistance des habitans et par les succès du général romain Constantin, proclamé empereur par les légions de la Bretagne et de la Gaule, à chercher des établissemens en Espagne (409). Les Vandales se fixèrent dans la province Bétique (l'Andalousie), les Suèves en Lusitanie (Portugal) et en Galice. Les Alains, dont une partie resta en Gaule, essayèrent d'abord de s'établir en Lusitanie, et se confondirent dans la suite avec les Vandales (420)[1].

Conquête de l'Afrique septentrionale par les Vandales. Fin de leur domination.

3. La rebellion du comte Boniface, gouverneur romain de l'Afrique septentrionale, détermina les

---

[1] Les Vandales, ainsi que les Hérules, les Bourguignons et les Lombards, appartenaient à la grande nation des Suèves. On présume qu'ils sont originaires des pays situés entre l'Elbe et la Vistule, sur les côtes du Mecklenbourg et de la Poméranie. L'empereur Constantin-le-Grand leur assigna des terres en Pannonie.

Les Suèves, selon Tacite, ne formaient pas, comme les Cattes et les Teuctères, une seule nation; mais ils étaient divisés en différentes peuplades qui occupaient une vaste étendue de pays dans la Germanie, depuis la Vistule jusqu'au Rhin, et plus tard depuis le Danube jusqu'à la mer Baltique.

Les Alains, peuple d'origine asiatique, demeuraient, lors de l'arrivée des Huns en Europe, aux environs de la mer d'Azow, et ensuite entre le Borysthène (Dniéper) et le Danube.

Vandales, sous le roi Genséric, à quitter l'Espagne, alors envahie par les Visigoths, et à entreprendre la conquête de l'Afrique (429). Ce n'est qu'après une guerre opiniâtre contre les Romains et une partie des indigènes que les Vandales purent s'établir définitivement dans la Mauritanie et la province carthaginoise. Ce peuple devenu navigateur et pirate, s'empara des îles de Corse, de Sardaigne et des Baléares (439).

La domination des Vandales, qui, en 455, pillèrent Rome, où Genséric avait été appelé pour aider la vengeance de l'impératrice Eudoxie, forcée d'épouser le sénateur Maxime, meurtrier de son mari et son successeur, dura jusqu'en 534, où elle fut détruite par Bélisaire, général de Justinien, empereur d'Orient. La corruption des mœurs de ce peuple autrefois austère et guerrier, jointe aux soulèvemens des indigènes, facilita la victoire des Grecs sur Gélimer, le dernier roi vandale. Ce malheureux prince servit à orner à Constantinople le triomphe de son vainqueur.

SOURCES. — VICTOR VITENSIS (évêque de Vita, dans la province de Byzacène, vers 489), *de Persecutione Vandalica.* — PROSPERI AQUITANI (secrétaire du pape Léon Ier, vers 455), *Chronicon.* — IDACII (évêque de Galice dans le cinquième siècle), *Chronicon.* — ISIDORI (évêque de Séville, 636), *Historia Gothorum, Vandalorum, Suevorum.* — PROCOPIUS, *de Bello Vandalico.* — MANNERT, *Geschichte der Vandalen.*

Les Suèves en Espagne.

4. Les Suèves, qui avaient accompagné les Vandales dans leur migration, se fixèrent dans les provinces occidentales de la péninsule des Pyrénées. Leur domination s'étendait sur les Asturies, le Léon, la Galice et une partie de la Lusitanie, jusqu'au Tage. Cette nation, en guerre tour à tour avec les Vandales, les Visigoths et les indigènes de l'Espagne, finit par se soumettre à Léovigild, roi des Visigoths (584).

Les Visigoths. Leur invasion en Italie sous Alaric.

5. Pendant que les Vandales, les Suèves et les Alains dévastaient les Gaules et s'établissaient en Espagne, l'Italie fut envahie une seconde fois par les Visigoths sous le roi Alaric, de la race des Balthes (408). Il venait sous le prétexte de venger l'assassinat commis par les ordres de l'empereur sur la personne de Stilicon. La lâcheté et la mauvaise foi d'Honorius furent la cause du pillage de Rome, qu'Alaric avait deux fois épargnée. Ce roi mourut à Cosenza en Calabre, lorsqu'il allait passer en Sicile (410).

Les Visigoths en Gaule.

6. L'arrivée des Visigoths dans la Gaule méridionale (412) fut l'effet d'une convention entre le roi Athaulf, beau-frère d'Alaric, élu par la nation, et l'empereur

Honorius, privé de l'autorité nécessaire pour combattre l'anarchie qui désolait ces provinces. Ces désordres donnèrent lieu aux premiers établissemens des Bourguignons dans la Gaule orientale (413). Les Goths sous Athaulf, d'abord maîtres des pays entre les Alpes, le Rhône, la Méditerranée, la Garonne et les Pyrénées, où ils furent tantôt les auxiliaires des Romains et tantôt leurs ennemis, se fixèrent ensuite au-delà de ces dernières montagnes, et firent de Barcelone la capitale de leur empire. Vallia, successeur d'Athaulf, obtint l'Aquitaine pour prix de ses services, et choisit Toulouse pour résidence (415). C'est l'époque de la fondation de la monarchie des Visigoths dans la Gaule méridionale, et dans cette partie de l'Espagne qui comprend aujourd'hui la Navarre et la Catalogne. Les successeurs de Vallia lui donnèrent une plus grande extension [1].

7. La défaite et la mort d'Alaric II, à Vouglé (507), entraînèrent la perte d'une partie des provinces que les Visigoths avaient possédées dans la Gaule; néanmoins, par l'intervention de Théodoric, roi des Ostrogoths en Italie, ils conservèrent le Languedoc ou la Septimanie. A la mort d'Amalaric, qui avait

---

[1] Voici les noms des rois visigoths depuis Vallia jusqu'à Alaric II: *Théodoric Ier*, tué à la bataille de Châlons-sur-Marne (451); *Thorismond*, son fils, assassiné par ses frères à Toulouse (453); *Théodoric II*, tué par son frère Euric (466). Ce roi étendit la domination des Visigoths sur la plus grande partie de l'Espagne, et en Gaule jusqu'à la Loire. *Euric*, qui met fin à la domination des Romains en Espagne (484); *Alaric II*, défait et tué par Clovis (507).

régné sous la tutelle de Théodoric, s'éteignit la dynastie d'Alaric, et la couronne devint purement élective (526).

8. Après le règne de Léovigild (568-586), qui acheva la conquête de l'Espagne par la destruction du royaume des Suèves, et releva l'autorité royale (584), la monarchie des Visigoths subit les conséquences funestes des querelles religieuses et de l'influence que le clergé exerçait sur le pouvoir politique, depuis la conversion de Récarède, fils de Léovigild, à la religion catholique. La plupart des rois visigoths, jusqu'à Rodéric (586-601), périrent de mort violente.

L'établissement des Arabes sur les côtes de l'Afrique septentrionale dans le septième siècle menaça l'existence de l'empire des Visigoths, que déchiraient des dissensions intestines (710). Les Maures, conduits par Al-Tarec, vinrent se fixer sur le rocher de Calpé (Gibraltar); peu après, la bataille de Xérès de la Frontera, où périt le roi Rodéric, mit fin à la monarchie des Visigoths (711). Pourtant un petit nombre de guerriers chrétiens, sous le commandement de Pélage, leur chef, furent assez heureux pour conserver leur indépendance dans les montagnes des Asturies, de la Cantabrie et de la Navarre. C'est de là que sortirent depuis les fondateurs des nouveaux royaumes de l'Espagne.

9. La monarchie des Visigoths offrait un mélange

d'hérédité et d'élection, forme commune à toutes les monarchies créées par les peuples d'origine germanique. Le pouvoir royal était restreint par les assemblées nationales (curies ou cortès) et par les lois. Après la conversion des rois à la religion catholique, le clergé exerça une influence marquée sur leur autorité et sur celle de l'aristocratie, auparavant puissante dans ces assemblées. Celles-ci furent remplacées par des conciles qui sanctionnaient les lois.

SOURCES. — JORNANDÈS ou JORDANÈS (Alain d'origine, évêque de Ravenne dans le sixième siècle), *de Gothorum origine et rebus gestis*, lib. 60, *in Gruterii collectione*. — ISIDORI, *Historia Gothorum*, et *Chronicon regum Gothorum*. — ASCHBACH, *Geschichte der Westgothen*.

Établissement des Francs dans la Gaule belgique jusqu'à Clovis.

10. Parmi les nations de race germanique qui, dans la première moitié du cinquième siècle, démembrèrent les provinces occidentales de l'empire romain, la plus célèbre est celle des *Francs*, auparavant désignée par les historiens romains sous le nom de *Chérusques*. Déjà redoutables aux Romains dès le commencement du troisième siècle de l'ère chrétienne, par de fréquentes incursions dans la Gaule, les diverses tribus des Francs, dont les demeures étaient répandues entre le Rhin, le Mein, le Weser et l'Elbe, vinrent chercher des établissemens sur la rive gauche du Rhin dans la Gaule belgique.

11. La tribu des *Francs-Saliens*, la plus remarquable des nombreuses tribus des Francs, gouvernée par la race des *Meervings* ou Mérovingiens, s'empara, sous la conduite de Clodion (*Chlodio*), des contrées situées entre le Bas-Rhin, la Meuse et la Somme (428-430). Cambray paraît avoir été la première résidence de ce chef. Mérovée (*Meer-wig*) et Childéric Ier, successeurs de Clodion, étendirent leurs incursions jusqu'au-delà de la Seine (449-481); mais c'est à Clovis (*Chlowig*), fils de Childéric, qu'appartient la gloire d'avoir fondé la monarchie des Francs dans la Gaule (486).

SOURCES. — Trebellius Pollio, *in Gallienis*, c. 7. — Flavius Vopiscus, *in Aureliano*, c. 7. — Gregorii Turonensis († 595), *Historia Francorum*, lib. X. (Elle s'étend jusqu'en 591, et a été continuée par Frédégaire — 641, et par d'autres chroniqueurs — 768. — Aimon (moine bénédictin du dixième siècle), *de Regum procerumque Francorum origine.*

Établissement des Bourguignons en Gaule.

12. Les Bourguignons, nation suève, qui avaient d'abord suivi la migration des Vandales, des Suèves et des Alains, s'arrêtèrent en 413 sur les rives du Haut-Rhin et dans l'Helvétie occidentale. Leur établissement définitif dans la Gaule date de l'année 456. Leur domination s'étendait alors sur la Bourgogne d'aujourd'hui, la Franche-Comté, le Lyonnais, le Dauphiné, la Savoie, le pays de Vaud, le

Valais. Tout le royaume portait le nom de *Grandlot* (*allodium*) des Bourguignons.

13. Ce royaume, dans lequel le pouvoir royal ne tarda pas à devenir héréditaire, fut exposé à des troubles fréquens causés par la turbulence de la noblesse, jalouse des rois et de la protection qu'ils accordaient aux sujets romains. La fermeté du roi Gondebaut, célèbre pour avoir publié la loi *Gombette* (501), préserva cet État de la ruine dont le menaçait Clovis. La conquête du royaume des Bourguignons (534) par les fils de Clovis (Childebert et Clotaire), ne détruisit pourtant pas entièrement la nationalité de ce peuple.

SOURCES. — AMMIANUS MARCELLINUS, lib. 28, c. 29 et 30. — SCHOEPFLIN, *de Burgundia cis et transjurana in commentationibus historicis et criticis*. — MÜLLER, *Schweizer-Geschichte*, t. I.

Invasion des Huns en Gaule et en Italie[1].

14. La Gaule était partagée entre les Romains, les Francs, les Visigoths, les Alains et les Bourguignons, lorsque Attila, roi des Huns (445) vint l'envahir, après avoir jeté l'épouvante dans l'empire de Constantinople, alors sous le sceptre de Théodose II, et étendu sa domination du Volga au Danube. Le

[1] Les *Huns* ou *Hiong-nou* sont un peuple de la race des Tartares-Mandchoux, vivant dans l'état nomade au nord-est de la grande muraille de la Chine. C'est par suite de longues révolutions et de guerres que cette nation s'avança vers la mer Caspienne, d'où un autre peuple asiatique la força à émigrer en Europe en 374.

danger commun rallia contre le *fléau de Dieu* les Romains, les Francs et les Visigoths, long-temps ennemis. Déjà une grande partie de la Gaule avait été saccagée par les Huns, quand la bataille de Châlons-sur-Marne (451), gagnée par les peuples alliés de la Gaule, mit un terme à cette terrible invasion. Attila, vaincu sans être abattu, descendit dans les plaines de l'Italie et répandit jusqu'à Ravenne la terreur de son nom (452). A cette époque remonte la fondation de Venise par les Vénèdes, qui allèrent se réfugier dans les lagunes, pour échapper aux armes du vainqueur. Il est probable que c'est moyennant un fort tribut que les Romains achetèrent la retraite des Huns. La mort d'Attila, en Pannonie (454), donna lieu à des guerres entre ses fils et au démembrement des vastes États qu'il avait réunis sous son pouvoir. La destruction de cet empire rendit la liberté aux Ostrogoths et aux Gépides.

SOURCES. — Ammianus Marcellinus, lib. 31, c. 2. — Jornandès, déjà cité, c. 34-43. — Procopius, déjà cité. — Deguignes, *Histoire générale des Huns, Turcs, Mogols et Tartares*. — Fessler, *Lebensbeschreibung Attilas*. — Montesquieu, *Grandeur et décadence des Romains*. — J. de Müller, *Histoire générale*.

Conquête de la Bretagne par les Anglo-Saxons.

15. Les Saxons, grande confédération de peuples germaniques, dont les habitations s'étendaient dans le nord de la Germanie, depuis les rives de l'Ems jus-

qu'à l'Elbe et au-delà de l'Eider en Jutland, occupent un rang distingué parmi les nations qui ont pris part au démembrement de l'empire romain d'Occident. Depuis le troisième siècle leurs pirateries les avaient rendus la terreur des côtes de la Gaule et de la Bretagne, lorsqu'en 446 le chef breton Vortigern les appela à son secours contre les Pictes et les Scots, qui dévastaient la Bretagne.

Les Saxons, sous la conduite de leurs chefs, Hengist et Horsa (449), repoussèrent les Calédoniens et obtinrent pour prix de leurs services la possession de l'île de Thanet, sur les côtes orientales de la Bretagne. De nouvelles hordes de Saxons forcèrent les Bretons à leur céder successivement les provinces orientales et méridionales (465-586). Les États saxons qui s'y formèrent sont connus sous le nom de l'*Heptarchie anglaise*. Les Bretons conservèrent le Cumberland, la Cornouaille et le pays de Galles; d'autres se retirèrent dans l'Armorique.

Egbert-le-Grand, roi de Westsex (827-836), parvint à exercer une si grande prépondérance sur les autres royaumes de l'Heptarchie, qu'on les regarde communément comme réunis sous son sceptre, quoiqu'il n'y eût pas alors de réunion effective. C'est ce défaut d'unité qui paraît surtout avoir favorisé les déprédations des Danois [1].

---

[1] Les royaumes de l'Heptarchie furent: 1° *Kent*, fondé par Hengist (465); 2° *Sussex*, par Ella (500); 3° *Westsex*, puissant sous Egbert-le-Grand (827); 4° *Ostsex* ou *Essex* (527), 5° *Northumberland* (547), 6° *Deïra* (560), 7° *Anglie orientale*, fondée par Offa (575); 8° *Mercie*, dans l'intérieur, devenu puissant en 586.

SOURCES. — GILDAS, de *Excidio Britanniæ*, c. 25. — BEDA VENERABILIS, *Hist. ecclesiast.*, lib. I, c. 15, et *Chronica Saxonica*. — HUME, *Hist. of England*. — LINGAIRD, *Hist. of England*. — HENRY, *Hist. of Great-Britain*. — TURNER, *Hist. of the Anglo-Saxons*. — AUGUSTIN THIERRY, *Hist. de la conquête de l'Anglet. par les Normands*, 4 vol.

Destruction de l'empire d'Occident par les Hérules.

16. Après l'invasion des Huns, l'empire d'Occident s'avança rapidement vers sa destruction. Le lâche Valentinien III ayant péri de mort violente, le gouvernement passa dans les mains de généraux étrangers, dont quelques-uns, tels que Ricimer, Suève d'origine, surent, par leur valeur ou leur habileté, opposer une barrière aux irruptions réitérées des Barbares. La mort de Ricimer (472) précipita la chute de l'empire. Odoacre, proclamé chef des Hérules et des Rugiens[1], qui étaient à la solde des derniers empereurs, profita de l'anarchie pour se soulever, sous prétexte que le jeune empereur Romulus-Momyllus (*Augustule*) lui refusait des terres qu'il demandait pour la solde des troupes. La défaite et la mort d'Orestes, père de l'empereur, furent suivies de la déposition de ce jeune prince, qui eut la permission de se retirer en Campanie (476). Odoacre gouverna l'Italie sous le nom de roi des Hérules. Après avoir dépouillé les Italiens d'une

[1] Les Hérules et les Rugiens étaient des nations suèves, originaires de la Poméranie.

partie de leurs propriétés, il leur permit de vivre selon leurs lois.

SOURCE. — JORNANDÈS, déjà cité.

Conquête de l'Italie par les Ostrogoths.

17. L'Italie, loin d'être malheureuse sous la domination des Hérules, malgré l'atteinte portée au droit de propriété, commençait à se relever de l'état de langueur dans lequel elle s'était trouvée sous les derniers empereurs, lorsque l'invasion des Ostrogoths sous Théodoric y ralluma la guerre et lui imposa de nouveaux maîtres. La prise de Ravenne et la mort tragique d'Odoacre mirent fin à la domination des Hérules (493); les Ostrogoths étendirent leurs conquêtes en Sicile, en Savoie et en Rhétie.

Grandeur des Ostrogoths sous Théodoric.

18. Le règne de Théodoric-le-Grand (493-526) ramena le calme et la prospérité dans les pays soumis à la domination des Ostrogoths. L'agriculture et l'industrie, le commerce et les sciences trouvèrent un protecteur dans ce prince sage et tolérant, ami des lettres et de la justice, qui, par ses nobles qualités, a fait oublier les actes de cruauté qu'on pourrait lui reprocher.

Théodoric conserva le sénat et les institutions romaines, en maintenant une juridiction séparée entre les Romains et les Goths.

En 500 il publia l'édit qui porte son nom et qui contient un recueil de décrets romains refondus en lois nouvelles. Il créa une flotte destinée à protéger les côtes de l'Italie.

Décadence et chute du royaume des Ostrogoths.
(526 - 553.)

19. A peine Théodoric eut-il cessé de vivre, que des dissensions, causées par l'esprit turbulent des grands, par la conduite imprudente de la princesse Amalasonte, fille de Théodoric, et par l'ambition du cruel Théodat, son cousin et son époux, qu'elle associa au gouvernement, minèrent la prospérité de l'empire et facilitèrent à l'empereur Justinien les moyens de soumettre l'Italie à la domination de Constantinople. Pendant le règne du roi Vitigès (536-540), Bélisaire s'empara de Naples et de Rome, tandis que les provinces septentrionales étaient exposées aux ravages des Francs et des Bourguignons. La fermeté et l'habileté de Totila (541-552) relevèrent pour un instant la monarchie des Ostrogoths; mais l'arrivée de Narsès, successeur de Bélisaire, et la défaite de Totila, préparèrent la ruine de leur empire. Téjas, leur dernier roi, fut tué à la bataille de Nocéra (553).

SOURCES. — JORNANDÈS, déjà cité. — M. CASSIODORI, (consul à Rome en 514), *Variarum epistolarum lib. 12.* — SARTORIUS, *Essai sur le gouvernement des Ostrogoths pendant leur domination en Italie.* — NAUDET, *Histoire de l'éta-*

blissement, des progrès et de la décadence de la monarchie des Goths en Italie. — HURTER, *Geschichte des Ostgothischen Kœnigs Théodorich und seiner Regierung.* — MANSO, *Geschichte des Ostgothischen Reichs in Italien.*

Établissement des Lombards en Italie.

20. Après que Narsès eût gouverné toute l'Italie pendant quinze ans au nom de l'empereur d'Orient Justin II, ce pays fut envahi en 568 par les Lombards. Ce peuple suève, vainqueur des Gépides, avait, depuis la décadence du royaume des Ostrogoths, obtenu des établissemens en Pannonie (vers 548). La beauté du climat et des avis secrets de Narsès, alors brouillé avec la cour de Byzance, engagèrent Alboin, roi des Lombards, à descendre dans les plaines de l'Italie pour y chercher de nouvelles habitations. Accompagné de la nation entière des Lombards et suivi de quelques milliers de Saxons, ce roi s'établit sur les rives du Pô et fixa sa résidence à Pavie (568). Au bout de quatre ans (568-572) le royaume des Lombards embrassa toute l'Italie septentrionale et la Ligurie.

Les provinces conquises furent partagées en trente-six duchés, dont les chefs, réunis en diète, posaient des limites au pouvoir du roi, l'élu des grands. Dans la suite les Lombards reculèrent leur domination jusqu'au Frioul et au duché de Bénévent. Le reste de l'Italie méridionale continua à reconnaître la souveraineté nominale des empereurs d'Orient.

21. La fin tragique d'Alboin, assassiné par son épouse (573), plongea le royaume des Lombards dans de longues agitations, fruit de l'anarchie et de l'ambition des ducs, qui cherchaient à se rendre indépendans. Le trône, raffermi par le roi Autharis (584-590), qu'on peut considérer comme le restaurateur de la monarchie lombarde, brilla d'un plus vif éclat sous le sceptre de Rotharis (636-652). C'est lui qui fit faire la fameuse collection de lois qui long-temps a servi de règle aux peuples de l'Italie. Elle fut révisée et complétée sous Luitprand, le plus sage des rois lombards (712-744). Les tentatives du roi Aistolphe (749-756) pour s'emparer de l'exarchat de Ravenne furent déjouées par l'intervention de Pépin-le-Bref (755). De nouveaux démêlés entre Didier, successeur d'Aistolphe, et le pape, servirent de prétexte à Charlemagne pour attaquer le royaume des Lombards, qui perdit son indépendance par la prise de Pavie et l'abdication de Didier (774). Charles prit alors pour lui la couronne de fer des rois Lombards [1].

SOURCES. — PAULI WARNEFRIDI, *de Gestis Longobardorum*, lib. VI, — 774; dans la collection de MURATORI et dans celle de GRUTER et de H. GROTIUS. — EGINHARDI, *Vita Caroli Magni*. — ZANETTI, *Regno dei Longobardi in Italia, memorie storico-critico-chronologiche*. Venezia, 1753.

---

[1] Les Lombards, depuis la destruction de leur domination, furent gouvernés simultanément par leurs lois et par celles des Francs. La royauté devint héréditaire dans la famille de Charlemagne. Les grandes dignités étaient conférées à des Francs.

Fondation de la monarchie des Francs par Clovis, jusqu'à l'avènement de Charlemagne.

22. Les Francs, établis dans la Gaule belgique depuis le commencement du cinquième siècle, ont acquis une grande célébrité : ils sont devenus les fondateurs du plus important des États modernes, et ont transmis leur nom à une nation qui occupe une place éminente parmi les peuples de l'Europe. Clovis (*Chlodwig*), fils de Childéric (481-511) et roi de la tribu des Francs-Saliens, commença la conquête de la Gaule par la victoire qu'il remporta à Soissons sur les Romains, commandés par Syagrius (486). La bataille de Tolbiac, gagnée sur les Allemans (496), jaloux de la domination des Francs, accrut la puissance du roi salien et hâta la soumission des tribus allemaniques sur le Rhin. En même temps la conversion de Clovis consolida son autorité, en lui assurant l'affection et l'appui du clergé et des peuples catholiques de la Gaule. Dès ce moment les évêques gaulois favorisèrent les projets du roi franc contre les Visigoths, qu'il vainquit à Vouglé (507). La domination des Francs commença alors à s'étendre dans les pays au sud de la Loire, et sur une partie du royaume des Bourguignons. L'extermination des rois francs de la Belgique souilla la dernière partie du règne de Clovis (509).

23. Les Francs, maîtres de la Gaule, se partagèrent une partie des terres conquises. Celles-ci, devenues les propriétés des vainqueurs, qui continuaient à être tenus à la défense commune, sont connues sous le nom d'*alleux*, de *terres allodiales* ou de *terres saliques* (sortes, lots). Les terres allodiales ne doivent pas être confondues avec les *bénéfices* (*beneficia, dona, honores*), ou terres fiscales que les rois ou autres chefs des Barbares concédaient à leurs compagnons, leudes ou fidèles hommes, pour récompenser leurs services ou pour s'assurer leur dévoûment. Le mode de ces concessions de terres varia jusqu'à l'établissement définitif des fiefs[1]. Le bénéfice, comme plus tard la possession du fief, obligeait à des services personnels envers le donateur.

Les Francs permirent aux Romains et aux Gaulois (provinciaux) de vivre selon leurs lois; mais eux-mêmes restèrent fidèles à leurs antiques usages, et conservèrent les assemblées du Champ-de-Mars, ainsi que leur juridiction nationale, en partie consignée dans la *loi salique*, rédigée en latin du temps de Clovis[2].

Le clergé gaulois, qui seconda de tout son pouvoir les conquêtes des Francs, ne tarda pas à être admis

---

[1] *Fiefs, feuda*, du mot *fe-od*, en opposition à celui d'*all-od*. *Od*, le bien, la terre, *fundus*.

[2] La loi salique, dont l'origine remonte à une époque antérieure au règne de Clovis, avait en grande partie pour objet la réparation des dommages ruraux. Dans d'autres articles, il s'agissait de la composition des peines (*Wehrgeld*) et de l'amende que l'offenseur était condamné à payer au fisc. Cette amende était appelée *fredum*, du mot *fred*, *Friede*, la paix.

aux assemblées nationales (*placita majora*) et à y jouir d'une grande considération.

SOURCES. — *Lex Salica secundum Varios codices in script. Francorum*, t. IV. — MONTESQUIEU, *Esprit des lois*. — HALLAM, *État de l'Europe*. — HULLMANN, *Origine des Ordres*. — GUIZOT, *Essais sur l'histoire de France*. — BODIN, *Études historiques et politiques sur les assemblées représentatives*.

24. Après la mort de Clovis (511), la monarchie des Francs éprouva de fréquens changemens et de nombreux partages territoriaux. Néanmoins la nation, gouvernée par plusieurs chefs, continua pendant quelque temps encore à ne former qu'une masse et à se réunir en une seule assemblée nationale, jusqu'à ce que les rapports d'origine commune, qui existaient entre les Francs de l'Occident et ceux de l'Orient (les Neustriens ou Saliens, et les Austrasiens ou Ripuaires) se fussent relâchés, et qu'ils eussent fait place à des sentimens d'indifférence ou de haine.

On remarque cinq partages territoriaux sous la première race des rois francs: le premier en 511, à la mort de Clovis; le second en 561, après Clotaire Ier; le troisième en 628, à la mort de Clotaire II; le quatrième en 638, à celle de Dagobert Ier; le cinquième enfin en 656, lors de la mort de Clovis II. Les premiers partages donnèrent naissance aux royaumes de Metz, d'Orléans, de Paris et de Soissons. Depuis la mort de Dagobert Ier, la monarchie des Francs est divisée en deux masses plus distinctes: le royaume d'Austrasie ou des Francs orientaux, et celui de Neustrie ou des Francs occidentaux. Le royaume de Bourgogne, conquis par les enfans de Clovis (523-534), et l'Aquitaine, presque indépendante alors sous ses ducs, étaient considérés comme relevant de la Neustrie. La Thuringe, autre conquête des fils de Clovis (531), faisait partie du royaume d'Austrasie.

25. Dans toutes les guerres intestines occasionées par ces partages, l'esprit belliqueux des Francs ne se démentit jamais; il brilla même d'un plus grand éclat lorsque la faiblesse des descendans de Clovis, qui méritèrent le nom de rois *fainéans*, eut fait surgir l'autorité des *maires du palais*, tantôt soutenus, tantôt attaqués par les leudes ou par le clergé. Le pouvoir de ces hauts fonctionnaires, qui avait grandi depuis le règne de Dagobert Ier (628-638), s'accrut encore à la mort de Clovis II, le dernier des Mérovingiens qui réunit sous son sceptre toute la monarchie des Francs. Le maire Ebroin en Neustrie, et la famille des Pépin en Austrasie, réussirent, par leur courage et leur habileté, à substituer leur pouvoir à celui des rois, en réunissant l'administration des domaines et du fisc au commandement militaire et à la présidence des assemblées nationales.

26. A la mort de Dagobert II, roi d'Austrasie, les grands consentirent à ce que le maire du palais, Pépin d'Héristal, prît le titre de duc (678). La victoire qu'il remporta à Testry sur Bertaire, maire de Neus-

trie (687), le rendit maître de ce royaume, quoiqu'il laissât la royauté nominale au faible Thierry III. Pépin d'Héristal dut à sa fermeté et à sa prudence une autorité qu'il conserva pendant vingt-sept ans, jusqu'en 714, et qui deux ans après sa mort passa à son fils naturel Charles, proclamé duc d'Austrasie. Comme son père il fut vainqueur des Neustriens (716-719).

27. Le gouvernement de Charles-Martel (716-741) ouvre une nouvelle ère à la monarchie des Francs. Sous le titre de duc des Francs, Charles affermit son autorité par son énergie, sa prudence et sa valeur. Il s'attacha les leudes par les richesses et la gloire, et sut à la fois réprimer les révoltes du duc d'Aquitaine, combattre les Saxons et les Frisons, et contenir les Bavarois et les Allemans, disposés à secouer le joug des Francs. Par la célèbre victoire qu'il remporta sur les Sarrasins, près de Poitiers (732), il préserva la Gaule et l'Europe de la domination des Musulmans. Cette victoire soumit définitivement la Gaule méridionale aux Francs austrasiens. Charles sut si bien asseoir son pouvoir, que lors de la mort du roi neustrien Thierry IV (737), il crut inutile de lui donner un successeur, et qu'avant de mourir, il put partager sans opposition l'empire des Francs entre ses trois fils.

28. Pépin-le-Bref, après avoir réuni sous son autorité l'empire des Francs (747), ne se contenta plus du gouvernement de fait, mais aspira à la couronne

des Mérovingiens. Sa prudence et sa valeur lui concilièrent les grands. Il gagna l'affection du clergé en lui restituant les biens dont Charles-Martel l'avait dépouillé. Assuré du consentement des deux premières classes de la nation, il fit déposer à la diète de Soissons Childéric III, dernier roi de la première race, tombée dans le mépris (752). Élevé sur le pavois, Pépin fut proclamé roi des Francs. Le pape Étienne III sanctionna cette élection en réitérant le couronnement et le sacre (753).

29. Vainqueur des Lombards (753 et 755) et des Sarrasins (752 et 759), qu'il força à repasser les Pyrénées, Pépin affermit la domination des Francs dans la Gaule par la soumission définitive de l'Aquitaine (768). Il régularisa le gouvernement par de fréquentes convocations des assemblées nationales, négligées sous les derniers Mérovingiens, et en transféra la tenue au mois de mai, pour faciliter la réunion des leudes et du clergé, qui y obtint une grande prépondérance.

Quand Pépin vint à mourir (768), l'empire des Francs éprouva un nouveau partage; mais dès 771, Charles, qui a mérité le nom de Grand, parvint à réunir sous son sceptre cette monarchie déjà si puissante et appelée à jeter un plus vif éclat sous le règne de ce prince.

SOURCES. — GREGORII TURONENSIS, *Historia Francorum*, lib. X, et FREDEGARIUS, son continuateur, — 641. — AIMON et autres continuateurs, *de Regum procerumque*

Francorum origine. — HADRIANI VALESII, *Gesta Francorum.* — MÉZERAI, *Histoire de la monarchie française.* Paris 1685, 3 vol. in-fol., et son *Abrégé*, continué par LIMIERS. — HÉNAULT (le président), *Abrégé chronologique.* — DUBOS, *Histoire critique de l'établissement de la monarchie française dans les Gaules.* — MABLY, *Observations sur l'histoire de France.* — THOURET, *Abrégé des deux ouvrages précédens.* — MEUSEL, *Geschichte von Frankreich.* — MANNERT, *Freiheit der Franken.* — PERTZ, *Hist. des maires du palais.* — SIMONDE DE SISMONDI, *Histoire des Français.*

État social des Francs, depuis leur établissement dans les Gaules.

30. L'état social des Francs, depuis leur établissement dans les Gaules, a dû se façonner d'après les mœurs qu'ils avaient apportées de la Germanie; il n'a été modifié qu'insensiblement par les rapports qui se sont formés entre les vainqueurs et les vaincus, par le changement de religion et par suite d'un nouveau système territorial résultant de la conquête. Pour se faire une idée de cet ordre social, il faut examiner ce qu'ont été à cette époque la royauté, les assemblées nationales, la condition des personnes, les magistrats, la justice, l'administration des cités et l'état des peuples soumis.

31. Le principe de la royauté des Francs sous les Mérovingiens offrait un mélange d'hérédité et d'élection: c'était une royauté qui avait besoin de la rati-

fication de l'assemblée nationale. Quoique l'hérédité prévalût sous les derniers rois de cette dynastie, le mode de l'élection reparaît derechef lors de l'avénement de la seconde race. L'usage d'associer au trône le prince royal, adopté par les premiers successeurs de Hugues-Capet jusqu'à Philippe-Auguste, indique que la transmission héréditaire pure et simple de la couronne n'avait pas encore été entièrement consacrée par les mœurs de la nation. L'hérédité de la royauté dériva plus tard de celle des fiefs, de même que l'idée religieuse du droit divin, qui découlait du sacre, vint donner à la royauté l'appui de sa force morale.

La royauté chez les Francs, comme la royauté barbare en général, ne reposait ni sur l'idée du droit divin, ni sur celle d'une magistrature politique; elle pouvait être assimilée à l'autorité d'un général, limitée par le conseil de ses compagnons (leudes), ou par la volonté de l'assemblée nationale.

La justice était rendue par le roi entouré de ses leudes, ou en son nom, par les comtes, dans les cantons ou districts. Les maires du palais, profitant de la faiblesse des rois, s'emparèrent insensiblement de l'autorité royale à la tête des armées et dans les assemblées du Champ-de-Mars. Si le plan d'usurpation tracé avec habileté, suivi avec persévérance par ces hauts fonctionnaires, a contribué au renversement de la première race, il faut cependant aussi laisser à la force des circonstances la part qui lui revient dans cet événement.

32. Les assemblées nationales (*Champs-de-Mars*) continuaient à être convoquées sous les premiers Mérovingiens établis dans la Gaule. Les Francs libres se réunissaient tous les ans en armes pour passer la revue, partager le butin ou les terres, régler les intérêts généraux de concert avec les chefs, arrêter des expéditions et renouveler l'engagement militaire. Ces assemblées ont éprouvé diverses modifications par l'admission du clergé gaulois et par la dispersion des leudes sur le territoire conquis. Devenues plus rares sous les derniers Mérovingiens, ou réunies partiellement sous le nom de *conventus generales*, de *placita generalia*, de *synodes* ou de *cours plénières*, les assemblées nationales furent rétablies avec plus de solennité sous Pépin-le-Bref, qui en fixa la tenue au mois de mai.

33. L'état des personnes dépendait de plus en plus de l'état des terres que chacun possédait. Ce n'était plus une liberté individuelle inhérente à la profession des armes. Les hommes libres (leudes et antrustions, clercs et gaulois) étaient ou des propriétaires d'alleux, ou des bénéficiers nommés depuis vassaux, relevant à certains égards des seigneurs dont ils tenaient les terres à vie ou héréditairement. Ces vassaux ont formé la noblesse ou l'aristocratie féodale. Les possesseurs de terres tributaires ou colons, astreints à des obligations particulières, étaient également considérés comme libres. Après eux on rangeait les hommes non libres ayant la jouissance de terres à charge de redevance, et enfin les serfs proprement dits.

34. Il est impossible de supposer une administration régulière chez des peuples qui venaient à peine de renoncer à une vie nomade. Les pouvoirs les plus adaptés à la simplicité des mœurs des peuples de race germanique, le pouvoir militaire et le pouvoir judiciaire, demeurèrent encore long-temps confondus après l'établissement des Germains dans la Gaule. Les rois, les ducs, les comtes étaient à la fois chefs militaires et juges. Après la dispersion des Francs sur le territoire conquis, le comte devint le premier magistrat délégué du roi dans le district ou le comté. De fonctionnaire civil et militaire, d'abord révocable, puis à vie, il devint plus tard seigneur héréditaire et indépendant. Le comte (*Graf*) chez les Francs, comme l'alderman chez les Anglo-Saxons, présidait le *plaid* (*placitum, mallum*), assemblée où se réunissaient tous les hommes libres du comté (*les rachimburgi, rathimburgi, arimanni, boni homines*) pour rendre la justice, ou pour décider des affaires d'un intérêt local ou personnel. La fonction du comte consistait non seulement à convoquer et à présider le plaid, mais aussi à exécuter la sentence rendue par les juges ou assesseurs. Il ne faut pas confondre d'ailleurs les rachimbourgs, ou hommes libres appelés à juger ou à délibérer, avec les échevins (*scabini, Schœppen*) qui composaient le plaid sous les Carlovingiens. Ceux-ci étaient des juges choisis concurremment par le

peuple et le comte ou le commissaire royal (*missus dominicus*), et dans la suite désignés par le comte seul, à l'effet de former le tribunal du comté, ordinairement composé de sept juges. Les autres hommes libres du canton n'en étaient pourtant pas exclus. Ils étaient tenus d'assister aux grands plaids du comté, qui avaient lieu trois fois par an.

Le vicaire ou vicomte (*vicarius, vicecomes*) remplaçait quelquefois le comte. Le centenier (*centenarius, tunginus*), le dizainier (*decanus*), étaient des magistrats dont les attributions répondaient à peu près à celles du comte, mais qui s'exerçaient dans une circonscription territoriale subordonnée et en rapport avec la division du territoire en comtés, centènes, décuries, introduite dans l'empire des Francs et dans la plupart des États fondés par les barbares.

35. Simultanément avec la juridiction exercée dans les plaids par les officiers royaux, il se forma déjà sous les Mérovingiens une juridiction spéciale, celle des seigneurs dans leurs terres. Elle fut une conséquence de l'accroissement de la puissance de l'aristocratie, tendant à se soustraire à l'autorité du prince, afin de se créer une indépendance locale. La hiérarchie des terres et le droit de chaque propriétaire de rendre justice aux habitans de son domaine, furent l'origine de la juridiction seigneuriale, d'où dériva plus tard la juridiction ecclésiastique. La justice était rendue ou par le bénéficier seul, ou par lui et les

hommes libres. C'était une espèce de plaid. Les justices seigneuriales furent une grande source de tyrannie et d'oppression.

36. La loi salique, aussi bien que les autres lois des peuples barbares, admettait la *composition des peines* (*Wehrgeld*). Cette amende, que le coupable était condamné à payer à l'offensé ou à sa famille, se réglait à la fois sur la condition sociale de celui qui avait été lésé et sur la gravité du délit. Outre cette composition pénale, le condamné était souvent obligé de payer un droit fiscal (*fredum*) pour obtenir la protection de la loi contre le droit du talion. Les preuves judiciaires étaient administrées par témoins, ou par le moyen du serment que prêtaient l'une ou l'autre des parties ou des amis de l'accusé appelés *conjurateurs (conjuratores)*, ou enfin par les épreuves de Dieu ou du combat. La fréquence des crimes occasiona des changemens dans la législation pénale, et déjà sous les successeurs de Clovis la peine de mort fut substituée à la composition dans un grand nombre de cas.

37. Les villes gauloises soumises aux Francs, et surtout celles du midi, conservèrent leur organisation municipale, leur sénat ou curie, et leurs magistrats nommés par les décurions et connus sous les dénominations de *duumvirs, édiles, curateurs, principaux défenseurs*, etc.

Le comte ou grafion, que les rois des Francs

envoyaient dans les villes, exerçait une autorité supérieure sur les Romains et les Francs qui y résidaient. Sous ses ordres le centenier ou le vicomte remplissait les fonctions de magistrat des Francs, le duumvir ou défenseur, celles de magistrat des Romains.

38. Quant à l'état social des peuples vaincus, on peut admettre en principe que les anciens sujets de l'empire romain continuaient à être régis par les lois romaines, de même que les Bourguignons et les Goths vivaient selon leurs propres lois. Chacun était jugé par les juges de la nation à laquelle il appartenait par extraction, sous la présidence du comte franc. Si les parties étaient de nation différente, les juges étaient mêlés. Les gens d'Église devaient être soumis à la juridiction romaine. Dans les procès criminels, c'était la qualité de l'offensé qui déterminait quelle loi serait applicable.

Tels sont les principes de législation qui ont été suivis sous les rois de la première et de la seconde race. Après l'avénement de la troisième, quoique le droit coutumier, introduit par la féodalité, remplaçât le droit romain dans les provinces septentrionales, les lois romaines conservèrent force et vigueur dans celles du midi. De là la différence entre les pays du droit écrit et ceux du droit coutumier.

SOURCES. — GUIZOT, *Essais sur l'histoire de France*, déjà cité, et SAVIGNY, *Histoire du droit romain pendant le moyen âge*, t. I. — WIARDA, *Geschichte des salischen Gesetzes*.

Empire d'Orient.

39. Pendant que les peuples de la Germanie démembraient l'empire romain d'Occident, celui d'Orient, destiné à lui survivre malgré les vices de son organisation, était ébranlé par des dissensions religieuses et politiques, et ses frontières exposées aux attaques successives des Huns, des Goths, des Bulgares, des Perses et des Arabes. Un gouvernement militaire et despotique; un trône chancelant et souvent souillé de sang, ordinairement occupé par des princes incapables, qui abandonnaient le pouvoir à des ministres, à des femmes, à des eunuques ou au clergé; une cour corrompue, livrée à de viles intrigues et à des vices honteux; partout des actes arbitraires, des violences, des mœurs asiatiques et un luxe extravagant; au milieu de cette dépravation sociale, un clergé riche, avare, arrogant, persécuteur, et lui-même travaillé par des haines et par l'esprit de secte, jaloux d'ailleurs de l'autorité séculière; une armée mercenaire, sans patriotisme, sans discipline, avide de pillage et sans cesse disposée à la révolte; une capitale immense, dépôt précieux d'une antique instruction, dernier asile des beaux-arts et de la civilisation des Grecs et de l'Orient, mais remplie d'une population fanatique, factieuse, d'une populace ignorante, dégradée et lâche; des provinces accablées d'impôts, vexées par l'arbitraire des gouverneurs et des magistrats subalternes, agitées

par les rébellions, exposées aux spoliations des soldats de l'empire ou ravagées par les ennemis du dehors : tel est l'aspect qu'offre l'empire de Byzance dans cette période, et à peu de différence près, jusqu'à l'époque de sa destruction. Si son existence s'est prolongée malgré tant de maux qui l'affligeaient et les dangers qui le menaçaient, c'est grâces à l'heureuse situation de la capitale, aux qualités éminentes de quelques empereurs et à la désunion même de ses ennemis.

40. L'empire avait repris de la vigueur pendant le long règne de Justinien (527-565). Ce règne, illustré par la publication du code romain, qui se fit par les soins du jurisconsulte Tribonien, le fut aussi par les expéditions glorieuses de Bélisaire et de Narsès en Afrique et en Italie. Toutefois il fallut se soumettre à payer tribut aux Perses, qui, sous le roi Cosroës-le-Grand, envahirent la Syrie (540). Pendant que Narsès achevait la destruction du royaume des Ostrogoths en Italie (553), Bélisaire repoussait les Bulgares, qui s'étaient avancés jusqu'aux portes de Constantinople (559). L'empire déclina de nouveau sous le faible Justin II (565-578). Les Lombards lui enlevèrent l'Italie septentrionale (568), tandis que les Avares ravageaient les provinces du Danube et que celles de l'Asie étaient exposées aux invasions des Perses. L'empereur Maurice (582-602), que ses vertus rendaient digne d'un meilleur sort, manqua d'autorité pour contenir l'insubordination de son armée. Cette armée

rebelle donna la couronne à l'exécrable Phocas, qui fit périr l'empereur et sa famille et gouverna en despote. Héraclius détrôna Phocas et devint le restaurateur de l'empire (610-641). Il arracha aux Perses les provinces asiatiques conquises par Cosroës II, et leur dicta les conditions de la paix (628). Mais à peine l'empire fut-il délivré des attaques des Perses, qu'il eut à lutter contre un nouvel ennemi, les Arabes, qui, dès 634, en menacèrent les frontières orientales et s'approchèrent plus d'une fois des murs de Constantinople.

41. Après la mort d'Héraclius (641) les dissensions religieuses se multiplièrent; le trône était ensanglanté par des révolutions, pendant que les Arabes, qui avaient créé une marine, portaient partout la désolation et la terreur. Sous les empereurs de la maison de Léon[1] (717-802) commencèrent les querelles des iconoclastes, nouvelle cause de persécutions et de désordres. Le projet de l'impératrice Irène (780-802) de s'unir à Charlemagne ne se réalisa point. Cette princesse, veuve de Léon IV, s'était emparée du sceptre après avoir tué son fils Constantin V (797). Détrônée elle-même par Nicéphore (802), elle mourut dans l'exil à Lesbos (803).

SOURCES. — LE BEAU, *Histoire du Bas-Empire*. — GIBBON, *Histoire de la décadence et de la chute de l'empire romain*.

[1] Léon III, l'Isaurien proclamé par les soldats, a été le fondateur de cette dynastie.

Les Arabes.

42. Les Arabes, à peine connus dans l'antiquité, par la situation avantageuse de la péninsule qu'ils habitaient et par leur caractère à la fois guerrier et enthousiaste, étaient appelés à sortir de leur obscurité nomade, dès que le génie d'un grand homme parviendrait à les unir par les liens d'un culte commun, et leur inspirerait le goût des conquêtes et de la domination. C'est ce que fit Mahomet, fils d'Abdallah, né à la Mecque, dans la tribu des Koreïchites (21 avril 570), à l'époque où le Négus de l'Abyssinie et le roi de Perse Cosroës Noushirvan, menaçaient l'indépendance de l'Arabie (528-578).

Mahomet, à la fois fondateur d'un nouveau culte, sous le titre de prophète, depuis sa fuite *(hégire)* à Médine (16 juillet 622 de l'ère chrétienne), et régénérateur politique de sa nation, comme chef militaire, depuis la prise de la Mecque (629), rallia les Arabes à la croyance d'un seul Dieu, et les conduisit à la victoire par le dogme de la fatalité et les promesses d'une félicité sensuelle. Ces principes de l'*islamisme* ont été consignés dans le Coran par les soins du calife Abou-Béker, premier successeur de Mahomet [1].

---

[1] L'islamisme, ou la doctrine des musulmans, contenue dans le *Coran* (livre, bible), se divise en deux parties : 1° l'*Iman*, ou la doctrine de la foi; 2° le *Din*, ou la morale. Les principes fondamentaux de la doctrine peuvent se résumer ainsi : l'unité de Dieu,

LES ARABES.

SOURCES. — ABULFÉDA, *De vita et rebus gestis Mahomedis* (édition latine publiée par Jean Gagnier, 1723). — GAGNIER, *La vie de Mahomet*. — POCOCK, *Specimen historiæ Arabum*. — D'HERBELOT, *Bibliothèque orientale*. — GIBBON, *Histoire de la décadence etc.*, déjà cité. — CHARLES MILLS, *Histoire du Mahométisme*, etc.

43. Inspirés par le génie de Mahomet et enflammés par les préceptes du Coran, les Arabes s'annoncèrent comme conquérans sous la bannière du prophète (629). Les dissensions même qui éclatèrent à sa mort (632), lorsqu'il s'agit de lui choisir un successeur, contribuèrent à entretenir le fana-

la fatalité ou la prédestination, la récompense des bons, la punition des méchans. Les plus grandes récompenses sont pour les guerriers qui combattent les mécréans. La lâcheté est menacée des tourmens de l'enfer.

La morale est fondée sur le principe d'un dévoûment absolu à Dieu, qui se manifeste par une vie pure et tempérante.

Le reste du *Coran* contient des préceptes sur les pratiques extérieures du culte, des réglemens de police et de santé en rapport avec les mœurs et le climat de l'Orient.

Deux ans après la mort de Mahomet (634), Abou-Béker, son successeur, recueillit, classa et publia les livres du *Coran*, qui fut revu par le calife Othman. Les actions et les discours de Mahomet, conservés par la tradition, ont été consignés dans la *Sunna*, ou loi orale, et forment avec le *Coran* les principales sources de la théologie et de la jurisprudence mahométane.

Les adhérens de l'islam, quelque temps après la mort du prophète, se divisèrent en deux sectes principales : les *sunnites*, qui reconnaissent le *Coran* et la tradition, et se fractionnent en plusieurs sectes orthodoxes ; les *chiites* (apostats), qui n'adoptent que le *Coran*, et regardent Ali, gendre de Mahomet, et les descendans d'Ali, comme les véritables *imans*. Les schiites se divisent à leur tour en un grand nombre de sectes, dont les plus remarquables sont les druses et les ismaélites.

tisme du peuple et à engager les califes (successeurs du prophète de Dieu) à porter les armes chez les peuples étrangers auxquels on laissait la liberté d'adopter le Coran ou de se soumettre à un tribut. Les conquêtes des Arabes, déjà projetées par le prophète, commencèrent sous le calife Abou-Béker (632-634). Caled, son général, après avoir envahi la Syrie jusqu'à Damas, entreprit la soumission de la Perse, qui ne fut achevée qu'après des guerres longues et sanglantes (651). Elles mirent fin à la dynastie des Sassanides qui gouvernait la Perse depuis 226.

44. Le calife Omar (634), considéré comme le fondateur de la puissance politique des Arabes, termina la conquête de la Syrie, en y ajoutant celle de la Palestine et de l'Égypte (636-640). Il prit le titre d'*émir-al-moumènin* (prince des croyans).

Le cruel Amrou, lieutenant du calife, s'empara d'Alexandrie et détruisit la bibliothèque des Ptolémées (640). De nouvelles conquêtes furent entreprises ou consommées sous le califat d'Othman (644), celles de la Perse, des îles de Chypre (648) et de Rhodes (653). Le meurtre d'Othman (655) fit éclater de grandes divisions. Ali, gendre de Mahomet, proclamé calife, eut à lutter contre les conspirations de la famille d'Omar. Moavijah, gouverneur de Syrie, allié d'Amrou, se souleva contre Ali, qui fut détrôné et égorgé. Moavijah rendit le califat héréditaire dans la dynastie des Ommiades (660). Les dissensions entre les sectateurs d'Omar et ceux d'Ali n'empêchèrent pas les Arabes d'étendre leur domination en Asie et en Afrique sous le glorieux règne de Valid Ier (705). L'émir Musa, termina la soumission de l'Afrique septentrionale et y ajouta la conquête de la plus grande partie de l'Espagne, après la défaite des Visigoths à Xérès, par son lieutenant Tarik (711).

Fondation du califat des Abbassides et de celui de Cordoue ou d'Espagne.

45. La puissance des califes Ommiades, fondée par la valeur et l'austérité des mœurs de ces princes, et affermie par de nombreuses conquêtes, commença à baisser dès qu'ils échangèrent la vie des camps contre la mollesse du sérail. Les visirs et les gouverneurs s'emparèrent des affaires de l'État, les factions assoupies se réveillèrent avec les prétentions que formaient à l'empire les membres de la famille d'Ali. Abdallah Mahomet Aboul-Abbas, descendant d'un oncle du prophète, vainquit le calife Mervan II, et extermina en Orient la maison des Ommiades (749). C'est l'époque de la fondation de la dynastie des Abbassides devenue depuis si célèbre. Abdor Rhaman ou Abdérame, fils de Moavijah et petit-fils du calife Haschem, le seul des Ommiades qui eût échappé au massacre de Damas, s'enfuit en Espagne, où il se fit reconnaître comme émir-al-mouménin. Il détacha l'Espagne de l'empire des Arabes (756-788), et fut le fondateur du califat de Cordoue. Ces nouveaux califes

n'eurent pas moins à lutter contre les dissensions intestines que contre les invasions successives des chrétiens de l'Asturie et de la Galice, et les attaques fréquentes des Normands pendant le neuvième siècle. La dynastie des Ommiades d'Espagne finit avec Hescham IV (1038).

Les premiers califes Abbassides. Progrès de la civilisation parmi les Arabes.

46. Les deux premiers califes Abbassides, Aboul-Abbas-Saffah — 754, et son frère Abou-Dschajafar-al-Mansor — 775, eurent à réprimer des conjurations excitées par les partisans des Ommiades et par les sectes naissantes (762). Al-Mansor, fondateur de Bagdad (*Medina-al-Salem*, c'est-à-dire *ville de la paix*) recula les frontières de l'empire jusqu'au Turkestan, à la Bucharie et à l'Asie Mineure, et s'annonça comme protecteur des lettres et des arts. Ceux-ci trouvèrent de plus généreux encouragemens encore sous les glorieux règnes de Haroun-al-Raschid le juste, (786-809), petit-fils d'Al-Mansor et contemporain de Charlemagne, et du calife Al-Maimun (833). C'est alors que les Arabes rivalisèrent avec les Grecs, et les surpassèrent souvent par leurs ingénieuses inventions et l'étendue de leurs connaissances. L'exemple des Abbassides trouva des imitateurs parmi les califes Ommiades d'Espagne. Cordoue devint le foyer des lumières, qui ne tardè-

rent pas à se répandre dans les provinces et à exercer une salutaire influence sur les nations voisines.

SOURCES. — La traduction de l'*Hist. univ.* d'ABULFÉDA (né en 1273 à Damas, dans la famille des Aysubites, sultan de Hamah en Syrie), dans l'ouvrage de REISKE, sous le titre d'*Annales moslemici*. — OCKLEY, *Conquest of Syria, Persia and Egypt by the Saracens*, extrait de Mahomet Ebn Omar-al-Wakedi († 822), le plus ancien historien des Arabes. — GUTHRIE et GRAY, *Hist. univ.* — CONDÉ, *Histoire de la conquête de l'Espagne par les Arabes*, composée sur les manuscrits Arabes de l'Escurial; traduite en français et en allemand.

DEUXIÈME PÉRIODE.

(800—1095.)

Depuis la fondation de l'empire de Charlemagne jusqu'au commencement des croisades.

OBSERVATIONS GÉNÉRALES.

Parmi les États fondés par les peuples barbares durant la période précédente, il en est peu qui se soient maintenus. La monarchie des Francs, composée de la Gaule et d'une grande partie de la Germanie, se conserve avec le plus d'éclat et résiste glorieusement aux attaques de ses nombreux ennemis. Relevée par le courage des premiers princes de la dynastie carlovingienne, elle grandit par les conquêtes de Charlemagne. Au nord-ouest de l'Europe, l'heptarchie anglaise se fortifie dans sa lutte contre les Bretons, les Calédoniens et les pirates danois, et tend à s'unir sous la domination d'un seul roi. En Orient, l'empire des Abbassides, gouverné par le célèbre

Haroun-al-Raschid, conserve sa prépondérance sur l'Asie occidentale et sur les côtes septentrionales de l'Afrique, tandis que l'Espagne obéit au sceptre des Ommiades. L'empire d'Orient, bien qu'affaibli par les guerres continuelles contre les Bulgares et les Arabes, occupe encore un rang distingué dans les premières années de cette période.

La féodalité et le pouvoir ecclésiastique sont les deux élémens sur lesquels repose l'organisation sociale, au détriment de l'autorité monarchique et de la liberté des peuples. Partout domine la force matérielle et brutale, qui cherche à s'isoler dans les propriétés acquises à la pointe de l'épée. Le système féodal surgit du sein de la barbarie; l'Église, quoique son chef manque encore de cette puissance qu'il obtiendra dans la suite, est soumise à une constitution régulière; et, par l'action morale qu'elle exerce, elle met un frein à l'anarchie politique. Elle offre à la fois un appui aux rois et un refuge à l'opprimé. Le génie de Charlemagne, aidé par l'influence religieuse, suspend par ses essais de civilisation les progrès de la société féodale. A l'aide de la centralisation des pouvoirs, il relève l'autorité royale, et arrête en même temps le débordement des Musulmans, des Slaves et des Saxons. A sa mort, ces tentatives de réforme s'évanouissent; le vaste empire qu'il a fondé par la puissance de son génie, s'écroule par la faiblesse de ses successeurs et par la force des événemens; la féodalité reprend ses droits et poursuit son cours; mais elle perd de sa rudesse en acquérant une forme plus régulière et un plus grand développement. On la voit s'organiser avec ses usages bizarres dans tous les États de l'Europe occidentale et méridionale, elle se montre même dans ceux qui sont formés par les Arabes.

Le démembrement de l'empire des Francs contribue à la formation des États modernes et à la variété des langues européennes. La France, l'Allemagne, l'Italie, le royaume de Bourgogne, celui de Navarre, apparaissent comme autant de débris de la grande monarchie de Charlemagne. Des princes de la race de ce grand homme continuent cependant à occuper encore le trône pendant quelque temps dans ces divers pays, au milieu des déchiremens de l'aristocratie, qui tend à se rendre héréditaire dans ses possessions. Charles-le-Gros, roi d'Allemagne qui prend le titre d'empereur, réunit de nouveau sous son sceptre quelques parties du vaste empire franc; mais cette union n'a pas de durée; le démembrement se poursuit lors de la déposition du faible monarque. En France, la féodalité a presque anéanti le pouvoir royal; les derniers Carlovingiens, dépouillés de leurs domaines, disputent la royauté nominale à une nouvelle dynastie que les vassaux leur opposent, et les Normands, après avoir dévasté le royaume, obtiennent pour prix de leurs ravages une province à titre de fief. Enfin, Hugues-Capet est élu roi par ses vassaux, et autour de lui le système féodal s'organise et se consolide.

L'Allemagne, sans unité politique, gouvernée par les derniers descendans de Charlemagne, est exposée aux ravages des Normands, des Esclavons et des Hongrois; la race saxonne, parvenue au trône par élection, la délivre du tribut honteux qu'elle payait à ces derniers et relève la dignité royale; la réunion de la Lorraine et de l'Italie à l'Allemagne semble assurer à celle-ci la prépondérance en Europe; le rétablissement de l'autorité impériale par Othon-le-Grand vient ajouter un nouvel éclat à la couronne des rois allemands; mais cet accroissement de dignité amène de longues querelles entre ces rois et les peuples de l'Italie, ennemis de la domination étrangère. Le conflit entre l'empereur, en qualité de chef du pouvoir temporel de la chrétienté, et le pape, chef du pouvoir spirituel, prépare à l'Allemagne et à l'Italie un avenir plein d'orages. Long-temps réprimée par la fermeté des premiers souverains de la maison salique, la discorde éclate enfin sous le règne de Henri IV et plonge ces pays dans les horreurs de la guerre civile. Mais si la lutte qui s'engage entre le pape et l'empereur devient funeste au pouvoir monarchique temporel, elle sert la cause de l'indépendance féodale et celle de l'affranchissement des villes. Alors le génie entreprenant de Grégoire VII met à profit ce concours d'événemens pour fonder la puissance ecclésiastique, et tente d'asservir l'autorité civile à l'Église, et l'Église à la papauté. L'infortuné Henri IV succombe dans sa lutte contre la cour de Rome; il meurt dépouillé du sceptre par son fils et ses vassaux, et la querelle des investitures est décidée en faveur de l'Église.

Pendant que l'Italie septentrionale se débat sous le pouvoir détesté des rois d'Allemagne et qu'elle épie le moment favorable pour s'émanciper, l'Italie méridionale, long-temps occupée par les Grecs, les Lombards et les Arabes, tombe entre les mains de quelques chevaliers normands-français; ils y fondent le royaume des Deux-Siciles, et, devenus vassaux du pape, ils défendent le saint-siége contre les empereurs.

D'importantes révolutions se préparent en Espagne, où dominent encore les Maures. Déjà Charlemagne leur enlève les provinces situées entre les Pyrénées et l'Èbre, qui forment plus tard le royaume de Navarre. L'Espagne musulmane, long-temps florissante sous le sceptre des califes Ommiades, se fractionne en une multitude d'États, et les chrétiens des Asturies quittent leur retraite pour refouler la domination des Maures. On voit naître successivement les royaumes chrétiens de Léon, de Castille, d'Aragon et de Portugal. L'esprit chevaleresque trouve un aliment dans ces guerres; c'est le temps héroïque de l'Espagne; mais des différends s'élèvent entre les souverains chrétiens au sujet du partage des successions; la désunion arrête leurs conquêtes, et l'arrivée de nouvelles hordes arabes de l'Afrique relève pour quelque temps la domination mahométane dans le midi de la péninsule.

L'heptarchie fondée en Bretagne par les pirates

anglo-saxons s'efface depuis le règne d'Egbert-le-Grand, roi de Westsex. L'Angleterre, tout en conservant les antiques libertés nationales, se rapproche de l'unité politique; le christianisme s'y répand avec le goût des lettres: ce sont des moines anglais qui communiquent l'instruction aux Francs dans la Gaule. Alfred délivre son pays des invasions danoises; grand dans la vie publique comme dans la vie privée, il dote sa patrie de sages lois et d'institutions littéraires. Ses flottes protègent les côtes ou tentent des expéditions dans des mers inconnues. Mais à peine ce roi a-t-il cessé de vivre, que l'Angleterre, de nouveau dévastée par les pirates danois, les Bretons et les Écossais, tombe sous le gouvernement des moines. Au commencement du onzième siècle, elle obéit au sceptre du roi danois Canut, et lorsqu'elle essaie de recouvrer son indépendance, elle devient la conquête de Guillaume de Normandie, qui y introduit le système féodal le plus rigoureux. L'asservissement complet des vaincus par les vainqueurs entretient la haine réciproque et empêche pour long-temps la fusion des deux peuples.

Pendant que la féodalité morcèle ainsi l'Occident de l'Europe, l'empire grec et le califat des Abbassides, les deux principales puissances de l'Orient subissent à leur tour de nombreuses commotions. Le premier de ces empires, à la fois ébranlé par les querelles religieuses, les changemens de trône et les attaques des ennemis extérieurs, jette encore de l'éclat sous le règne des Comnène à l'époque où des milliers de chrétiens vont planter la bannière de la croix sur les murs de la cité sainte. Le califat, qui a été dans toute sa vigueur sous les premiers Abbassides, s'affaiblit par la révolte des gouverneurs des provinces et par celle des mercenaires turcs. Pendant que l'autorité des califes de Bagdad se réduit à celle de souverain pontife, les nouveaux califes Fatimites d'Égypte étendent leur domination en Asie, et d'autres États arabes se forment sur la côte septentrionale de l'Afrique. C'est au milieu de ces révolutions dans la monarchie des Arabes, que des hordes de Turkomans vont se partager les dépouilles de l'empire grec et arabe. Togrulbeg, un de leurs sultans, fonde en Asie la domination des Turcs Seljoucides, qui se démembre déjà en divers sultanats à la fin de la période et subit la destinée commune à toutes les monarchies dont l'essence est le despotisme.

Dans cette période, un faible rayon de lumière commence à pénétrer dans l'histoire des peuples du Nord. Les incursions des Danois-Normands sèment partout la terreur; dans leurs navigations audacieuses ils atteignent les mers les plus reculées; l'introduction du christianisme adoucit pourtant insensiblement les mœurs de ces peuples pirates et les rend plus sédentaires. Le Danemarck et la Norwège, autrefois partagés en divers États, obéissent avec l'Angleterre au sceptre de Canut-le-Grand. La mort de ce prince amène de nouveaux déchiremens et de longs troubles. La Suède reçoit avec l'unité de la monarchie les bienfaits du christianisme; mais sa situation géographique la force à demeurer encore long-temps étrangère à toute influence politique. Les nations slaves de la Pologne, de la Bohême et de la Silésie n'excitent encore qu'un faible intérêt. Les ducs de Pologne, convertis à la religion chrétienne, sont les vassaux de l'Allemagne et luttent avec les Lithuaniens, qui essaient de leur arracher la prépondérance. Enfin, nous assistons, dans cette période, à la naissance de la monarchie russe. Fondée par des aventuriers normands au milieu des peuplades esclavonnes, elle s'étend rapidement du côté du Midi, où elle se met en contact avec l'empire de Byzance, qui lui communique, avec le rite grec, les premières étincelles de la civilisation.

Quand, de ce tableau de la situation politique des nations, depuis le neuvième siècle jusqu'à la fin du onzième, on porte les regards sur leur état intellectuel et social, on remarque que l'ordre public renaît chez les Francs dans le courant du neuvième siècle, pendant le règne glorieux de Charlemagne; chez les Anglo-Saxons sous Alfred, et chez les Allemans, sous Henri Ier et Othon-le-Grand, dans le dixième siècle; toutefois ce retour à l'ordre n'est que de courte durée. La société féodale prédomine, le droit de guerre remplace généralement le régime légal; toutes les contestations sont décidées à la pointe de l'épée, la liberté n'existe que par la force; la masse du peuple, asservie presque partout, gémit sous le poids de la misère et de l'ignorance; la condition des habitans des villes n'est guère meilleure que celle des gens de la campagne; quelques villes de l'Italie et de la France méridionale ont pourtant conservé des franchises municipales; ces franchises commencent même à pénétrer dans les villes de l'Allemagne, dont les richesses s'accroissent avec l'industrie et le commerce. L'influence du clergé, quoiqu'il abuse souvent de son autorité, garantit les cités du despotisme féodal; enfin, là où l'anarchie a cessé, là où les rapports entre les hommes sont devenus plus certains et plus stables, on remarque une amélioration dans la vie agricole et citadine. L'humanité dégradée par une longue barbarie se relève à la fin de cette période, à mesure que la sécurité se rétablit dans les relations civiles et commerciales. La trève de Dieu est un premier essai de police et d'ordre public; la chevalerie, cette institution militaire et religieuse sortie du sein de la féodalité, devient une défense plus efficace de la faiblesse contre la force brutale et matérielle. Le courage allié à la courtoisie forme le caractère distinctif de la chevalerie. Les tournois, en relevant l'éclat de cette institution, exercent en même temps une salutaire influence sur les progrès de la civilisation et de la littérature moderne.

Les sciences, les lettres, les arts, l'industrie et le commerce sont, dans la plus grande partie de l'Europe, dans une position aussi déplorable que l'ordre social même. Les essais de civilisation faits pendant les neuvième et dixième siècles chez les Francs, les Anglo-Saxons et les Allemands meurent rapidement;

la barbarie règne presque généralement depuis le neuvième jusqu'à la première moitié du onzième siècle; l'usage de la lecture et de l'écriture est inconnu à la noblesse comme au peuple; les clercs et les moines sont les uniques dépositaires de l'instruction; les couvens seuls possèdent des collections de livres. La langue latine, altérée et corrompue, sert de moyen de communication au clergé et aux savans. Les missionnaires chrétiens de cette période ont le grand mérite d'avoir propagé dans le Nord, avec le christianisme, des notions de l'écriture et des sciences; c'est grâce à leurs efforts que les lumières ont pénétré dans les pays jusqu'ici plongés dans les ténèbres de l'ignorance. A Constantinople seulement et dans les pays soumis à la domination des Arabes, fleurissent encore les sciences, les lettres et les arts. C'est là qu'on se livre à l'étude des mathématiques et de l'astronomie, qu'on approfondit la philosophie d'Aristote, que la poésie est cultivée et encouragée, malgré les entraves que le despotisme et la foi musulmane opposent au libre développement de l'esprit humain. Le moment approche pourtant où de l'Asie et de l'Espagne arabe, les germes féconds des lumières vont se répandre dans le reste de l'Europe. Les rapports multipliés, qui s'établissent entre les chrétiens et les maures d'Espagne, ainsi que le mouvement imprimé à l'Europe par les croisades, sont destinés à devenir les véhicules de la civilisation parmi les peuples de ce continent.

EMPIRE DES FRANCS SOUS CHARLEMAGNE.
(771-814).

1. Le courage et l'habileté des premiers princes de la race carlovingienne avaient commencé la régénération des Francs; le génie supérieur de Charlemagne répandit sur leur empire un éclat brillant, quoique passager. La plupart des institutions de ce monarque ne lui ont pas survécu, parce qu'elles étaient au-dessus du siècle où elles furent fondées; après la mort du grand homme qui les avait conçues ou réalisées, la barbarie reprit son cours. Bien que la plus grande partie du règne de Charles fût absorbée par de nombreuses expéditions militaires, ce prince ne dédaigna pas de s'occuper des plus minutieux détails de l'administration de son vaste empire et des besoins des peuples soumis à son sceptre. On peut envisager ce règne sous deux rapports: 1° sous celui des guerres et des conquêtes; 2° sous celui des institutions politiques, civiles et littéraires.

Guerres et conquêtes de Charlemagne.

2. Les longues guerres de Charlemagne ont eu leur source dans l'ambition et la politique de ce prince, qui avait besoin de consolider une dynastie nouvellement fondée, de se défendre contre l'agression des nombreux ennemis qui environnaient ses États, et

d'occuper l'esprit inquiet des grands par des entreprises militaires. Le théâtre de ces guerres, qui embrassent une période de plus de trente ans, s'étend depuis les rives de l'Elbe jusqu'à celles de l'Èbre, des Alpes à la Raabe et la Theisse en Pannonie, et des côtes de la mer du Nord jusqu'à l'Adriatique et à la Méditerranée.

Au nombre des circonstances extérieures qui semblent avoir favorisé les grandes entreprises de Charles, il faut ranger l'affaiblissement de l'empire de Byzance, attaqué à la fois par les Arabes et les Bulgares, et agité par des dissensions intestines ; l'état de décadence dans lequel se trouvait le royaume des Lombards ; les guerres civiles qui déchiraient l'Espagne arabe, le morcellement de l'Angleterre, enfin la nullité et l'épuisement auxquels était réduit l'empire des Huns ou des Avares en Pannonie.

3. Les guerres de Charlemagne qui méritent le plus notre attention sont : 1° celles contre les Saxons (772-803). La lutte opiniâtre que ce peuple belliqueux eut à soutenir contre les Francs fut à la fois nationale et religieuse. Commencée sous le règne de Pépin, elle devint plus acharnée sous Charlemagne (782), surtout depuis le massacre de quatre mille Saxons faits prisonniers sur les rives de l'Aller, et se prolongea par la courageuse résistance du fameux Wittikind (785). La conversion de ce chef et les concessions favorables faites par le roi franc préparèrent enfin la pacification de la Saxe, qui ne fut achevée que par

de nouvelles mesures de rigueur et par la translation d'un grand nombre de familles saxonnes sur le territoire des Francs. Les Saxons n'ont été définitivement soumis que par le traité de Salza, qui leur permit de conserver leurs lois et leurs assemblées nationales (803). L'établissement du christianisme et les progrès de la civilisation dans les pays occupés par les Saxons, furent les principaux résultats de cette sanglante guerre, à laquelle se rattachent des expéditions contre les Danois et les peuples esclavons voisins de la Saxe.

2° La guerre contre Didier, dernier roi des Lombards (773-774) fut provoquée par des querelles domestiques entre ce roi et Charles, qui avait répudié la fille de ce prince, et par la promesse de secours que le roi des Francs avait faite au pape Adrien Ier, menacé par les Lombards. Le siége et la prise de Pavie, où Didier s'était renfermé, détermina la conquête de la Lombardie. Les ducs Lombards de Spolète et de Bénévent se virent obligés de reconnaître la suzeraineté de Charlemagne (787). La réunion de la Bavière à l'empire des Francs (788), par suite du soulèvement du duc Tassilon II, dernier prince de la race des Agilolfinges, et la destruction du royaume des Avares en Pannonie (796), après plusieurs expéditions entreprises contre ces barbares (791-796), furent les conséquences les plus mémorables de l'établissement des Francs en Italie.

3° Les grandes entreprises militaires de Charlemagne dans le nord, le midi et l'orient de l'Europe n'ont été que peu interrompues par les combats qu'il livra à diverses reprises aux Sarrasins en Espagne (778-799). Il fut engagé à ces expéditions par les divisions qui régnaient entre les Ommiades et les Abbassides. Ces guerres, dans l'une desquelles périt le fameux Roland, neveu de Charlemagne, eurent pour résultat la soumission des pays situés entre les Pyrénées et l'Èbre, réunis sous le nom de Marche d'Espagne. Enfin Charles eut aussi à combattre les Normands, qui commençaient déjà à infester les côtes de son vaste empire.

En 800 Charlemagne fut couronné empereur d'Occident à Rome par le pape Léon III, qu'il avait protégé contre ses ennemis. Cette nouvelle dignité rehaussa l'éclat de la gloire du monarque et signala son alliance intime avec le chef de l'Église.

Institutions civiles, politiques et littéraires.

4. La gloire de Charlemagne comme fondateur de nouvelles institutions et comme protecteur de la religion, des mœurs et des lumières, relève celle du conquérant. Bien qu'il ne soit guère possible d'établir des analogies entre les principes de l'administration moderne et ceux sur lesquels reposait le gouvernement à l'époque où vécut Charlemagne, il est facile d'apercevoir dans tous les actes du règne de ce prince une pensée dominante: c'est de mettre un frein aux envahissemens de la féodalité, en fortifiant autant

que possible le pouvoir monarchique et en abaissant l'autorité des ducs. La fréquente convocation des assemblées nationales fut à la fois un moyen de centraliser le gouvernement et de connaître les besoins du peuple. Le monarque voulut que justice prompte et impartiale fût rendue à chacun, que la police se fît avec vigilance et exactitude, que l'agriculture et le commerce fussent protégés, que l'instruction fût donnée aux classes populaires et que le clergé servît d'exemple par ses lumières et ses bonnes mœurs. Tel a été le but constant des institutions de Charlemagne, qui employa toute son énergie et toute son activité à réaliser ses grands desseins et à maintenir son autorité dans toutes les parties de son vaste empire.

5. Les principales institutions de Charlemagne peuvent se résumer de la manière suivante:

Institutions politiques. Il introduisit des améliorations dans l'organisation des diètes ou assemblées nationales (*les grands plaids, placita majora*), et les convoqua souvent. Ces assemblées étaient de deux sortes: celles du champ-de-mai, qui se tenaient en plein air, et celles d'automne. Dans les premières, on réglait les affaires générales; elles étaient composées de seigneurs laïques et ecclésiastiques, de comtes, vicomtes, centeniers et autres personnes choisies par les comtes parmi les notables (scabins ou rachimbourgs) des cantons, et amenées par eux. Les plus élevés en rang prenaient et arrêtaient les décisions; les autres les recevaient et les confirmaient. Dans les assemblées d'automne, on préparait les affaires de l'année suivante; on y traitait même de la paix et de la guerre, et de l'administration intérieure de l'empire. Les décisions de cette seconde espèce d'assemblées étaient soumises à la ratification du champ-de-mai, où se faisaient aussi les revues de l'armée, quand il s'agissait d'une expédition militaire. Les assemblées d'automne étaient formées de seigneurs seulement et des principaux conseillers de la couronne; les débats y étaient secrets. C'était aussi dans ces dernières réunions, appelées quelquefois *cours plénières*, que l'empereur recevait les dons annuels des seigneurs. Dans l'une et l'autre de ces diètes on soumettait à l'examen et à la délibération des grands les projets de loi nommés *capitulaires* (*capitularia*), qui étaient promulgués par le monarque au nom du peuple des francs. L'initiative des capitulaires émanait du prince. Les assemblées générales avaient aussi quelquefois un but judiciaire; c'est une pareille assemblée, par exemple, qui a condamné à la peine capitale le duc de Bavière, Tassilon. L'empereur, dans des cas particuliers, y donnait lui-même des décisions.

SOURCES. — HINCMARI (archevêque de Reims en 882), *Epistola de ordine palatii*, *in opusculis*. C'est une lettre ou instruction écrite à la demande de quelques seigneurs du royaume pour le gouvernement de Carloman, l'un des fils de Louis II, le Bègue. — SERVATI LUPI (abbé de Ferrière, mort en 862), *Epistolæ*.

6. *Institutions judiciaires.* Pour garantir le peuple de l'oppression des comtes et des seigneurs, Charles subordonna leur juridiction à des commissaires nommés *missi dominici* ou *legati regii* (*Sendgrafen*). C'étaient des juges royaux, chargés de visiter toutes les parties de l'empire. Ils étaient choisis parmi les prélats et les seigneurs d'une haute dignité (*majores*), connus par leur fidélité et leur expérience. Les inspections se faisaient tous les trois mois dans les quatre grandes légations et leurs comtés; les domaines des bénéficiers n'en étaient pas exempts. Les assemblées tenues par les juges royaux portaient le nom de *plaids* ou d'*assises* (*placita minora*). Ils y examinaient les affaires civiles et ecclésiastiques, écoutaient les plaintes et redressaient les abus commis dans l'administration; ils rendaient compte à l'empereur du résultat de leur mission. Cette institution était dirigée contre l'établissement des pouvoirs locaux, source de la féodalité.

Charles ne donna pas à ses peuples une nouvelle législation civile ou criminelle; il confirma ses sujets dans le droit d'être jugés par leurs lois nationales, et d'être convaincus, ou par le témoignage des hommes ou par le jugement de Dieu. Il conserva la composition des peines et éleva celles qui concernaient les offenses faites aux gens d'Église.

7. 3° *Institutions militaires.* La principale institution militaire de Charlemagne fut celle de l'*hériban*, ou du *Heerban*, proclamation ou levée de l'armée.

Elle était fondée sur l'antique principe admis chez les peuples de la Germanie, que tout homme libre était appelé au service de la guerre. Charles y apporta les modifications propres à soulager les pauvres. Le capitulaire le plus complet, qui concerne la levée du ban, a été publié en 807. En vertu de ce capitulaire, les bénéficiers étaient obligés, comme auparavant, au service (*Wehr* ou *Fehda*). Parmi les hommes libres, on appelait celui qui possédait trois, quatre ou cinq manses de terres (*Hufen*)[1]. Ceux qui n'en avaient que deux se cotisaient avec celui qui en avait un; trois possesseurs d'un manse se réunissaient pour fournir un homme de guerre. Ceux qui ne possédaient pas autant étaient exempts du service. Les évêques étaient affranchis de l'obligation de servir à la guerre; les autres ecclésiastiques étaient tenus à contribuer aux frais.

8. 4° *Institutions ecclésiastiques et littéraires*. Ce qu'il y a de plus admirable dans le règne de Charlemagne, et ce qui prouve le mieux la supériorité de son intelligence et l'élévation de ses sentimens, c'est la vive sollicitude avec laquelle il surveillait les affaires ecclésiastiques de ses États, et l'empressement qu'il mettait à protéger l'instruction du clergé et du peuple, à une époque où la barbarie avait effacé presque tous les vestiges de la civilisation et des lumières. Les capitulaires de Charlemagne renferment de nombreux

---

[1] Le manse était évalué à douze arpens.

réglemens concernant la discipline ecclésiastique et l'instruction du peuple. Il s'efforça de relever la considération des gens d'église, en leur recommandant les études et les bonnes mœurs. Il rendit au peuple et au clergé le droit d'élire les évêques, et accorda à la juridiction ecclésiastique des priviléges aussi étendus que ceux dont jouissaient les justices seigneuriales laïques. Le soin qu'il eut de s'entourer des hommes les plus savans et les plus éclairés de son temps, d'Alcuin, de Pierre de Pise, de Paul-Warnefrid, d'Angilbert, d'Eginhard, dont plusieurs étaient étrangers au pays des Francs, est une preuve du vif intérêt que l'empereur mettait à s'instruire lui-même et à répandre les lumières parmi ses sujets. Alcuin, devenu le chef de l'école du palais de Charlemagne et le président de la société littéraire que ce prince fonda à Aix-la-Chapelle (782), a le plus contribué, par l'activité de son esprit et l'étendue de son savoir, à propager l'enseignement et à ranimer le goût des sciences. Au nombre des hommes éminens qui se formèrent à l'école d'Alcuin, brille surtout Eginhard, devenu le conseiller intime et le secrétaire de l'empereur. Il est l'auteur de la célèbre biographie de Charlemagne, bien supérieure, sous le rapport du style, à tous les ouvrages de cette époque. Les nombreux encouragemens que Charles donna à l'agriculture, à l'industrie, aux arts et au commerce, sa tentative de réunir par un canal la mer Noire à la mer du Nord, montrent que rien n'a été négligé par ce monarque pour assurer la prospérité de son empire et pour l'arracher à la barbarie qui pesait sur l'Europe depuis le cinquième siècle.

SOURCES. — EGINHARDI (839) *Vita et conversatio Caroli Magni.* (En français, dans la collection des historiens français publiée par M. Guizot, et dans celle de Bouquet.) — HEGEWISCH, *Versuch einer Geschichte Kaiser Karl's des Grossen.* — GAILLARD, *Histoire de Charlemagne, précédée de considérations sur la première race, et suivie de considérations sur la seconde.* — DIPPOLD, *Leben Kaiser Karl's des Grossen.* — BALUZII *Capitularia regum francorum*, avec des notes par Pierre de Chiniac.

Règne de Louis-le-Débonnaire jusqu'au démembrement de l'empire des Francs au partage de Verdun (814-843).

9. Louis-le-Débonnaire, troisième fils de Charlemagne, associé à l'empire en 813, fut incapable de maintenir l'unité de la vaste monarchie fondée par son illustre père. Louis, distingué d'ailleurs par la noblesse de ses sentimens, par son instruction, sa piété, et même par sa valeur personnelle, manqua de la portée d'esprit et de la ferme volonté qui eussent été nécessaires pour consolider et pour développer les institutions de son prédécesseur. Les fausses mesures qu'il prit, en voulant remédier aux abus, les partages fréquens qu'il se permit dans ses États, la négligence qu'il mit à convoquer les assemblées nationales, les usurpations du clergé et des grands, enfin les rébellions de ses propres fils, jointes aux

invasions réitérées des Normands, tout cet ensemble de malheurs et de fautes renversa promptement les barrières que Charlemagne avait opposées aux empiétemens de l'anarchie féodale, et amena le démembrement de sa monarchie.

Le règne de Louis-le-Débonnaire (814-840) offre le tableau d'une suite de révoltes, de guerres civiles, de partages, de négociations et de perfidies, précurseurs de l'anarchie, de la dissolution des liens sociaux et de l'asservissement du peuple.

La condescendance de l'empereur envers sa seconde épouse, Judith de Bavière, qui le détermina à revenir sur des partages faits antérieurement en faveur de ses fils du premier lit, pour avantager le prince Charles, dit le Chauve, issu du second mariage, fut une des causes principales des malheurs qui accablèrent le chef de l'empire.

10. Pendant le règne de Louis-le-Débonnaire la monarchie des Francs subit trois partages: par le premier, qui eut lieu en 817, Lothaire, l'aîné de ses fils, fut associé au gouvernement avec une suzeraineté sur ses frères Pépin et Louis: Cet arrangement, qui se fit à la diète d'Aix-la-Chapelle, du consentement des grands, et par suite duquel Pépin devint roi d'Aquitaine et Louis roi de Bavière, provoqua la révolte de Bernard, roi d'Italie, neveu de l'empereur (818). Le caractère faible et irrésolu de Louis se manifesta dans la conduite qu'il tint après la soumission de l'infortuné roi d'Italie (822).

Les instances de l'impératrice Judith et de Bernard, comte de Barcelone et de Septimanie, provoquèrent un second partage de l'empire (829), en faveur de Charles-le-Chauve, né en 823. Ce partage, confirmé par la diète de Worms et garanti par Lothaire, devenu roi d'Italie, procura au jeune prince un quatrième royaume, composé de la Souabe, de la Rhétie et d'une partie de la Bourgogne. Il entraîna les rébellions des trois fils aînés de l'empereur (830 et 833), soutenus par une portion du clergé, qui redoutait les projets de réformes dont Louis le menaçait. L'intervention du pape Grégoire IV ne servit qu'à aigrir les esprits et à hâter la défection de l'armée impériale. L'empereur, prisonnier de Lothaire, fut formellement déposé à la diète de Compiègne et dépouillé de ses ornemens impériaux, puis enfermé à l'abbaye de Saint-Médard à Soissons (833). L'impératrice Judith et le prince Charles furent également privés de la liberté. L'arrogance de Lothaire, qui excita la jalousie de ses frères Louis et Pépin, et les remords de conscience qu'éprouva Louis, contribuèrent à rendre le trône à l'empereur, et à faire abroger les décrets iniques de la diète de Compiègne (834).

Le troisième partage (835) fut encore l'effet des suggestions de l'impératrice, rendue à la liberté. L'Italie resta à Lothaire, Louis eut la Souabe et la Saxe, et Charles la France et la Bourgogne. Ce partage fut de nouveau modifié à la mort du roi Pépin, dont les enfans furent dépouillés de l'Aquitaine, qu'on ajouta aux possessions de Charles (838). Louis-le-Germanique, mécontent de ces dispositions qui ne lui laissaient que la Bavière, reprit les armes. Les peuples de l'Aquitaine se soulevèrent, tandis que les Normands infestaient les côtes et que les frontières orientales étaient ravagées par les Slaves. L'empereur, accablé de chagrins, se disposait à combattre son fils en Thuringe, lorsqu'il succomba à une maladie au château d'Ingelheim, près de Mayence (840).

11. La mort de Louis-le-Débonnaire, loin de faire cesser les discordes entre ses fils, devint la cause de nouvelles guerres dont la Gaule fut le principal théâtre. Les projets ambitieux de Lothaire, qui voulait s'arroger la suprématie sur ses frères, forcèrent ceux-ci à s'allier et à combattre le roi d'Italie. Cette lutte prit un caractère d'autant plus national qu'on y apercevait la tendance des peuples de race différente, réunis sous le sceptre de Charlemagne, à se séparer selon la diversité des langues et des mœurs. La bataille de Fontenay, près d'Auxerre en Bourgogne (841), que Louis et Charles livrèrent à Lothaire, et qui fut plus sanglante que décisive, amena entre les deux premiers rois une alliance plus étroite conclue à Strasbourg (842). Les solennités, qui eurent lieu à cette occasion, furent accompagnées des fameux sermens que prêtèrent Louis et Charles en présence des armées, et qu'on considère comme les plus anciens documens en langue tudesque et en langue romane. Les craintes que Lothaire conçut des préparatifs de guerre qui suivirent cette conférence

facilitèrent l'ouverture des négociations à Verdun, où s'accomplit le partage de la monarchie de Charlemagne (843).

Traité de Verdun.

12. Le traité de Verdun (843), tout en conservant le titre d'empereur à Lothaire, ne lui conféra pas plus d'autorité qu'aux autres copartageans. On y trouve l'origine des trois royaumes, de France, d'Allemagne et d'Italie, déjà séparés par le fait et par la force des circonstances, à une époque où tous les pouvoirs étaient menacés de dissolution.

Voici les principales dispositions de ce partage :

1° Toute la partie de la Gaule située à l'occident de la Meuse, de la Saône et du Rhône, avec la Marche d'Espagne, fut cédée à Charles-le-Chauve et forma le royaume de France.

2° La Germanie, avec les districts de Mayence, de Worms et de Spire, fut donnée à Louis.

3° Lothaire réunit à l'Italie toute la Gaule orientale, depuis la mer de Provence jusqu'aux bouches du Rhin et de l'Escaut. Cette lisière de pays, longue et droite, qui coupait toute communication entre Louis et Charles, fut appelée *Lotharingie* (Lorraine).

SOURCES. — THEGANUS (évêque de Trève, mort avant 849), *Vita Ludovici pii*, dans Schilter et dans la collection de Bouquet; la traduction dans la collection de M. Guizot. — NITHARDUS (mort en 858, fils d'Angilbert et de

Bertha, et petit-fils de Charlemagne), *de Dissentionibus filiorum Ludov. pii,* lib. IV.—Hincmar, déjà cité.—Reginonis *Chronicorum libri duo* (907). Dans *Pistorii script. Franc. Annales Bertiniani*; *Annales Fuldenses,* et celles de Ditmar, comte de Walenbeck, évêque de Mersebourg, mort en 1022. — Hegewisch, *Geschichte der frænkischen Monarchie von dem Tode Karls des Grossen bis zum Abgange der Carolinger.*

Nouveaux démembremens de l'empire des Francs jusqu'à la déposition de l'empereur Charles-le-Gros (888).

13. Le partage de Verdun, confirmé par les conférences de 844, 847 et 851, ne fut que le prélude de nouveaux démembremens. A l'abdication de Lothaire (855), les pays qui formaient la part de ce prince furent partagés entre ses fils Louis II, qui fut empereur, Charles et Lothaire le jeune. L'ambition de Charles-le-Chauve et de Louis-le-Germanique qui aspiraient l'un et l'autre à la dignité impériale et à la possession de l'Italie et de la Lotharingie, causèrent de nouvelles dissensions et de nouveaux morcellemens. Ce qui contribua encore à accroître ces désordres, ce furent, d'une part, les progrès de la féodalité, qui tendait à s'isoler, à se rendre indépendante du pouvoir monarchique, dont elle usurpait les droits; de l'autre, les invasions incessantes des Normands, qui, attirés par l'appât du butin ou des tributs qu'on leur payait, répandaient la désolation dans le cœur de la France. Ces invasions se prolongèrent pendant tout

le neuvième siècle et une grande partie du dixième; elles diminuèrent depuis l'établissement des Normands en France sous le roi Charles-le-Simple (912).

Aperçu des partages qui eurent lieu depuis 855 jusqu'en 881.

14. Les États qui avaient formé la part de Lothaire furent divisés ainsi qu'il suit: 1° Louis II, déjà associé à l'empire, eut l'Italie septentrionale (l'Italie méridionale était partagée entre le prince de Bénévent, les Grecs et les Arabes venus de la Sicile). 2° Lothaire II obtint les pays entre le Rhin, la Moselle, la Meuse et l'Escaut: cette portion eut la dénomination de *Lotharingie*. 3° Charles reçut la Provence, qui, après lui (863), fut réunie à la part de Lothaire II. A la mort de ce dernier (869), Charles-le-Chauve tenta de s'emparer de la Lotharingie, et allait en venir aux mains avec Louis-le-Germanique, lorsque les deux frères convinrent d'un nouveau partage publié en forme de capitulaire. Il fut stipulé que Charles aurait le Dauphiné, le Lyonnais, la plus grande partie de la Bourgogne, le pays de Liége, le Brabant; et que l'Alsace, la Lorraine française et les provinces du Bas-Rhin appartiendraient à Louis-le-Germanique. Ce partage fut suivi de l'expédition de Charles-le-Chauve en Italie, dont il disputa la couronne à Louis-le-Germanique, lors de la mort de l'empereur Louis II (875). Charles se fit couronner empereur à Rome par le pape Jean VIII, qui lui demanda des

secours contre les Sarrasins. En 879, Boson, beau-frère de Charles-le-Chauve, nommé par lui régent du royaume d'Italie, détacha de la France les provinces qui constituèrent depuis le royaume de Bourgogne ou d'Arles, dont il fut le premier roi. Déjà en 858 don Garcie, un des comtes dans les marches d'Espagne, s'était soustrait à la domination des Carlovingiens et avait fondé le royaume de Navarre.

A la mort de Louis-le-Germanique (876) l'Allemagne fut partagée entre ses trois fils; Carloman eut la Bavière, Louis la Saxe et la Thuringe, Charles-le-Gros la Souabe. Ce dernier, déjà roi d'Italie depuis la mort de Carloman, qui avait réuni ce royaume à la Bavière, devint roi de toute l'Allemagne au décès de Louis de Saxe (882). En 887 il obtint la couronne impériale de la main du pape Jean VIII.

La France sous Charles-le-Chauve.

15. C'est pendant le règne de Charles-le-Chauve (843-877) que tous les bénéfices devinrent héréditaires. Les secours que le roi sollicitait des nobles pour arrêter les invasions des Normands, devinrent l'occasion de nouvelles concessions royales qui avaient commencé avant le partage de Verdun. En 851, Charles contracta l'engagement de ne rien entreprendre sans le consentement des grands. En 856, il leur accorda le droit d'opposition armée et celui de n'être jugés que par leurs pairs. Enfin, par le capitulaire de Kiersy, il anéantit les restes de l'autorité royale dans

les provinces, en consacrant l'hérédité des fonctions judiciaires et militaires, jusqu'alors révocables (877).

De cette manière les comtes devinrent les égaux des autres seigneurs, et les hommes libres furent entièrement abandonnés à la volonté arbitraire de la noblesse. C'est l'époque de l'établissement définitif des pouvoirs locaux et de cette condition de subordination attachée à la terre, qu'on appelait le *vasselage*.

Progrès de la féodalité sous les derniers Carlovingiens.

16. Les progrès de la féodalité et les ravages des Normands, des Esclavons et des Hongrois, continuèrent sous les successeurs de Charles-le-Chauve en France (Louis II, dit le Bègue, 877-879; Louis III et Carloman, 879-884), et de Louis-le-Germanique en Allemagne. Charles-le-Gros, son troisième fils appelé à gouverner la France à la mort de Carloman, à l'exclusion de Charles-le-Simple, fils posthume de Louis-le-Bègue, réunit sous son sceptre la plupart des pays qui avaient composé l'empire de Charlemagne (884). Ce prince fut incapable de maintenir son autorité contre l'insubordination des vassaux. La lâcheté dont il fit preuve au siége de Paris (885-886) que le comte Eudes, fils de Robert-le-Fort, et l'évêque Gauzelin, défendirent vaillamment contre les Normands, acheva de le rendre méprisable et le fit déposer successivement par les Italiens, les Allemands et les Français (887). Cette

déposition, suivie de la mort de l'empereur (888), sépara à jamais les peuples qui avaient obéi à Charlemagne. Guy, duc de Spolète, et Bérenger, duc de Frioul, deux princes du sang carlovingien, se disputèrent la couronne d'Italie. Les Allemands décernèrent la royauté à Arnoul, duc de Carinthie, fils naturel de Carloman, roi de Bavière et d'Italie. Les seigneurs de France élurent roi Eudes, comte de Paris, pour le récompenser des services qu'il leur avait rendus contre les Normands. C'est à la même époque (888) que se forma, sous Rodolphe Guelf (*Welf*), arrière petit-fils de l'impératrice Judith, le royaume de Bourgogne transjurane, par la réunion d'une partie de la Savoie, du Valais, du pays de Genève et de la Suisse occidentale.

SOURCES. — *Annales de* FULDE — 909, et de METZ — 904. — *Chroniques de* REGINON — 906, et son continuateur — 972; celles de SAINT-GALL — 926, de LUITPRAND — 928, de WITTECHIND, de CORBIE — 937. — MURATORI *Scriptores rerum ital.* c. 500-1500. — GRÆVIUS, *Thesaurus antiq. et Hist. Italiæ.*

La France depuis le règne d'Eudes jusqu'à l'avènement des Capétiens.

17. Quoique Eudes dût la couronne à sa valeur, il n'eut pas assez de puissance pour se faire reconnaître par tous les seigneurs qui se partageaient alors les provinces françaises. Son autorité ne s'étendait guère que depuis la Loire jusqu'à la Meuse,

et il eut à combattre à la fois les Normands, le duc d'Aquitaine et Charles-le-Simple, qui, soutenu par un parti, lui disputait le trône. Ce n'est qu'à la mort d'Eudes que Charles fut roi, du consentement de tous les seigneurs de France (898-923). Ce prince, pour se ménager un appui contre le parti de Robert, frère du roi Eudes, céda par le traité de Saint-Clair-sur-Epte, à Rolf ou Rollon, chef des Normands, une partie de la Neustrie, depuis duché de Normandie, à titre de fief, et lui donna sa fille Gisèle en mariage (912). Le système féodal se régularisa promptement parmi les conquérans de la Normandie; les traces des cruelles dévastations que cette province avait subies s'effacèrent par l'heureuse influence du clergé; les villes se relevèrent et se repeuplèrent; l'agriculture reçut des encouragemens, et la langue romane-wallone ne tarda pas à se perfectionner à la cour des ducs. Rollon, qui fut baptisé sous le nom de Robert, resta fidèle au traité d'alliance qu'il avait conclu avec le roi Charles, et le soutint contre Robert, duc de France, élu roi par le parti opposé à la race carlovingienne.

Les dernières années du règne de Charles-le-Simple ne présentent que des scènes de trouble et d'anarchie; la noblesse s'arrogea le droit de guerre, celui de battre monnaie et de rendre justice sans appel. Le roi, qui avait négligé l'occasion de réunir la Lorraine à la France, se vit sans cesse obligé de combattre ses vassaux révoltés; fait prisonnier par Herbert, comte de Vermandois, il termina ses jours au château de Péronne (929), après que Raoul, duc de Bourgogne, eût été couronné à Soissons (923), sur le refus de Hugues-le-Grand, comte de Paris et duc de France, alors le seigneur le plus puissant du royaume.

18. A la mort de Raoul de Bourgogne, beau-frère de Hugues (936), Louis IV, d'Outremer, fils de Charles-le-Simple, fut rappelé d'Angleterre du consentement du duc de France, et réunit le titre de roi à la possession du domaine de Laon (936-954). Le jeune roi, actif et brave, fit d'inutiles efforts pour triompher de l'aristocratie liguée contre lui, et pour abaisser l'autorité de Hugues-le-Grand. Dans ce but il contracta alliance avec Othon Ier, roi d'Allemagne, et le comte de Flandre (946). Hugues, de son côté, s'allia avec Richard, duc de Normandie, à qui il donna sa fille en mariage. La guerre civile se termina par l'intervention du pape, qui obligea le duc de France à se soumettre au roi. Lothaire, fils de Louis IV ne régna que du consentement de Hugues-le-Grand (954-986), qui ajouta au duché de France la possession des duchés de Bourgogne et d'Aquitaine. Aidé de Hugues-Capet, fils de Hugues-le-Grand, il essaya de reprendre la Lorraine sur Othon II, qui, pour s'en venger, fît une invasion en France (954)(979). Quoique aucune rébellion formelle n'éclatât contre ce roi, chaque jour son pouvoir s'affaiblissait jusqu'à ce qu'il vînt à passer aux mains de Hugues-Capet, duc de France, comte de Paris et d'Orléans. Louis V, dit le Fainéant, fils de Lothaire, ne fit qu'apparaître sur le trône (986); quand il mourut (987), Hugues-Capet

se fit décerner la couronne par ses vassaux à l'assemblée de Noyon. Charles, duc de la Basse-Lorraine, oncle du dernier roi carlovingien, s'empara de Laon et de Reims (988), et tenta de disputer le sceptre au roi élu par les vassaux; mais fait prisonnier, il fut enfermé avec ses fils à Orléans, où il mourut (991).

Hugues-Capet et ses trois premiers successeurs.

19. L'avènement de Hugues-Capet, fondateur de la troisième race, demeura sans influence immédiate sur l'agrandissement de l'autorité royale. La royauté, confondue avec le principal fief (le duché de France), ne fut qu'une suzeraineté à laquelle se rattachait le nom de roi. Le royaume de France continua à offrir l'image d'une agglomération d'États dont les chefs, souvent en guerre entre eux ou avec le suzerain, exerçaient chacun en particulier les prérogatives royales. Sous Hugues-Capet et ses premiers successeurs jusqu'à Philippe-Auguste, le système féodal fit même de constans progrès, et devint plus compact et plus régulier. Les antiques assemblées du Champ-de-Mars étaient tombées en désuétude ou remplacées par des réunions de barons (parlemens), ou par des synodes (assemblées du clergé). Les habitans des villes, et particulièrement ceux de la plupart des villes du Nord, ainsi que les gens de la campagne, étaient réduits au servage. Le commerce était ruiné, l'industrie opprimée et livrée aux mains des esclaves.

La féodalité, dont la France entière et la plupart des pays de l'Europe subissaient alors le joug, reposait sur l'asservissement des masses, sur l'abaissement de l'autorité monarchique, l'hérédité des fiefs et des titres de noblesse, la juridiction seigneuriale, l'organisation hiérarchique et fédérative de la noblesse ; enfin, sur l'égalité de puissance des vassaux et leur droit de guerre.

20. Hugues-Capet (987-996), aussi courageux qu'habile, sut maintenir son autorité de roi et de suzerain dans son duché au-delà du quel elle n'était guère reconnue. Il réussit à conserver la couronne à sa famille en s'associant son fils Robert. Ce mode d'association fut adopté par les successeurs de Hugues jusqu'à Philippe-Auguste, qui le jugea inutile désormais à la consolidation du trône. Hugues, pour ne point démembrer ses domaines, évita soigneusement de les conférer en fiefs à des seigneurs laïcs ; les gens d'église seuls obtenaient de ces concessions. La fixité dans la succession au trône, l'usage de considérer le roi comme juge suprême dans les contestations entre les grands vassaux, les alliances que les rois de la troisième race contractaient quelquefois avec ces seigneurs, enfin l'influence des évêques, que les premiers Capétiens protégeaient contre la tyrannie féodale, peuvent être comptées au nombre des causes qui ont relevé la considération du pouvoir monarchique en France, dans le onzième siècle.

21. Si les règnes de Robert (996-1031) et de Henri Ier (1031-1060), offrent peu d'intérêt sous le rapport politique, ils en présentent davantage par les progrès du pouvoir temporel des papes, qui s'arrogent le droit de régenter les princes et les royaumes au moyen des bulles d'excommunication et des interdits. Il ne faut pas, malgré ces usurpations, méconnaître les efforts que faisait alors l'Église pour mettre une digue aux guerres privées et aux brigandages que commettaient les nobles. A cet effet elle fit publier en 1041 *la paix et la trève de Dieu (treuga Dei)*. Cette police ecclésiastique ne suffit pourtant pas à guérir les maux qui travaillaient alors la société.

Baudouin, comte de Flandre (1060-1067), devint régent pendant la minorité de Philippe Ier, à l'exclusion d'Eudes et de Robert, duc de Bourgogne, oncles du jeune roi; il contribua beaucoup à l'accroissement du pouvoir royal. Le long règne de Philippe Ier (1060-1108), prince faible et débauché, peu mémorable en lui-même, a été témoin d'événemens féconds en grands résultats pour la France et pour l'Europe: tels sont les graves querelles entre les empereurs et la cour de Rome, la naissance de la chevalerie, la conquête de l'Angleterre par les Normands, source d'une longue suite de guerres, et le commencement des croisades.

SOURCES. — GLABER RADULPHUS, *Libri quinque Historiarum sui temporis* (987-1046). — HUGONIS FLORIACI *Chronicon* (987-1034). — FRODOARDI (chanoine de Reims) *Chro-*

nicon, le meilleur guide pour l'histoire du dixième siècle.
— SIGEBERTI (moine de Gemblours) *Chronicon* (381-1112). — ODERICI (moine de Saint-Evraul) *Historia ecclesiastica*, depuis l'ère chrétienne — 1142. Cette histoire sert à faire connaître les établissemens des Normands. — BOULAINVILLIERS, *Histoire de l'ancien gouvernement de la France.* — SIMONDE DE SISMONDI, *Histoire des Français.* — MABLY, *Observations sur l'histoire de France.* — MONT-LOSIER, *Histoire de l'esprit révolutionnaire des nobles en France sous les soixante-huit rois.* — GUIZOT, *Essais sur l'Histoire de France.*

L'Angleterre sous les Anglo-Saxons, jusqu'à la conquête des Normands (827-1066).

22. Tandis que la féodalité et les invasions des Normands démembraient la monarchie de Charlemagne, l'Angleterre, gouvernée par les rois anglo-saxons, luttait aussi contre les incursions des hommes du Nord. Egbert-le-Grand, roi de Westsex (827-839), était parvenu, par son courage et sa prudence, à éloigner les Danois-Normands et à réunir sous sa domination la plus grande partie de l'Heptarchie. Cependant il n'avait pu empêcher les Danois de s'établir dans le Northumberland (entre l'Humber et la Tyne). Les incursions de ces pirates se renouvelèrent avec plus de fréquence sous les successeurs d'Egbert. Alfred, quatrième fils d'Ethelwolf (871-901), d'abord détrôné par les Danois, devint le libérateur de l'Angleterre. Les sages mesures de ce roi, digne d'être comparé à Charlemagne, préservèrent son royaume de nouvelles dévastations et lui permirent de consolider

ou de perfectionner en Angleterre des institutions qui lui ont mérité la réputation du plus grand roi des Anglo-Saxons.

La division de l'Angleterre en comtés (*shires*), ses institutions judiciaires (le jury), la création des schérifs par comté, la sévérité de ses lois de police et les encouragemens qu'il donna à la marine, à l'instruction publique et à l'industrie, attestent les vues élevées d'Alfred et l'étendue de son génie. Il est hors de doute aujourd'hui que beaucoup d'établissemens attribués communément à Alfred remontent à l'époque des premiers rois anglo-saxons. Telle est, par exemple, la division de la nation en centaines (*hundreds*), en dixaines (*tythings*), et la juridiction qui se rapportait à cette division. On sait qu'Alfred convoquait régulièrement les États (*la Wittenagemot*) deux fois par an à Londres; mais on n'est pas d'accord sur les élémens qui formaient cette assemblée. On suppose qu'elle était composée de thanes royaux, de thanes ordinaires, de ceorls ou fermiers et du clergé.

SOURCES. — *Annales rerum gestarum Aelfredi Magni*, auctore Asserio Menevensi (contemporain et ami d'Alfred). — Turner, *The history of the Anglo-Saxons from their first appearance above the Elbe to the Norman conquest*. — Hume, *History of England*, t. I. — Lingaird, *Hist. of England*, t. I. — Ludwig von Stolberg, *Leben Alfreds des Grossen*. — Thierry, *Histoire de la conquête de l'Angleterre par les Normands*, t. Ier.

23. Les institutions anglo-saxonnes qui ont survécu à Alfred éprouvèrent de nombreuses altérations

pendant les temps orageux qui suivirent ce règne jusqu'à l'époque de la conquête de l'Angleterre par les Normands. Exposée aux ravages des Danois, des Bretons du pays de Galles et des Écossais, l'Angleterre éprouva en même temps les funestes effets des dissensions intestines provoquées par les querelles des rois et par l'ambition des moines. Parmi ces derniers il en est un qui s'est signalé par un orgueil insatiable et des entreprises audacieuses sous le règne des rois Edred (946-955), Edwy (955-959) et Edgar (959-975); c'est le fameux Dunstan, devenu archevêque de Cantorbéry, le réformateur de l'ordre de Saint-Benoît et l'ennemi du clergé séculier.

24. Après la mort d'Edgar (975), l'Angleterre fut plongée dans de nouvelles calamités. Sous le faible et indolent Ethelred II (978), les Danois, qui depuis long-temps étaient fixés dans le nord du royaume, impatiens du joug des Anglo-Saxons, favorisèrent les incursions de leurs compatriotes. Ethelred essaya de les éloigner en leur payant le tribut du *Danegeld*, mais il ne fit ainsi que les encourager à renouveler leurs pillages. Alors il crut sauver son pays en ordonnant le massacre général de tous les Danois demeurant en Angleterre (1003). Sweyn (*Suenon*), roi de Danemarck, voulut tirer vengeance de cette atroce exécution; il vint saccager le royaume à la tête d'une nombreuse armée (1004). Ethelred chercha un refuge auprès de Richard II, duc de Normandie, son beau-frère. Sweyn soumit la plus grande partie de

l'Angleterre à ses armes et prit le titre de roi (1014). A la mort de cet étranger, les Anglais rappelèrent Ethelred II pour l'opposer à Canut, fils de Sweyn, que les Danois élevèrent au trône (1015). Ethelred, et ensuite le vaillant Edmond Côte-de-Fer, son fils, disputèrent à Canut le pays, qui, d'un commun accord, fut momentanément partagé entre les deux rois (1016). Edmond périt par le fer d'un assassin, et Canut se fit reconnaître roi de toute l'Angleterre (1017). Ce prince, qui commença son règne par des cruautés, dans la persuasion qu'elles seraient un moyen pour affermir son pouvoir, se montra ensuite strict observateur de la justice. Impartial entre les vainqueurs et les vaincus, il respecta autant les droits du Saxon que ceux du Danois, sans qu'il y eût fusion entre les deux peuples, qui d'ailleurs avaient une commune origine. L'esprit de dévotion que le roi Canut manifesta à la fin de sa vie et les largesses qu'il fit à l'Église, lui valurent l'affection du clergé anglais. La conquête de la Norwège (1028), ajoutée à celle de l'Angleterre, le rendit le plus puissant monarque du Nord. Après lui, deux de ses fils, Harold-l'Agile (Pied-de-Lièvre) et Hardicanut se disputèrent le trône de l'Angleterre (1036). Le dernier régna seul depuis 1039 jusqu'à 1041 [1].

---

[1] Suite des rois anglo-saxons et danois, depuis Édouard-l'Ancien, fils d'Alfred, jusqu'à Édouard-le-Confesseur : Édouard-l'Ancien (901-925), Athelstan (925-941), Edmond Ier (941-946), Edred (946-955), Edwy (955-959), Edgar (959-975), Édouard II, le Martyr (975-978); Ethelred II (978-1003); Sweyn, roi de Danemarck (1004-

25. Les Anglais, après avoir été gouvernés pendant vingt-cinq ans (1017-1042) par des rois danois, se soulevèrent à la mort de Hardicanut, qui les avait opprimés, et offrirent la couronne à Édouard-le-Confesseur (né du mariage d'Ethelred II avec Emma, fille de Richard, duc de Normandie), à l'exclusion de deux fils d'Edmond-Côte-de-Fer et de Sweyn II, roi de Norwège, fils aîné de Canut. Édouard n'obtint le sceptre qu'à la condition de confirmer les lois de Canut, qui elles-mêmes reproduisent les dispositions de l'ancienne législation anglo-saxonne. L'ambition du comte Godwin et de son fils Harold, les plus puissans seigneurs de l'Angleterre, entretint les désordres qui éclatèrent pendant le règne du dévot et timide Édouard; Harold surtout se concilia l'affection du peuple en excitant sa haine contre les Normands protégés par Édouard. Élu roi à la mort de ce dernier (1065), il fut aussitôt forcé de combattre deux redoutables rivaux, son propre frère Tosty, duc de Northumberland, et Guillaume-le-Bâtard, duc de Normandie, qui fondait ses prétentions sur une promesse d'Édouard, sur un prétendu serment du roi Harold et sur une bulle du pape. Harold, vainqueur de Tosty et du roi de Norwège, son allié, fut à son tour défait et tué par les Normands (1066) à la fameuse bataille de Hastings, dans le comté de Sussex. Guillaume de Normandie

1014); Ethelred II, rappelé (1014-1016); Edmond II, Côte-de-Fer (1016-1017); Canut-le-Grand (1017-1036), Harold-l'Agile et Hardicanut (1036-1039), Hardicanut (1039-1041).

se fit proclamer roi d'Angleterre. La conquête de ce pays eut pour conséquence immédiate l'introduction du système féodal le plus rigoureux et l'asservissement complet et systématique des Anglo-Saxons, sans que le clergé en fût excepté. Le vainqueur partagea le royaume en 60,215 baronies, dont 1400 furent réunies à la couronne. Le *doomsdaybook*, ou livre des fiefs contenant le relevé de toutes les terres, de leur valeur et produit, commencé en 1081 par ordre de Guillaume Ier, et terminé en 1086, prouve avec quelle régularité l'aristocratie normande a été constituée en Angleterre. Le grand conseil des barons remplaça l'assemblée nationale des Saxons; des justices féodales, tenues par un officier du roi s'élevèrent à la place des cours des comtés. Des citadelles construites dans l'enceinte des villes devaient tenir les habitans en respect; les Anglais furent désarmés et on rétablit l'impôt du Danegeld.

SOURCES. — *Chronique de* GUILLAUME DE MALMESBURY. — HALE, *History of the common law of England.* — *Commentaires de* BLAKSTONE. — THIERRY, *Histoire de la conquête de l'Angleterre par les Normands.* — GUIZOT, *Essais sur l'histoire de France.*

L'Allemagne, depuis l'avènement de la maison de Saxe jusqu'à la conquête de l'Italie par Othon Ier.

26. Depuis la déposition de Charles-le-Gros (887), l'Allemagne et l'Italie étaient livrées aux guerres intestines et aux invasions des étrangers. A l'époque de

la dissolution de l'empire des Francs, les Allemands étaient partagés en cinq grandes peuplades, gouvernées par des ducs : 1° les Francs ou Franconiens, entre le Rhin et le Main; 2° les Bavarois, dans le Tyrol, la Bavière actuelle, l'évêché de Bamberg, le Salzbourg, la Carinthie et la Carniole; 3° les Souabes ou Allemands dans la Souabe, proprement dite, le pays des Grisons et la Suisse septentrionale; 4° les Thuringiens, dans la Hesse électorale, les districts de Mersebourg, de Fulde et d'Erfurt; 5° les Saxons dans les pays situés entre l'Elbe, le Weser et le Bas-Rhin. On peut encore y ajouter les Frisons, répartis dans des cantons, en partie sous la dépendance de la Lorraine et de la Saxe, en partie indépendans. La rivalité qui existait entre ces peuples, régis par des coutumes différentes, la diversité de leurs dialectes et les progrès de la féodalité, furent un obstacle puissant à la fusion politique des Allemands.

27. La valeur du roi Arnoul, fils naturel de Carloman (887-900), qui avait obtenu la couronne impériale, promettait de mettre un terme aux progrès des Normands et des Esclavons; mais, sous le règne de Louis IV, l'Enfant (900-911), dernier des Carlovingiens en Allemagne, ce pays fut livré de nouveau aux ravages des guerres féodales et aux dévastations des Hongrois, fixés en Pannonie depuis 899. A la mort de ce roi et au refus d'Othon, duc de Saxe, d'accepter la couronne, les États la déférèrent à Conrad de Franconie (911), l'un des quatre ducs

qui exerçaient alors le plus d'autorité sur les peuples d'Allemagne. Ce prince eut à combattre à la fois le duc Henri de Saxe, son plus redoutable ennemi, et les Hongrois, auxquels il paya tribut. Conrad, en mourant, désigna lui-même le duc de Saxe aux suffrages des seigneurs (919).

28. Henri Ier, l'Oiseleur (919-936), premier roi de la maison de Saxe, força les ducs d'Allemagne à reconnaître son autorité. Il réunit la Lorraine à l'Allemagne (925), fonda et fortifia des villes, obligea une partie de la noblesse et des habitans libres de la campagne à s'y établir, en leur accordant de grands priviléges; et après avoir aguerri et discipliné les Allemands dans les combats contre les Esclavons, il refusa le tribut aux Hongrois et les défit à la bataille de Mersebourg (933). Son fils Othon Ier, le Grand, (936-973), aussi courageux que Henri, le surpassa en lumières et en habileté. Il étouffa les rébellions de ses vassaux, combattit avec succès le roi de France, Louis IV d'Outremer, les Danois, le duc de Bohème et les princes esclavons, qu'il rendit tributaires, et remporta une éclatante victoire sur les Hongrois près du Lech (954). Appelé au secours d'Adelaïde, veuve de Lothaire II, roi d'Italie, que Bérenger II, marquis d'Ivrée, usurpateur du trône de son époux, voulait contraindre à donner la main à Adalbert, son fils, Othon passa les Alpes, vainquit Bérenger et se fit couronner roi d'Italie (952), en devenant l'époux de la reine Adelaïde. En 962 il

ajouta à la royauté d'Allemagne et d'Italie la dignité impériale, qui n'avait plus été conférée depuis la mort de Bérenger Ier (924).

29. La réunion de l'Italie à l'Allemagne et la restauration de la dignité impériale en faveur d'un roi allemand devinrent les germes d'une longue suite de querelles entre les empereurs et les papes, qui aspiraient à la suprématie temporelle. Les guerres qui agitèrent l'Allemagne et l'Italie sous les empereurs saxons (919-1024), sous ceux de la dynastie salienne ou de Franconie (1024-1125), et sous les Hohenstaufen (1138-1254), étendirent en Italie l'autorité pontificale, mais y développèrent en même temps l'esprit de liberté et d'indépendance parmi la noblesse et la bourgeoisie.

30. Othon-le-Grand ne négligea aucun moyen pour accroître l'autorité des rois d'Allemagne; dans ce but il conféra les duchés à des princes de sa famille, à des seigneurs dévoués ou à des prélats. Il chercha surtout à gagner l'appui du clergé, en lui faisant de nombreuses dotations et en lui accordant d'importans priviléges. En même temps, afin de maintenir les ducs dans la subordination, il établit dans les duchés des comtes palatins, destinés à y exercer la justice au nom du roi, et à y administrer les domaines royaux. La plupart de ces comtes palatins, aussi bien que les ducs, profitèrent dans la suite de l'affaiblissement de la puissance des rois pour rendre

leurs charges héréditaires; les palatins du Rhin devinrent même de grands feudataires. Par l'institution des avoués d'églises ou des vidames, Othon voulut tempérer l'autorité des prélats et les mettre sous la surveillance de fonctionnaires temporels; mais les évêques ne tardèrent pas à se délivrer de cette tutelle.

Les successeurs d'Othon-le-Grand jusqu'à la mort de Henri II.

31. L'union d'Othon II avec la princesse Théophanie, fille de l'empereur grec Romain II (972), n'eut ni pour l'Allemagne, ni pour l'autorité impériale, les avantages qu'Othon-le-Grand en avait espérés. Pendant les règnes d'Othon II (973-993) et d'Othon III (983-1002), l'Allemagne et l'Italie furent en proie aux troubles les plus graves; les factions se disputaient le souverain pouvoir à Rome en l'absence des empereurs, et se jouaient de l'autorité pontificale avilie. Othon II fut malheureux dans sa tentative de soumettre la Pouille et la Calabre (981), qu'il revendiquait comme dot de son épouse. Othon III, son fils, l'élève du célèbre Gerbert, depuis le pape Silvestre II, se vit obligé de prendre d'assaut la ville de Rome (998), où l'usurpateur Crescence, après avoir chassé le pape nommé par l'empereur, avait disposé de la papauté et renversé la domination des Allemands. L'horrible vengeance qu'exerça le vainqueur ne servit qu'à exciter la haine des Italiens

contre les étrangers et à accroître les difficultés d'une réunion complète de l'Italie et de l'Allemagne. Le pouvoir royal déclina rapidement, et la féodalité fit d'immenses progrès pendant le règne orageux de Henri II (1002-1024), dernier empereur de la maison de Saxe, malgré les efforts de ce prince pieux, mais faible, pour conserver l'intégrité de sa puissance. Le pape Benoît VIII exploita la dévotion et la condescendance de cet empereur au profit du sacerdoce.

SOURCES. — *Annales de Fulde*, déjà citées, — 900, et celles de *Metz*, — 904. — *Chronique de* REGINON, abbé de Prum — 906, et son continuateur, — 972. — *Chroniques de Saint-Galles*, — 926. — LUITPRAND, évêque de Crémone, *Rerum gestarum historia*, — 928. — La *Chronique* de WITTECHIND, abbé de Corbie, — 973; celle de FRODOARD, — 966; celle de *Würzbourg*, — 1011; celle de DITMAR DE MERSEBOURG, — 1018; celle de *Saxe*, — 1025; celle de *Hildesheim*, — — 1038; — SIGONIUS, *de Regno Italiæ*. — Les meilleures collections sont : 1° BUDERI *Bibliotheca script. rerum germ.*; 2° FREHERI *Directorium historicorum medii ævi*. — Voyez aussi PFEFFEL *Abrégé chronologique de l'histoire et du droit public d'Allemagne*, 2 vol.

L'Allemagne et l'Italie sous les premiers empereurs de la maison de Franconie jusqu'à l'époque de la lutte entre l'empire et le sacerdoce (1024-1075).

32. Depuis le couronnement d'Othon-le-Grand, l'autorité impériale s'était beaucoup relevée dans les esprits; non-seulement on regardait la royauté de

l'Allemagne comme intimement liée à la couronne impériale, mais on s'habituait à voir dans la personne de l'empereur le chef temporel de la chrétienté et l'unique souverain de l'empire. Les rois d'Allemagne successeurs d'Othon, mettant à profit cette opinion favorable, songèrent à étendre leur pouvoir, malgré les obstacles que leur opposaient le clergé et les grands vassaux. Une foule de circonstances semblèrent seconder les desseins ambitieux de ces rois: l'accroissement de la liberté et de la prospérité des habitans des villes, la multiplication des arrières-vassaux, disposés à se soustraire à la domination des ducs pour se ranger sous celle des empereurs, les mutations fréquentes des possesseurs des grands fiefs, et l'influence que les rois d'Allemagne exerçaient alors sur la nomination aux évêchés. Affermir et étendre l'autorité impériale, en la plaçant au-dessus de la papauté, se faire de celle-ci et du clergé un instrument de domination, tel a été le but constant des empereurs jusqu'au moment où leurs projets furent enrayés par le génie audacieux de Grégoire VII et la fermeté de ses premiers successeurs, qui, à leur tour, essayèrent d'élever le pouvoir absolu de l'Église sur les ruines de la puissance temporelle [1].

[1] Chef temporel de la chrétienté, l'empereur avait pour devoir de surveiller et de défendre ses intérêts généraux. Il était considéré comme le protecteur de l'Église romaine; il avait le droit de convoquer les conciles universels et de commander les armées. On lui attribuait la préséance sur les autres souverains, avec le droit exclusif de nommer des rois, de confirmer l'élection des papes et de les déposer.

33. Le caractère personnel des deux premiers empereurs de la maison de Franconie, Conrad II (1024-1039) et Henri III (1039-1056), la force des circonstances et l'avilissement dans lequel la dignité papale était tombée à cette époque, facilitèrent l'accroissement rapide du pouvoir monarchique et l'extension des limites de l'empire.

Les prétentions de Conrad II, dit le Salique, à la couronne de Bourgogne le brouillèrent avec la plupart des ducs d'Allemagne, ses parens. Conrad triompha de ses ennemis, et à la mort de Raoul III, dernier roi des deux Bourgognes [1], malgré l'opposition d'Eudes, comte de Champagne, neveu de Raoul, il saisit le sceptre de ce royaume (1032), alors morcelé par le système féodal; aussi cette réunion fut-elle loin d'agrandir la puissance des rois d'Allemagne. Conrad se vit également obligé d'avoir recours aux armes pour faire respecter son autorité en Italie.

Son fils Henri III, doué des plus nobles qualités, parvint à réaliser en partie les desseins de son père; il sut se faire respecter par les grands vassaux, maintenir l'intégrité de l'Allemagne, menacée par le duc de Bohème, et reculer même les limites de ce royaume dans une guerre glorieuse contre les Hongrois (1043), qu'il chassa du Noricum et de la Pannonie occidentale; il disposa encore en maître de

---

[1] Ce royaume comprenait alors la Provence, le Dauphiné, la Savoie, la Bresse, le Bugey, le Lyonnais, la Franche-Comté, le pays de Vaud et les cantons de Berne, de Soleure, de Fribourg, de Bâle et de Genève.

la couronne des pontifes, malgré le crédit croissant du moine Hildebrand, devenu le conseiller du pape Léon IX.

SOURCES. — WIPPON, *Vie de Conrad II*. — *Chroniques de Hildesheim*, — 1038; de GLABER, — 1044; et de LAMBERT d'ASCHAFFENBOURG, — 1077.

Henri IV, empereur de la maison de Franconie, et le pape Grégoire VII.

34. Le règne de l'empereur Henri IV (1056-1106), qui se termina d'une manière déplorable pour ce monarque, est un des plus féconds en événemens importans pour l'ordre social; c'est alors, en effet, que s'engagea une lutte opiniâtre et prolongée entre le pouvoir temporel et l'autorité papale. Le système de monarchie absolue de l'Église, système dont les fondemens furent posés par le génie de Grégoire VII (1073-1085), se développa pendant le douzième et le treizième siècle, malgré les efforts et la résistance persévérante des empereurs de la maison de Franconie et de Souabe. Les points d'appui de cette monarchie ecclésiastique furent: le célibat des prêtres, le droit exclusif, réclamé par les papes, de conférer l'investiture aux gens d'église moyennant la crosse et l'anneau, les bulles d'excommunication et les interdits, l'extension de la juridiction ecclésiastique par les appels à la cour de Rome, l'envoi des légats apostoliques munis d'une autorité exorbitante, les impôts arbitraires levés, sous diverses qua-

lifications, sur les princes et les peuples, le droit de déposer les souverains et de délier leurs vassaux ou sujets du serment d'obéissance, la soumission volontaire de plusieurs rois à la suzeraineté du saint-siége, la multiplication des ordres monacaux, les donations nombreuses faites à l'Église, la faiblesse des princes, la superstition et l'ignorance des peuples par suite du système féodal, enfin le caractère ferme, entreprenant et audacieux de Grégoire VII et d'un grand nombre de ses successeurs.

SOURCES. — DAUNOU, *Essai sur la puissance temporelle des papes.* — SCHROECK, *Kirchengeschichte.* — SPITTLER, *Geschichte der christlichen Kirche.* — VOGT, *Leben Gregors des Siebenten.* — LABBEI, *Acta conciliorum*, t. X.

35. La minorité de Henri IV fut troublée par les tentatives des Saxons révoltés pour arracher la couronne aux princes de la maison salique. Le jeune roi, enlevé à sa mère par un parti des grands (1062), à la tête desquels s'était placé Hannon, archevêque de Cologne, prélat intrigant et ambitieux, acheva de se corrompre sous la tutelle des évêques. Les fautes d'une première éducation exercèrent une fâcheuse influence sur le reste de la vie de Henri IV, dont le caractère était un mélange de grandeur et de faiblesse, de courage et de timidité, de légèreté et d'audace, de violence et d'hésitation.

A peine Henri eut-il pris les rênes du gouvernement, que, sans écouter les conseils de la prudence, et entraîné par une confiance aveugle dans sa valeur personnelle et dans les prélats qui lui montraient du dévoûment et partageaient avec lui les profits de la simonie, il se brouilla avec les vassaux et les États de la Saxe. Les révoltes des Saxons (1073 et 1075), malgré les succès que Henri remporta sur eux, l'engagèrent avec la cour de Rome dans des discussions que la querelle des investitures vint envenimer (1074).

Le pape Grégoire VII, destitué par un décret du concile de Worms (1076), qui fut rendu sous l'influence de l'empereur, déposa à son tour Henri IV, l'excommunia et délia les Allemands du serment de fidélité envers leur roi. C'est alors que celui-ci, redoutant les conséquences de la bulle papale, passa les Alpes et alla s'humilier devant l'orgueilleux pontife, au château de Canosse (1077). Par cette démarche avilissante, Henri s'aliéna le clergé italien, qui aurait été disposé à le seconder dans ses entreprises. Honteux ensuite de son humiliation, il refusa de se soumettre aux conditions que le pape avait mises à la réconciliation, et ralluma ainsi la guerre civile en Allemagne et en Italie. Henri IV, déposé par la diète de Forchheim, fut obligé de disputer la couronne à l'anticésar Rodolphe de Souabe. Après une lutte des plus acharnées entre l'empereur et une partie de ses vassaux, soulevés par les intrigues du pape, Henri, soutenu par les communes de l'Allemagne et par le dévoûment de Fréderic de Hohenstaufen et de Godefroi de Bouillon, vainquit Rodolphe à la bataille de Volksheim, près de Gera, en Thuringe

(1080). Frédéric eut pour récompense l'investiture du duché de Souabe, vacant par la mort de Rodolphe. Le pape Grégoire VII, assiégé à Rome par l'empereur (1083), se vit forcé d'appeler à son secours Robert Guiscard, duc de Calabre, qui vint le délivrer. Le pontife mourut à Salerne auprès de son libérateur (1085), en léguant à ses successeurs le soin de continuer son œuvre.

36. Malgré les triomphes qui semblaient favoriser le rétablissement de l'autorité impériale, Henri IV vit surgir de nouveaux ennemis en Allemagne et en Italie. Les successeurs de Grégoire VII (Victor III, Urbain II et Pascal II), en renouvelant l'anathème, armèrent contre le monarque les grands vassaux de l'Allemagne et de l'Italie. Non-seulement Henri eut à combattre l'anticésar Herman de Luxembourg (1081-1088), soutenu par les Saxons, mais ses propres fils Conrad et Henri, que le désir de régner et les promesses du saint-siége et de la comtesse Mathilde de Toscane avaient soulevés contre leur père. Le malheureux empereur, vaincu par le second de ses fils et abandonné de la plupart de ses partisans, mourut à Liége (1106). Henri ne trouva pas même le repos dans la tombe; son corps, exhumé par ordre du pape Pascal II, resta privé de la sépulture pendant cinq ans. Les désordres, qui agitèrent le règne de Henri IV, servirent à consolider la féodalité allemande aux dépens du pouvoir monarchique.

L'empereur Henri V. Fin de la querelle des investitures.

37. La querelle des investitures se renouvela pendant le règne de Henri V (1106-1125), qui, dès qu'il eut rétabli le calme en Allemagne, songea sérieusement à venger les affronts faits à son père. La dignité papale humiliée dans la personne de Pascal II, devenu le captif de l'empereur (1111), se releva quand le pape Calixte II eut adroitement indisposé la noblesse allemande contre le suzerain et qu'il eut trouvé un appui en France dans le roi Louis VI et le clergé réuni au concile de Rheims (1119). Alors Henri V, environné de nouveaux périls, n'osa braver plus longtemps le courroux de Rome et s'empressa de signer le concordat de Worms (1122), qui termina la discussion sur les investitures. Ce concordat, quoique le pape eût l'air d'y faire des concessions à l'empereur, n'en fut pas moins avantageux à la papauté, à laquelle il conféra le droit de l'investiture par la crosse et l'anneau, en réservant au prince celui d'investir le vassal ecclésiastique au moyen du sceptre. En même temps ce traité accorda aux chapitres la liberté d'élection, et permit au prince d'y envoyer des commissaires, mais sans aucune espèce de pouvoir; par un autre article, les terres du saint-siége furent affranchies de la suzeraineté de l'empire.

SOURCE. — *Chronique* de CONRAD D'URSPERG.

38. Les projets de vengeance, que l'empereur, allié avec son beau-père Henri Ier, roi d'Angleterre, méditait contre le roi de France Louis VI, qui avait soutenu le pape, et contre les vassaux d'Allemagne dont il voulait ruiner la puissance, échouèrent par suite de la révolte des habitans de la ville de Worms (1124). La longueur du siége de cette ville força Henri V d'ajourner l'exécution de ses desseins, et au moment où il voulut les reprendre, il mourut de la peste à Utrecht, sans laisser de postérité (1125).

SOURCES. — Les *Chroniques* de SIGEBERT DE GEMBLOURS —1112, et d'ANSELME DE GEMBLOURS—1136.—SCHLOSSER, *Weltgeschichte*, 2ter Band. — SCHMIDT, *Geschichte der Deutschen*. — LUDEN, *idem*.

Établissement des Normands dans l'Italie méridionale.

39. L'établissement des Normands-Français, dans la Pouille et la Calabre pendant le onzième siècle, a exercé une influence puissante sur les affaires de l'Italie et sur l'accroissement de la puissance temporelle des papes, dont ils devinrent les soutiens. Le goût des pélerinages armés avait conduit ces guerriers aventureux dans le midi de l'Italie (1016), où ils se mettaient au service, tantôt des princes italiens ou lombards, tantôt des empereurs d'Allemagne, pour combattre les Grecs et les Arabes, qui se disputaient la Calabre, la Pouille et la Sicile. L'empereur Conrad II accorda à Rainulfe, un de leurs chefs, le comté d'Averse, comme fief de l'em-

pire (1038). L'arrivée des fils de Tancrède, seigneurs de Hauteville en Basse-Normandie, donna plus d'énergie et d'étendue aux entreprises des chevaliers normands. Après avoir fait la conquête d'Amalfi pour le compte d'un prince de Salerne, ils tournèrent leurs armes contre les empereurs d'Allemagne, qu'ils avaient d'abord servis, et dépouillèrent les Grecs et les Arabes des provinces de l'Italie méridionale (1041).

40. Robert Guiscard, un des douze fils de Tancrède, le plus rusé et le plus audacieux de ces aventuriers, fut le véritable fondateur de la domination normande dans cette partie de l'Italie, connue depuis sous le nom de royaume des Deux-Siciles. Vainqueur du pape Léon IX à Cirletta (1053), le chef normand changea de politique et se déclara vassal du pape qui avait été son prisonnier. Par le traité qu'il conclut avec le saint-siége (1059), il s'engagea à lui payer pour chaque paire de bœufs un tribut annuel de douze deniers de Pavie, pour les deux duchés de la Pouille et de la Calabre qu'il s'était soumis. Robert ne tarda pas à étendre ses conquêtes sur le Bénéventin et le Capouan (1077), tandis que son frère Roger chassait les Arabes de la Sicile et s'emparait de Palerme (1061-1101). Roger, créé comte de Sicile (1072), fut vassal de son frère aîné. Robert Guiscard, engagé dans une guerre contre l'empereur grec Alexis Comnène, à qui il avait enlevé Durazzo et l'île de Corfou, mourut (1085) au mo-

ment où il songeait à exécuter son plan favori, la conquête de Constantinople et la destruction de l'empire d'Orient.

41. Lors de l'extinction de la descendance mâle de Robert Guiscard (1127) dans la personne de Guillaume, duc de la Pouille, Roger II, comte de Sicile, son neveu, réunit les provinces situées des deux côtés du phare et se fit proclamer roi des Deux-Siciles et vassal du saint-siége (1130).

Par le mariage de Constance, sœur du roi Guillaume Ier (1186) avec l'empereur Henri VI de Hohenstaufen, les Deux-Siciles passèrent à cette maison. Henri VI soutint son droit par les armes contre Tancrède, cousin de Guillaume II, et contre Guillaume III, fils de Tancrède, qui, tombé au pouvoir de Henri VI (1194), mourut en 1198.

SOURCES. — GUILELMI APPULI (1090) *Historicum poëma de rebus Normannorum in Sicilia, Apulia et Calabria gestis, in Muratori script. rerum Ital.*, t. V. — GAUFREDI MALATERRÆ (moine bénédictin normand qui s'était rendu en Italie) *Historia sicula a primo Normannorum adventu in Apulia usque ad annum 1099, in Muratori loc. cit.* — GRÆVII *Thesaurus antiquitatum et historiarum Siciliæ*, vol. I — XV.

L'Espagne. — Démembrement du califat des Ommiades.

42. L'histoire des peuples d'Espagne est riche en événemens dans cette période; mais ces faits mul-

tipliés et souvent compliqués ne permettent qu'un coup d'œil superficiel dans une histoire générale.

Le califat des Ommiades, fondé à Cordoue (756), contenait dans son sein des germes de dissolution sous les apparences d'une grande prospérité, qui dura près de trois siècles, grâces à la munificence des califes, et surtout à celle d'Abdérame III (912-961); grâces aussi à leur tolérance envers les chrétiens et à la noble protection que ces princes accordaient aux lettres, aux arts et au commerce. Les dissensions intestines, jointes aux attaques des Normands et des chrétiens des Asturies, de Léon et de la Navarre (1030-1038), préparèrent le démembrement de ce califat, qui fut consommé à la mort du calife Hescham IV. Toute l'Espagne mahométane fut morcelée et se divisa en un grand nombre de royaumes indépendans, que la jalousie des rois empêcha de s'unir pour la défense commune, et qui, sans profiter des divisions des rois chrétiens, leurs ennemis, finirent par devenir la proie de la dynastie des Almoravides d'Afrique (1086).

SOURCES. — Casiri, *Biblioth. arab. hisp.* — Murphy, *the History of the Mahometan empire in Spain, containing a general history of the Arabs, their institutions, conquests, litterature, arts etc., to the expulsion of the Moors.* — Cardonne, *Hist. de l'Esp. mahométane.* — Deguignes, *Hist. des Huns*, t. I. — Don Joseph Condé, *Hist. de la conquête de l'Esp. par les Maures et de leurs institutions.* — Aschbach, *Geschichte der Ommayaden in Spanien, nebst einer Darstellung des Entstehens der spanisch-christlichen Reiche.*

Accroissement des royaumes chrétiens en Espagne. Fondation du royaume de Portugal.

43. Le courage et la persévérance des guerriers chrétiens, qui, après la défaite de Xérès de la Frontera (711), s'étaient réfugiés dans les montagnes des Asturies, agrandirent rapidement le nouveau royaume d'Oviédo ou de Léon. Le roi Odogno II (914-917), à la suite de ses succès sur les Arabes, fixa sa résidence à Léon et étendit ses conquêtes sur la Biscaye, la Castille et la Galice, malgré les incursions réitérées des Normands et des Sarrasins. Pendant que les rois de Léon reculaient leur domination dans le nord-ouest de l'Espagne, ceux de Navarre se maintenaient entre les Pyrénées et l'Èbre. La séparation du comté de Burgos ou de Castille du royaume de Léon (923), excita une vive jalousie entre les souverains des États chrétiens de la Péninsule et exerça une funeste influence sur les progrès de leur domination. La réunion de ces différentes provinces sous don Sanche-le-Grand (1028), roi de Navarre, ne fut que de courte durée. Déjà en 1035, un nouveau partage eut lieu entre ses trois fils : Ferdinand Ier fut roi de Castille et de Léon - 1065; Garcie IV, roi de Navarre - 1054, et Ramire Ier, roi d'Aragon - 1063. Ce partage provoqua entre les rois chrétiens de l'Espagne de nouvelles discussions, qui les empêchèrent de profiter du moment favorable pour s'agrandir aux dépens des Arabes. C'est pendant le règne de Ferdinand Ier,

le plus ambitieux de ces trois princes, que s'illustra Rodrigue Diaz de Vivas, surnommé le *Cid*. Les rois de Castille et surtout Alphonse VI, fils de Ferdinand, soutinrent des guerres avantageuses contre les Arabes, auxquels ils enlevèrent Tolède et Madrid (1085). Mais l'arrivée des Almoravides (mot corrompu de *Morabeth* ou *Marbuts,* tribu d'Arabes fanatiques, qui, dans le septième siècle, passa de l'Arabie en Égypte, et de là dans les déserts de l'Afrique occidentale, où, en 1069, elle fonda Maroc), arrêta les progrès des Castillans par la défaite qu'Alphonse VI éprouva à Badajoz (1086).

C'est à la même époque que remonte la fondation du royaume de Portugal, fruit des conquêtes du comte Henri de Bourgogne, gendre du roi de Castille, Alphonse VI, et créé par celui-ci comte de Portugal (1095). Alphonse Ier, fils de Henri, poursuivit ces conquêtes et se fit proclamer roi de Portugal, après la victoire d'Ourique sur les Maures (1139).

SOURCES. — Jean Mariana, *Historiæ de rebus Hispaniæ*, liv. 20. — Lindau, *Darstellungen aus der Geschichte von Spanien*.

Coup d'œil sur l'histoire de l'Orient pendant cette période.

44. Les maux, qui accablèrent l'empire des Francs depuis la mort de Charlemagne, se firent aussi sentir dans les vastes conquêtes des Arabes en Asie et en Afrique. La faiblesse des califes et l'ambition

des émirs excitèrent des révoltes et des guerres civiles, qui amenèrent la décadence et le démembrement du califat de Bagdad. L'imprudente création d'une garde d'esclaves turcs par le calife Motassem (833-842) mit la souveraineté de ces princes à la merci du caprice de ces étrangers, qui disposaient du trône, tandis que les premiers ministres ou émirs, al-Omrah (depuis 935, sous le calife Al-Rhadi), réunissaient l'autorité civile et militaire. Les califes ne conservèrent plus que le pouvoir ecclésiastique; et les gouverneurs des provinces profitèrent de cette anarchie pour s'y rendre indépendans (936). Déjà en 868 l'Égypte s'était ainsi détachée du centre de l'empire sous Mahadi Abdallah, qui se disait descendant de Fatime et qui y fonda le califat des Fatimites (908). Il étendit sa domination sur une grande partie de l'Afrique septentrionale. Moëz-Allah, arrière petit-fils de Mahadi, en prenant le titre de calife et d'émir des croyans, établit définitivement sa résidence au Caire (969). Les califes Fatimites s'emparèrent, malgré les Turcs Seljoucides, de la Syrie, de la Palestine et de l'Arabie septentrionale. C'est à la fin du onzième siècle que ce califat avait atteint son plus haut degré de puissance; le commencement du douzième fut l'époque de son déclin.

Les Turcs Seljoucides.

45. La fondation de l'empire des Turcs Seljoucides sortis du Turkestan et devenus si fameux par leurs

conquêtes dans l'Asie-Mineure, la Syrie et la Palestine, ainsi que par le rôle qu'ils jouent pendant les croisades, remonte au onzième siècle (1037). Togrulbeg, petit-fils de Seljouk, est regardé comme le fondateur de cet empire. Après avoir conquis le Chorasan, au sud de la mer Caspienne, il s'empara de la Perse et de Bagdad, où il prit le titre d'émir, al-Omrah (1055). Son neveu, Alp-Arslan, porta ses armes dans l'Asie-Mineure (1063). Le sultan Malek acheva la fondation de l'empire des Seljoucides en Asie (1075). Ce sultan protégea la culture des lettres et les voyages des pélerins à Jérusalem. A la mort de Malek (1092), l'empire des Seljoucides se démembra en trois grands États qui se subdivisèrent à leur tour : 1° l'empire d'Iran; 2° celui d'Iconium ou de Rom; 3° celui de Syrie, divisé depuis 1095 en sultanat d'Alep-1117 et de Damas-1154. On peut ajouter à ces États, celui de Kerman, fondé en 1072 par un neveu de Togrul, et soumis en 1187 par les Chowaresmiens.

SOURCES. — HERBELOT, *Bibliothèque orientale*. — CARDONNE, *Histoire de l'Afrique*, t. II. — DEGUIGNES, déjà cité. — MARAÏS-DES-SCHUS JOSEPH, *Geschichte der Regenten in Egypten, aus dem Arabischen in Busching's Magazin, für die neue Historie und Geographie*.

Empire d'Orient.

46. L'empire d'Orient continue à présenter le tableau de déchiremens intérieurs provoqués par la

faiblesse des souverains, l'influence des moines, les discussions religieuses et surtout par la fameuse querelle relative au culte des images. Tandis que de fréquentes usurpations ensanglantaient le trône impérial, les frontières étaient menacées ou envahies par les Bulgares, les Russes ou les Arabes venus de l'Asie-Mineure, et par les Normands, maîtres de l'Italie méridionale.

C'est aussi dans cette période que la rivalité des patriarches de Rome et de Constantinople et leurs contestations sur le droit de convertir les Bulgares firent naître le schisme entre l'Église grecque et l'Église latine (869). Cette scission, envenimée par les prétentions du savant Photius, patriarche de Constantinople, et du pape Nicolas Ier, fut consommée sous le pontificat de Jean VIII (880), malgré les efforts que plusieurs empereurs d'Orient et quelques patriarches grecs avaient faits pour réconcilier les deux Églises.

SOURCES. — BARONII *Annales eccles.*, t. VIII, et PHOTII *Epistolæ*, ép. 2.

Avènement de la maison des Comnène.

47. Parmi les nombreuses révolutions dont Constantinople fut le théâtre dans le cours de deux siècles et demi, une des plus importantes est celle qui arracha le sceptre à Michel VI, et éleva au trône le vertueux Isaac Comnène (1057). L'abdication soudaine de ce prince qui se retira dans un couvent, et

le refus de son frère Jean d'accepter la couronne, firent passer le sceptre dans d'autres mains (1059)[1] et livrèrent l'empire à de nouveaux troubles. Cet état d'anarchie ne cessa qu'à l'avènement du neveu d'Isaac, Alexis Comnène (1081), qui fut proclamé par l'armée et soutenu par la maison des Ducas (1081-1118). Alexis, que les auteurs occidentaux dépeignent comme un prince astucieux et perfide, gouverna cependant avec prudence et avec fermeté au milieu des circonstances les plus difficiles. Le règne des empereurs de la maison des Comnène qui s'étend jusqu'en 1185, n'est pas sans éclat; ces princes accordèrent une protection généreuse aux lettres et aux arts, qui avaient trouvé un asile dans les murs de Constantinople, pendant les dévastations auxquelles l'empire était exposé.

SOURCES. — Outre les écrivains byzantins, LE BEAU, *Hist. du Bas-Empire.* — GIBBON, *Hist. de la décadence et de la chute de l'empire romain.* — WILKEN, *Rerum ab Alexio I, Joanne Manuele et Alexio II Comnenis gestarum, libri IV.*

Les peuples du Nord.

48. Ce n'est que dans le courant du neuvième siècle, et après les incursions maritimes des Normands, que l'histoire des peuples du Nord commence à sortir des ténèbres dont elle est envelop-

---

[1] Le premier empereur qui succéda à Isaac, fut Constantin X Ducas, prince d'un grand mérite, qu'Isaac avait désigné.

pée jusqu'à cette époque. On comprend sous la dénomination de peuples du Nord, ceux de race finoise et germanique qui habitaient les pays situés au nord de la Germanie, tels que la presqu'île du Jutland, les îles de Fionie et de Séeland, la Scandinavie, c'est-à-dire la Norwège et la Suède. Les peuples de race finoise étaient répandus dans les régions les plus septentrionales de la presqu'île scandinave, dans la Finlande et dans le nord de la Russie; ceux d'origine germanique occupaient les régions méridionales de la Scandinavie et les provinces du Danemarck.

49. L'histoire primitive des ces peuples, pour la plupart guerriers et pirates, se rattache plus ou moins aux traditions de l'Edda et aux récits fabuleux sur le célèbre Odin, à la fois le Dieu, le roi et le législateur des Scandinaves. Il paraît que les guerres de Charlemagne contre les Saxons réveillèrent le goût des excursions maritimes parmi ces peuples, auxquels on donna le nom de Normands et de Danois, et qui pendant le neuvième et le dixième siècle ravagèrent une grande partie de l'Europe occidentale. Ce n'est qu'après avoir défendu opiniâtrement leur antique religion contre l'invasion du christianisme, que les peuples du Nord adoptèrent le nouveau culte, qui adoucit leurs mœurs, les rendit plus sédentaires et plus propres à la civilisation.

50. Les peuples scandinaves de race germanique,

convertis au christianisme, après avoir renoncé à leurs goûts de piraterie et à leurs entreprises guerrières contre les Allemands et les Esclavons voisins de la Baltique, dirigèrent leurs armes contre les Finois du Nord, qui furent forcés de reconnaître successivement la domination des Suédois et des Norwégiens.

Les nations du Nord fractionnées comme celles de la Germanie en un grand nombre de tribus, étaient soumises originairement à des chefs de guerre, élus par les hommes libres et souvent qualifiés de rois. Ces rois subalternes reconnaissaient quelquefois l'autorité d'un roi supérieur et formaient entre eux des confédérations guerrières. Les réunions successives de plusieurs peuplades sous un seul chef constituèrent les trois royaumes de Danemarck, de Suède et de Norwège.

La Norwège.

51. La Norwège et le Danemarck doivent leur première illustration aux entreprises maritimes de leurs habitans. Tandis que les Normands et les Danois ravageaient les côtes de l'Europe, que d'autres aventuriers normands allaient fonder des établissemens en Russie, des navigateurs norwégiens découvraient dans les mers du Nord les îles Féroër et l'Islande (872), et visitaient les côtes orientales du Groënland (982). Les divers royaumes de la Norwège, réunis en un seul par le roi Harald Haarfager, en 875 (ainsi

nommé à cause de sa belle chevelure), qui étendit sa domination sur l'Islande, les îles Schetland, les Orcades, les Hébrides et l'île de Man, reçurent les premières notions du christianisme par les soins de Haquin, fils de Harald. Les moyens violens qu'employa son arrière petit-fils Olof Ier (995-1000), pour répandre la nouvelle religion parmi les habitans de ses États, causèrent de grands désordres, dont les Danois et les Suédois profitèrent pour conquérir et partager la Norwège. Elle ne recouvra son indépendance que sous le roi Olof II (1016), qui détruisit le paganisme dans toute la Norwège et se servit de la religion chrétienne pour consolider son pouvoir. Soumis en 1028 par Canut-le-Grand, les Norwégiens secouèrent le joug danois sous Magnus, fils d'Olof II (1036), qui s'empara du Danemarck (1041). La Norwège fut livrée ensuite à de nouveaux déchiremens.

Le Danemarck.

52. Les habitans de la presqu'île du Jutland et des différentes îles qui composent aujourd'hui le royaume de Danemarck, connus depuis long-temps par leurs incursions en Angleterre et leurs guerres contre Charlemagne, paraissent avoir été réunis pour la première fois sous le sceptre de Gormon-le-Vieux (863), roi souverain de Lethra (île de Séeland), et célèbre par les guerres qu'il eut à soutenir contre Henri l'Oiseleur. Son fils Harald Blaatland (à la dent

bleue, 936-991), considéré comme le véritable fondateur de la monarchie danoise et de la dynastie des Skioldungs (descendans de Skiold, prétendu fils de d'Odin), s'engagea dans une lutte contre l'empereur Othon-le-Grand, qui le vainquit près de Sleswig et le força d'adopter le christianisme. Suénon Ier (991-1014), en détrôna son père et rétablit le paganisme en Danemarck; allié des Suédois, il s'empara d'une partie de la Norwège et prépara à son fils Canut la conquête de l'Angleterre. Ce roi (1014-1036), maître de l'Angleterre (1017) et de la Norwège (1028), contribua puissamment à répandre dans le Nord les germes de la civilisation, en relevant dans ses États le culte chrétien qu'il avait adopté, et en fondant des églises et des monastères. Les relations qu'il créa entre les Danois et les Anglais eurent un heureux résultat pour la prospérité commerciale et agricole des pays du Nord. La monarchie, fondée par Canut, se démembra après lui (1036). Suénon II, son fils aîné, fut chassé par les Norwégiens; et à la mort de Hardicanut (1042), roi de Danemarck et d'Angleterre, ce dernier pays recouvra son indépendance, tandis que le Danemarck passa sous le sceptre de Magnus, roi de Norwège, jusqu'à ce que la famille de Harald remontât sur le trône (1047), dans la personne de Suénon II Estrithson, neveu de Canut. Depuis la mort de ce prince (1074) jusqu'au milieu du douzième siècle, le pouvoir des rois de Danemarck fut contrebalancé par la puissance croissante du clergé et de la noblesse.

La Suède.

53. Les diverses peuplades de la partie méridionale de la presqu'île scandinave, désignées sous le nom de Suénons (Suédois) et de Goths, après avoir été, comme les Norwégiens et les Danois, gouvernées par des rois électifs, reconnurent au commencement du onzième siècle la suprématie du roi d'Upsal (1001), Olof Skötkonung, issu de l'antique race de Ragnar Lodbrock. Il fut le premier roi chrétien de la Suède; mais il trouva dans ses sujets une vive opposition à l'introduction de la nouvelle religion; ils confondirent long-temps les cérémonies du culte chrétien avec celles du culte d'Odin, dont le principal temple était à Upsal. Les progrès du christianisme adoucirent les mœurs des Suédois, rendirent ce peuple plus sédentaire et lui firent connaître l'alphabet, qui remplaça l'usage des lettres runiques.

SOURCES. — Sur l'histoire des peuples du Nord : *Historiæ regum septentrionalium a Snorrone Sturlonide conscriptæ.* — MÜLLER, *Sagenbibliothek.* — STUHR, *Abhandlungen über nordische Alterthümer;* — *Saxonis Grammatici, lib. 16, Historiæ danicæ.* — MALLET, *Histoire du Danemarck*, t. I-IV. — GEBHARDI, *Allgemeine Geschichte der Kœnigreiche Dænemarck und Norwegen.* — RUHS, *Geschichte Schwedens.*

La Pologne.

54. La Pologne (partie de l'ancienne Sarmatie)

était habitée par des peuples de race esclavonne, qui s'étendaient depuis les côtes de l'Adriatique à travers les Carpathes et les Sudètes, le long de la Vistule et de l'Oder, jusqu'aux rives de la Baltique. Le nom de Polonais, servant à désigner un peuple dominant, n'a été en usage que depuis la dernière moitié du dixième siècle. La situation géographique de la Pologne ne tarda pas à mettre ses habitans en contact avec les ducs de Bohème, les Allemands, les Lithuaniens et les Russes. Miesko ou Mieczyslaw Ier, que le chroniqueur allemand Ditmar de Mersebourg appelle duc des Poléniens, fut le premier des princes slaves dans les régions entre la Wartha et la Vistule, qui, à l'exemple du duc de Bohème, Borziwoz, se convertit au christianisme (966). Il se reconnut en même temps vassal de l'empereur Othon-le-Grand. A dater de cette époque jusqu'au treizième siècle, les Polonais, divisés en plusieurs peuplades, gouvernées par des ducs héréditaires, disputèrent leur indépendance nationale aux rois d'Allemagne. On donne communément le nom de Piast aux ducs ou rois qui régnèrent en Pologne jusqu'à la fin du quatorzième siècle. La domination de ces princes s'étendait aussi sur la Silésie jusqu'aux frontières de la Bohème.

La Russie.

55. La naissance de la monarchie russe est enveloppée d'incertitudes à travers lesquelles la vérité est difficile à démêler. Le vaste territoire de la Russie

proprement dite était occupé au midi et à l'ouest par des Slaves, tandis que le nord et l'est servaient de demeure à des peuples de race finoise, lorsqu'au milieu du neuvième siècle (850-862) des Normands, désignés par le nom de Warègues (*Wæringer*), vinrent se fixer au milieu des peuplades slaves, entre les rives de la Newa, du Wolchow et du Dnieper. Ruric, le chef le plus illustre des Warègues, est regardé comme le fondateur de la monarchie russe et d'une dynastie qui régna jusqu'en 1598. Il fixa sa résidence à Nowgorod. Oleg, parent de Ruric, lui succéda (879-913), Igor, son fils, étant encore trop jeune pour gouverner. Il soumit les peuples esclavons le long du Dnieper et transféra le siége du gouvernement à Kiew (879). L'affaiblissement du royaume des Chazares, peuple de race tartare, autrefois dominant dans les régions au nord-est du Pont-Euxin, facilita les progrès de la domination des Russes et les rapprocha de l'empire grec. Constantinople eut à redouter ce nouvel ennemi. C'est pourtant de cette ville que les Russes reçurent le christianisme selon le rite byzantin et avec ce culte les premiers germes de la civilisation. Déjà en 957, Olga, veuve d'Igor, fils de Ruric, se fit baptiser à Constantinople; mais ce ne fut que le grand-duc Wladimir (980-1015), son petit fils, qui introduisit formellement le christianisme, par son mariage (988) avec la princesse Anne, fille de l'empereur grec. Wladimir-le-Grand agrandit la domination des Russes par des conquêtes et des réunions. Son empire s'étendait sur tous les pays situés entre la mer Noire, la Duna et le lac Ladoga. Ce grand prince fonda des écoles et ouvrit des relations commerciales avec les côtes de la mer Caspienne.

La Hongrie.

56. Pendant que les Normands et les Danois infestaient le nord et l'occident de l'Europe et que les Arabes envahissaient les pays du midi, les Hongrois ou Magyars, originaires de l'Asie et repoussés par d'autres hordes, s'avançaient sur la fin du neuvième siècle (884-889) à travers les Carpathes et les pays qui arrosent le Dnieper et le Dniester, pour occuper successivement la Dacie, la Pannonie et le Noricum. Almus et son fils Arpad (889-894), les premiers chefs connus de ces barbares, sont considérés comme les fondateurs de l'ancienne race des rois de Hongrie. Arpad, comme allié du roi d'Allemagne Arnoul, combattit les Esclavons de la Moravie (894), et profita du démembrement du royaume des Moraves et de la mort du roi allemand, pour établir sa domination dans la Pannonie occidentale, appelée depuis la Hongrie (900-908), tout en se maintenant en Transylvanie et en Moravie. Alors aussi commencèrent les terribles invasions des Hongrois, qui firent trembler à la fois l'Allemagne, la France, l'Italie et l'empire grec. Après avoir rendu l'Allemagne tributaire, ces barbares furent enfin repoussés dans les limites de la Pannonie par les

armes victorieuses des empereurs de la maison de Saxe et de Franconie; mais les Magyars ne se soumirent qu'avec répugnance aux lois de la civilisation et aux pratiques de la religion chrétienne. Les efforts d'Étienne, premier roi de Hongrie (1001), consolidèrent ce culte, qu'introduisit parmi eux, vers la fin du dixième siècle (973), le duc Geisa, arrière petit-fils d'Arpad; les Hongrois reconcèrent alors à leurs expéditions pour se livrer à une vie plus sédentaire. Cependant Étienne eut encore à lutter contre les fréquentes insurrections de ses sujets indociles aux préceptes de la nouvelle religion. Obligé d'employer contre les rebelles des auxiliaires allemands, il contint les classes inférieures de la nation par le frein d'une législation sévère. L'autorité royale, sans manquer de force, était limitée en Hongrie par une assemblée composée de prélats, d'officiers royaux ou magnats et de grands propriétaires (*servientes regii,* espèce de corporation de chevaliers), que le roi avait le droit de convoquer à volonté [1]. Lorsque Étienne vint

---

[1] La constitution de la Hongrie, à cette époque, avait de l'analogie avec celle de l'Allemagne au dixième siècle. Le pays était divisé en soixante-douze comitats, dont les comtes, nommés par le roi, réunissaient l'autorité civile à l'autorité militaire. Le castrum ou la villa où il résidait était considéré comme partie du domaine royal. Le roi ne possédait que le tiers des revenus de ce domaine. L'ordre de successibilité au trône, qui n'était qu'imparfaitement réglé, devenait une grande source de troubles. Malgré les lois pénales excessivement sévères, les mœurs avaient conservé beaucoup de férocité chez ce peuple, où la culture des lettres n'avait pas encore pénétré; où l'art de l'écriture n'était répandu que parmi les clercs. Le règne de Coloman (1095-

à mourir (1038), la Hongrie, alors unie à la Transylvanie, fut déchirée par des guerres de succession, qui provoquèrent l'intervention des empereurs d'Allemagne et surtout celle de Henri III (1044). Ce n'est que depuis la mort du roi Béla Ier (1063) que la Hongrie cessa d'être regardée comme fief de la couronne d'Allemagne.

1114) est remarquable par une réforme de la justice. Dans chacun des douze diocèses épiscopaux se tenaient deux grandes assemblées judiciaires, où siégeaient comme juges l'évêque, les comtes, les vicomtes et d'autres notables de la province, sous la présidence du roi ou d'un de ses délégués. Le système d'impôt était assis sur une base régulière. Une direction des postes était établie pour toutes les parties du royaume. Pourtant l'agriculture n'y faisait que de lents progrès; les meilleurs terrains étaient consacrés aux pâturages. La masse du peuple montrait une grande répugnance pour la civilisation qui arrivait, de Constantinople, de l'Italie, ou de l'Allemagne.

TROISIÈME PÉRIODE.

(1095—1300.)

Depuis le commencement des croisades jusqu'à la fin de ces expéditions.

OBSERVATIONS GÉNÉRALES.

Depuis la fin du onzième siècle on remarque une amélioration sensible dans l'ordre politique et intellectuel. Une série de faits d'un intérêt majeur vient fixer notre attention dans cette période. Et d'abord se présentent les croisades : pélerinages armés, expression du sentiment religieux et de l'esprit militaire qui dominent alors en Europe, elles sont conçues et organisées par le pouvoir papal, dans un but de domination. Dans l'espace de deux siècles, des armées innombrables de guerriers chrétiens de tous les rangs se répandent sur la Syrie, sur la Palestine, sur l'Égypte pour combattre les infidèles. L'importance des croisades, si diversement jugées, ne saurait être mise en doute; et si elles ont manqué leur but, si elles ont coûté beaucoup de sang, si elles ont été accompagnées de nombreux excès et de cruelles dévastations, on ne peut cependant nier leur salutaire influence sur les progrès de l'état social et le développement de l'esprit humain. Elles favorisèrent surtout le rapprochement des peuples, en détruisant les préjugés qui les tenaient dans l'isolement.

La naissance des communes et la formation du tiers-état se présentent comme le second événement le plus notable de cette période. Ce nouvel élément de la société européenne a son origine dans la prospérité croissante des habitans des villes depuis le onzième siècle. Les villes acquièrent la liberté, soit par des concessions volontaires de la part de leurs seigneurs, soit par la force des armes et l'insurrection. Ces petites souverainetés d'hommes libres, éparses au milieu de la féodalité, ne tardent pas à grandir en importance par l'appui qu'elles prêtent tantôt à l'autorité royale en lutte contre la noblesse, tantôt à la noblesse qui s'oppose aux prétentions de domination exclusive de la royauté. Les corps de métiers ou corporations, qui naissent au sein de ces républiques, sont alors favorables à l'ordre, à la régularité des transactions et au perfectionnement de l'industrie. L'affranchissement des villes prélude à celui des gens de la campagne, dont l'aisance s'accroît à mesure que la culture des terres reprend de l'activité, et que les guerres privées perdent de leur violence. Ainsi, la liberté, en étendant son domaine, en descendant dans les classes inférieures de la société, donne la vie à la masse du peuple qui sera dans la suite la véritable force des États modernes.

La renaissance du droit romain, dont l'enseignement se répand de l'Italie dans les autres pays de l'Europe, est le troisième fait mémorable dans cette période de progrès[1]. Son application à la procédure met fin à l'usage barbare des combats judiciaires, et ses principes secondent l'accroissement de l'autorité royale. Les papes, craignant pour leur pouvoir, essaient d'opposer au droit romain le droit canonique, non moins utile pour décréditer la jurisprudence féodale[2]. Ces améliorations dans l'ordre judiciaire sont accompagnées de la rédaction des statuts locaux sous le nom de *coutumes*. C'est ainsi que, dans le courant du treizième siècle, on voit publier successivement les établissemens de Saint-Louis en France, les miroirs de Saxe et de Souabe en Allemagne, en Angleterre la grande charte et celle des forêts, en Castille le code de las Partidas. Les cours de justice désertées par la noblesse se remplissent de clercs et de légistes. Ainsi naît la magistrature, qui va

---

[1] L'enseignement du droit romain commença vers 1115, à Bologne, par les soins du jurisconsulte Irnerius.

[2] L'introduction du droit-canon, que les papes Eugène III (1152) et Grégoire IX (1235) opposèrent sous le nom de décrétales, à la législation romaine, contribua à la destruction de la barbarie, en établissant une gradation régulière dans la procédure et en créant le salutaire usage du droit d'appel introduit dans la législation civile et criminelle.

devenir un ordre considéré dans la société européenne.

La fondation des écoles et des universités en Italie, en France, en Angleterre et en Espagne, depuis le douzième siècle, et les immunités accordées aux professeurs et aux étudians, en rehaussant la considération de ceux qui se vouaient à l'enseignement, encouragent les études et répandent les lumières [1]. Les écoles de jurisprudence et de médecine rivalisent avec celles de théologie et de philosophie. Les noms d'Averroës et d'Irnerius brillent à côté de ceux d'Abailard, de Pierre Lombard, de Thomas d'Aquin et d'Albert-le-Grand. Il est vrai que la philosophie d'Aristote, mêlée aux principes de la théologie, dégénère en vaines subtilités connues sous le nom de scolastique. Cette ténébreuse dialectique, qui engendre les déplorables querelles des Réalistes et des Nominaux, a du moins l'avantage de donner une salutaire impulsion à la marche de l'entendement humain. Ce réveil de l'esprit d'investigation se fait sentir aussi dans les sciences mathématiques et naturelles que les Grecs, les Arabes et les Juifs communiquent aux peuples de l'Occident. Le moine anglais, Roger Bacon, figure à la tête des savans qui s'occupent à cette époque du perfectionnement de la chimie et de l'optique.

[1] Les universités de Paris, de Bologne, de Padoue, de Naples, d'Oxford et de Prague sont les premières hautes écoles fondées dans le moyen âge, dans lesquelles on se soit occupé d'un enseignement plus général.

Le goût des voyages, éveillé par les croisades et entretenu par les navigations des Vénitiens et des Génois, favorise l'étude de la géographie. L'intérieur de l'Asie commence à être exploré par des moines et des marchands; on y voit arriver successivement Rubruquis, Marc Paolo, Plancarpin, Mandeville, Oderic de Frioul.

Des mains plus habiles s'emparent de l'histoire dont les travaux ont été si long-temps négligés. Au nombre des historiens de Byzance on distingue le chroniqueur Zonaras et la célèbre princesse Anne Comnène, qui rédigea des mémoires sur la première croisade; parmi les Arabes on trouve les noms d'Elmiacin, d'Abulfarage, d'Abulféda; en Occident les chroniques de Guillaume de Malmesbury, de Mathieu Pâris, d'Othon de Freysingen, de Joinville, se font remarquer par une critique plus saine et par un style plus correct. Plusieurs historiens, tels que le chevalier Villehardouin et le sire de Joinville, compagnon de Saint-Louis, abandonnent la langue latine pour l'idiôme national. C'est aussi dans leur langue nationale que composent dans cette période les troubadours et les trouvères en France, les *Minnesinger*, chez les Allemands. Partout les nobles seigneurs cultivent la *gaie-science* avec prédilection. La langue romane-provençale prédomine chez les poètes du Midi, qui élaborent l'espagnol, le portugais et l'italien. Le roman-wallon ou la langue d'oil, qui passa de France en Angleterre avec les conquérans normands, est celle dont se servent les trouvères des provinces septentrionales de la France qui écrivent à cette époque.

Des inventions utiles, préludes des inventions plus importantes encore qui illustrèrent le quatorzième et le quinzième siècle, attestent dans cette période l'affranchissement de l'esprit humain. Ce sont la boussole, le papier de linge, les lettres de change, les télescopes, les miroirs de verre, l'art de vernisser les vases de terres, etc. Les beaux-arts ne restent pas stationnaires dans ce mouvement général de l'esprit humain. Au treizième siècle et dans les premières années du quatorzième, on voit s'élever un grand nombre de monumens d'architecture gothique; c'est à la même époque qu'appartiennent les belles peintures sur verre, les tapisseries, les mosaïques, les gravures sur bois, sur ivoire et sur or, dont on admire encore la netteté et le fini. L'art musical marche aussi au sein de ce progrès universel. Les notes à point, dont Guy d'Arezzo est l'inventeur, remplacent les notes par lettres; les plus célèbres personnages de l'Église se livrent à la composition de la musique religieuse, à laquelle la majestueuse harmonie des orgues prête un nouvel éclat. Les chants des troubadours qui rehaussent la splendeur des fêtes données par la noblesse, répandent à leur tour le goût de la musique profane et provoquent la multiplication et le perfectionnement des instrumens, qui servent à l'accompagnement des chanteurs.

Le mouvement progressif qui s'est emparé du domaine intellectuel, rencontre encore des entraves dans la féodalité, dans les opinions superstitieuses régnantes, et dans le despotisme des papes, soutenu par les ordres monacaux, dont le nombre s'est considérablement accru, depuis le pontificat de Grégoire VII. Les abus du gouvernement théocratique, les richesses du clergé et la vie scandaleuse des moines suscitent une opposition religieuse qui tend à réformer l'Église et les mœurs de ses ministres. Quelques réformateurs, condamnés comme hérétiques par la cour de Rome, essaient de ramener le christianisme à sa pureté primitive et de mettre un frein au despotisme papal. Le pape Innocent III, redoutant les effets de cette émancipation religieuse, la combat par le fer et les bûchers; des armées de croisés sont lancées contre les Albigeois et les Vaudois; l'inquisition est instituée pour juger et extirper l'hérésie : mais malgré les atrocités commises envers les sectateurs de la réforme, les progrès de l'intelligence et de la morale ne peuvent être arrêtés. La lutte contre l'autorité du pape continue de la part des souverains comme de la part du peuple. Les empereurs de la maison de Hohenstaufen se montrent les adversaires les plus persévérans de la puissance papale ; ils trouvent des appuis dans le clergé, et les grands poètes du treizième siècle ne restent pas étrangers à ces querelles. Le Dante, l'illustre auteur du poëme de l'*Enfer* et le premier fondateur de la littérature italienne, élève une voix courageuse contre les abus et les actes arbitraires de la cour de Rome et contre l'hypocrisie des moines. Dans le siècle suivant, Pétrarque et

Boccace censurent sans ménagement la vie licencieuse du clergé.

En envisageant la situation politique des États, pendant la troisième période, on remarque: l'affermissement de l'autorité royale en France depuis le règne de Louis VI; l'intervention de ce roi dans l'établissement des communes; la rivalité croissante entre l'Angleterre et la France lors de l'avènement des Plantagenets; la fondation de la monarchie féodale proprement dite sous Philippe-Auguste; le pouvoir des grands vassaux ébranlé par la condamnation du roi Jean-sans-Terre, et le système de réunion devenant un grand moyen de concentrer la puissance monarchique. On voit cette puissance se consolider de plus en plus par la victoire de Bouvine, par les institutions de Louis IX, par l'établissement des appels, de la jurisprudence romaine et par la prohibition des guerres privées; on voit enfin la royauté passer par degrés de la suzeraineté à la souveraineté.

En Angleterre, la puissance royale lutte contre l'aristocratie féodale et cléricale; les institutions s'améliorent sous Henri II de Plantagenet qui entreprend la conquête de l'Irlande. Pendant le règne de Jean-sans-Terre, la monarchie est ébranlée par le clergé et la noblesse, qui s'allient avec la bourgeoisie pour obtenir la grande charte, première base des libertés anglaises des temps modernes. La couronne d'Angleterre passe momentanément à un prince français. Le soulèvement des barons contre Henri III amène l'admission des députés des communes au parlement, dont les prérogatives s'affermissent sous Édouard Ier. Ce prince ambitieux, qui soumet le pays de Galles et tente la conquête de l'Écosse, est obligé de consacrer solennellement le principe du libre vote en matière d'impôts.

En Allemagne, nous assistons aux débats entre la féodalité et l'autorité impériale qui est dévolue à la dynastie des Hohenstaufen. La rivalité entre cette maison et celles de Saxe et de Bavière donne naissance aux factions des Guelfes et des Gibelins, qui troublent long-temps l'Allemagne et l'Italie. La première, soutenue par la ligue des villes lombardes, le pape, Venise et les rois de Naples, combat pour la liberté de l'Italie contre la domination impériale. Cette lutte opiniâtre, sans cesse renouvelée, est néanmoins favorable à l'émancipation des villes italiennes et allemandes, et aux progrès des lumières et du commerce; elle entraîne la chute de l'illustre maison des Guelfes, sans tourner au profit des Hohenstaufen. L'extinction de cette noble race livre l'empire à la plus déplorable anarchie, qui ne cesse qu'à l'élection de Rodolphe de Habsbourg, fondateur de la maison d'Autriche. En Italie, au milieu du conflit entre les empereurs et les papes, on voit la prospérité et la grandeur des républiques se développer, Venise, Gênes et Pise se disputer le sceptre de la mer. La mort du dernier rejeton des Hohenstaufen assure le trône de Naples à la maison d'Anjou, protégée par les papes.

L'Espagne, divisée en plusieurs royaumes et le Portugal, combattent pour leur indépendance contre les Sarrasins. C'est pour ces deux pays une période de guerres et de gloire, qui se termine à l'avantage des rois chrétiens de la Castille, de l'Aragon et du Portugal, pendant que la Navarre est réunie à la France par droit de succession.

Les royaumes du Nord commencent à sortir de leur obscurité; les souverains du Danemarck étendent leurs conquêtes le long de la mer Baltique; mais les malheurs de Waldemar II mettent un terme à cet agrandissement. La Suède, échappée à la barbarie, acquiert la Finlande, la Gothie, et fait des conquêtes sur les Russes. L'Ordre teutonique, combat les Borusses; il répand le christianisme parmi les peuples sauvages des rives de la Baltique, et uni aux chevaliers Porte-Glaives, il s'empare de la Livonie et de la Courlande. La Pologne et la Russie sont exposées aux invasions des hordes asiatiques sous la conduite des fils de Gengis-Khan, conquérant de l'Asie. La Hongrie, puissante depuis la fin du onzième siècle jusqu'au milieu du treizième, subit le sort de la Pologne et de la Russie, en devenant la proie des Tartares; elle recouvre pourtant son indépendance vers la fin de cette période.

Les Croisades.

1. Les croisades, ces grandes expéditions armées, entreprises par les chrétiens de l'Occident, afin d'arracher la Palestine à la domination musulmane,

peuvent être considérées comme la manifestation la plus solennelle de l'esprit religieux et chevaleresque qui domina dans la plus grande partie de l'Europe depuis le onzième jusqu'au treizième siècle. Les vexations multipliées auxquelles les pèlerins étaient exposés, depuis que les Musulmans s'étaient emparés de la Terre-Sainte, firent naître l'idée de ces expéditions; les papes s'en servirent comme d'un moyen d'agrandir leur puissance; la chevalerie, vivant de gloire et d'aventures, les régularisa et en prolongea la durée. Un grand nombre de seigneurs y trouvèrent un aliment pour leur ambition ou leur cupidité, tandis que les rois profitaient de l'absence de leurs vassaux pour étendre leur autorité. Les croisades ouvrirent aux villes, et surtout aux cités maritimes de l'Italie et de la Ligue Anséatique, une source de richesse et de liberté; elles devinrent, pour les gens de la campagne ou les vilains, un moyen de briser le joug de la servitude et de sortir de la condition misérable et de la dégradation où les retenait le système féodal.

SOURCES. — 1º Historiens byzantins : *Les Annales* d'ANNE COMNÈNE, de JEAN ZOUARAS et de son continuateur NICETAS CHONIATAS. — *Les Annales* de ce dernier s'étendent jusqu'à la prise de Constantinople par les Latins. — JEAN CANTACUZÈNE. — 2º Historiens occidentaux : ALBERTUS ou ALBERICUS AQUENSIS, *Chronicon hierosolymitanum de bello sacro*, lib. *XII*-1121. — FULCHERIUS (au service des rois Baudouin Ier et II), *gesta peregrinantium Francorum*-1124. — WILHELMI TYRII (archevêque de Tyr) *Historia rerum in partibus transmarinis gestarum*, *lib. XXIII*-1184. Ces divers chroniqueurs occidentaux sont recueillis dans la collection de Jacques Bongars, sous le titre de *Gesta Dei per Francos*; et dans le recueil publié par M. Guizot avec la traduction française. — 3° Historiens arabes : Surtout ABULFÉDA, *Annales moslemicæ*. — 4° Historiens modernes : WILKEN, *Geschichte der Creuzzüge*. — MICHAUD, *Histoire des croisades*. — MILTS, *idem*.

Première croisade.

2. La première croisade provoquée par le zèle fanatique de Pierre d'Amiens, connu sous le nom de *l'Ermite*, fut prêchée sous les auspices du pape Urbain II, d'abord au concile de Plaisance, et ensuite avec un succès éclatant à celui de Clermont en Auvergne (1095). L'armée de croisés, qui partit d'abord sous la conduite de Pierre l'Ermite, périt victime de son insubordination ou du glaive des Musulmans. Les bandes mieux organisées et mieux disciplinées, qui la suivirent sous des chefs habiles et expérimentés, tels que Godefroi de Bouillon, duc de la basse Lorraine, Baudouin et Eustache ses frères, Robert, duc de Normandie, Hugues, comte de Vermandois, frère du roi de France Philippe Ier, Raymond, comte de Toulouse, Boëmond, prince de Tarente, fils aîné de Robert Guiscard et son cousin Tancrède, se réunirent sous les murs de Constantinople (1096), et traversèrent le Bosphore après de longues discussions avec l'empereur Alexis Comnène. La prise de Nicée (1097) fut la première opération

importante des croisés sur le territoire asiatique. Ils ne s'emparèrent d'Antioche qu'à la suite d'un siége de neuf mois, accompagné de combats sanglans (1098). En 1099 seulement les chrétiens arrivèrent sous les murs de Jérusalem. Après une vive résistance de la part des Égyptiens, cette ville fut prise d'assaut, le 15 juillet de la même année, et devint la capitale du royaume chrétien de Palestine, déclaré fief du saint-siége. Godefroi de Bouillon, à qui le suffrage des autres chefs avait décerné la royauté, refusa modestement le titre de roi et se contenta de celui de duc et baron du saint-sépulcre. La victoire d'Ascalon, qu'il remporta le 12 août 1099 sur les Musulmans, consolida la conquête de la Palestine, et la prise de Jaffa facilita les communications avec l'Europe. La mort prématurée de Godefroi (1100) fut une grande perte pour le nouvel État. L'élection appela au trône Baudouin Ier, prince d'Édesse, digne de succéder à son frère. Il étendit le royaume par de nouvelles conquêtes.

SOURCE. — HACKEN, *Gemælde aus der Geschichte der Creuzzüge.*

Le royaume de Jérusalem.

3. Malgré les dispositions du sage Godefroi de Bouillon, qui devaient assurer la durée du royaume fondé par les croisés, celui-ci reposait sur des bases trop fragiles, pour résister long-temps aux périls qui le menaçaient. Les principales causes de sa langueur

et de sa chute précoce furent : la faiblesse des liens qui unissaient les différentes parties de l'État; les querelles sans cesse renaissantes entre les chefs ; les vices inhérens au système féodal, qui rendaient impossible toute concentration de pouvoir; l'absence de tout esprit national dans la population, composée d'élémens hétérogènes; les rivalités constantes entre les divers ordres de chevalerie; les attaques réitérées des Musulmans; enfin, l'abandon dans lequel les Occidentaux laissaient leurs frères de la Palestine [1].

SOURCES: SPALDING, *Geschichte des Kœnigreichs Jerusalem.* *Assises et bons usages du royaume de Jérusalem*, par Messire JEAN D'IBELIN, comte de Jaffa et d'Ascalon, mort en 1266, publiés par de Thaumassière, en 1690.

Les ordres religieux et militaires.

4. *Les ordres religieux et militaires* fondés lors de la première et de la troisième croisade, eurent pour but de protéger les pélérinages, de soigner les malades et de former une espèce de milice permanente dans le royaume de Jérusalem. Les richesses qu'ils amassèrent successivement devinrent pour eux une source de corruption, et leurs dissensions

[1] Les rois qui ont succédé à Godefroi de Bouillon jusqu'au moment de la destruction du royaume de Jérusalem, par Saladin (1100-1187), furent : Baudouin Ier, prince d'Edesse-1118; Baudouin II, de Bourges-1131; Foulques d'Anjou-1142; Baudouin III-1162; Amaury 1173; Baudouin IV-1183; Baudouin V-1186; Guy de Lusignan-1187.

firent naître de nombreux désordres parmi les chrétiens de la Palestine et furent un des plus grands obstacles à l'affermissement du royaume de Jérusalem.

Ces ordres sont: 1° celui de *Saint-Jean-de-Jérusalem* ou des *Hospitaliers*, fondé vers 1100. Il eut pour premier grand-maître, Raymond du Puy, gentilhomme dauphinais. Les chevaliers de Saint-Jean furent appelés *chevaliers de Rhodes*, lorsqu'ils eurent fait la conquête de cette île en 1310. Quand, elle fut reprise sur eux (1522), ils obtinrent de l'empereur Charles V, la donation de Malte (1530): de là leur nom de *chevaliers de Malte*. L'ordre conserva cette île jusqu'en 1800.

2° L'ordre des *Templiers*, institué vers 1118 par des chevaliers français, parmi lesquels on cite Hugues de Payens et Godefroi de Saint-Omer, tire son nom du temple de Salomon, près duquel le roi Baudouin II lui assigna un logement. Cet ordre si célèbre par sa puissance et ses richesses, alla se fixer dans l'île de Chypre après la perte de Jérusalem (1187), et fut aboli (1312) au concile de Vienne, en Dauphiné, par l'influence du pape Clément V, d'accord avec le roi de France Philippe IV, dit le Bel. Le dernier grand-maître, Jacques de Molay et un grand nombre de chevaliers périrent sur le bûcher (1314).

3° L'ordre de *Saint-Lazare*, destiné principalement à soigner les lépreux, émana de celui de Saint-Jean et ne devint militaire qu'à l'époque de la croisade de Louis IX.

4° L'ordre *Teutonique*, créé par des chevaliers allemands, pendant le siége de Saint-Jean-d'Acre, vers 1190, s'illustra en 1230, par la conquête de la Prusse sous le grand-maître Herman de Salza.

Seconde croisade.

5. A la mort de Baudouin de Bourges (1131), le royaume de Jérusalem avait atteint le degré de splendeur compatible avec les vices de son organisation. Sa décadence qui date du règne de Foulques d'Anjou (1131-1142) et de la minorité de Baudouin III (1142-1162), provint également des dissensions intestines et des attaques du dehors. La prise d'Édesse (1144), boulevard des possessions chrétiennes en Orient, par l'Atabeck Zenghi, prince des Curdes, répandit la consternation en Europe et réveilla le zèle des peuples pour les croisades. A la voix éloquente de Saint-Bernard, le roi de France Louis VII et l'empereur Conrad III de Hohenstaufen prirent la croix; et l'élite de la noblesse française et allemande (1147) imita leur exemple. Malgré les heureux auspices sous lesquels fut entreprise cette croisade, malgré les armées nombreuses et disciplinées qui y prirent part, et l'habileté des chefs qui la dirigeaient, les croisés ne parvinrent cependant pas à reprendre Édesse, ni à relever le royaume de Jérusalem de l'état de dépérissement dans lequel il languissait; cette expédition ne servit qu'à rallumer des haines entre les chrétiens et à enfler l'or-

gueil des Musulmans. Les deux souverains qui s'étaient mis à la tête de l'expédition, s'en retournèrent pleins de dépit, après avoir perdu un temps précieux au siége de Damas (1148).

SOURCE. — ADONIS DE DEOGILO (compagnon de Louis VII, † 1168), *de Ludovico VII regis Francorum profectione in Orientem*, lib. *VII*.

Destruction du royaume de Jérusalem, par Saladin.

6. La déplorable issue de la seconde croisade, les dissensions sans fin qui travaillaient les chrétiens de la Palestine, l'abandon où les laissaient les puissances européennes, les incursions réitérées des Turcs et des Curdes sous Noureddin, sultan d'Alep, et l'attitude menaçante que prit son neveu Saladin, quand il eut fondé la domination de la dynastie des Ayoubites en Égypte (1171-1173), furent autant de causes qui hâtèrent la chute du royaume de Jérusalem. Saladin, qui alliait au courage d'un chevalier les vertus d'un prince juste et éclairé, et qui a su faire oublier par de grandes actions les cruautés qu'il peut avoir commises, profita de la conquête de l'Égypte pour faire valoir les droits des Fatimites sur les provinces de l'Asie, tandis que les factions s'agitaient autour du trône de Jérusalem occupé depuis 1186 par Guy de Lusignan, beau-frère du roi Baudouin IV. La rupture imprudente de la trève, qui existait entre les chrétiens et le sultan de l'Égypte, amena l'explosion de la guerre depuis long-temps

imminente. L'armée chrétienne fut vaincue à la bataille de Tibériade (1187); le roi Guy de Lusignan fut fait prisonnier et la ville sainte tomba au pouvoir des vainqueurs.

SOURCE. — *Vita et res gestæ Saladini*, auctore *Bohadino* (ministre de Saladin).

Troisième croisade.

7. Les malheurs qui venaient de frapper les possessions chrétiennes de la Palestine, avaient produit en Europe la plus vive et la plus douloureuse sensation. La disposition des esprits était favorable alors à de nouvelles entreprises contre les infidèles. C'était l'époque où le goût des aventures chevaleresques, entretenu par l'usage des tournois et par les chants des troubadours, était généralement répandu et inspirait à la noblesse le désir de se distinguer par de brillans exploits; c'était le moment où les princes les plus belliqueux et les plus entreprenans occupaient le trône des principaux États de l'Europe. Le brave Frédéric Ier, Barberousse, portait la couronne d'Allemagne; l'ambitieux Philippe-Auguste tenait le sceptre de la France; Richard-Cœur-de-Lion, le plus intrépide et le plus bouillant des chevaliers, régnait en Angleterre. Ces trois souverains s'empressèrent de répondre à l'appel du pape. Des armées nombreuses de croisés quittèrent l'Europe (1189) pour aller relever le trône de Jérusalem. L'empereur Frédéric, à la tête de l'armée allemande, suivit

la route du Danube et traversa le territoire de Constantinople, où régnait, depuis 1185, l'empereur Isaac l'Ange, successeur du despote Andronic Comnène. Sans redouter les machinations perfides d'Isaac, qui avait contracté une alliance secrète avec le sultan Saladin, ni les attaques des Turcs du sultanat d'Iconium, l'empereur d'Allemagne persévéra dans l'exécution de ses desseins; mais il trouva la mort dans le fleuve Saleph (*Cydnus*) en Cilicie. L'armée allemande, affaiblie par les désertions et les maladies, ne parvint que difficilement sous les murs de Ptolémaïde, qu'assiégeaient déjà les chevaliers du Temple et ceux de Saint-Jean. Les rois Philippe-Auguste et Richard, qui avaient pris séparément la route par mer, se réunirent un peu plus tard aux assiégeans. La prise de Saint-Jean-d'Acre eut lieu en 1191 au milieu des querelles qui divisaient les chefs de la croisade et des dissentimens qui depuis long-temps existaient entre les ordres militaires. Ce fut là le seul résultat mémorable de l'expédition de ces trois illustres princes. La désunion des croisés et la retraite soudaine de Philippe et d'autres chefs empêchèrent le roi d'Angleterre, le seul qui eût montré de la persistance dans sa résolution, d'achever la conquête de la Palestine. L'Orient et l'Occident ont retenti du bruit des hauts faits du monarque anglais dont son adversaire, le grand Saladin, sut apprécier le courage intrépide. Richard conclut avec le sultan (1192), une trêve de trois ans, qui assurait aux pèlerins la liberté de visiter le saint-sépulcre et garantissait aux chrétiens les possessions qui leur restaient encore en Orient.

SOURCES. — TAGENO, *de expeditione asiatica Friderici I, in Freheri scriptoribus rerum germanicarum*, t. I, appendix. — OTTO FRISINGENSIS *de gestis Friderici I, et chronicon*. — RADEVICUS, *de rebus gestis Friderici I, imper*. — RAUMER, *Geschichte der Hohenstaufen*.

Quatrième croisade.

8. Depuis la troisième croisade, l'enthousiasme religieux et guerrier qui avait animé les peuples de l'Europe s'était visiblement attiédi. L'élan presque universel que la prédication des premières croisades leur avait imprimé, s'était ralenti, malgré les efforts du pape Célestin III, et la bonne volonté d'un grand nombre de seigneurs, de chevaliers et de bourgeois allemands et hongrois, qui se rendaient par petites bandes sur les côtes de la Palestine, ou se disposaient à suivre l'exemple de l'empereur Henri VI (1196), qui, dans des vues d'intérêt personnel, leur avait promis de se mettre lui-même à la tête d'une nouvelle expédition. La mort de ce prince cruel et avare (1198) en suspendit tous les préparatifs.

Le pape Innocent III, dont la fermeté fit faire tant de progrès à la puissance pontificale, crut servir ses vues ambitieuses en ravivant le zèle presque éteint pour les croisades. Il choisit, à cet effet, l'évêque Foulques de Neuilly dont la parole ardente parvint à réunir une nouvelle armée de croisés (1202) sous le commandement de Baudouin, comte de Flandre, et de Boniface, marquis de Montferrat. Les Vénitiens, sous le doge Dandolo, jetaient alors les fondemens de leur puissance maritime; ils s'empressèrent de seconder cet armement, qui perdit peu à peu son but religieux pour se transformer en une entreprise mercantile et politique. Elle se termina par la prise de la capitale du Bas-Empire.

Empire franc ou latin à Constantinople.

9. L'intervention des croisés dans les affaires de Constantinople, lors de l'usurpation d'Alexis III, l'Ange, qui détrôna son frère Isaac et fut à son tour renversé par Alexis V Ducas, dit Murzuphle (1204), amena la destruction de l'empire grec, et l'établissement de celui des Francs ou Latins. Le suffrage des croisés déféra la couronne à Baudouin, comte de Flandre; Boniface, marquis de Montferrat, eut pour sa part la Macédoine et les rives du Bosphore; les Vénitiens obtinrent de grands priviléges commerciaux, de belles provinces en Grèce, et les îles de Corfou et de Candie. Telle fut l'origine de leur puissance politique en Orient, et de leur prépondérance maritime dans l'Archipel.

Les provinces asiatiques de Nicée et de Trébisonde échappèrent pourtant à la domination des Latins. Théodore Lascaris, neveu d'Alexis III, se fit proclamer empereur de Nicée; en même temps Alexis et David Comnène, tous deux petit-fils de l'empereur

Andronic Ier, fondèrent le petit État de Trébisonde dans le Pont. L'Épire resta indépendante sous Michel l'Ange Comnène.

De toutes ces petites souverainetés grecques, la plus importante fut celle de Nicée, qui prit insensiblement une grande supériorité sur l'empire latin de Constantinople. Cet empire, qui traînait sa débile existence à travers les déchiremens intérieurs et les attaques du dehors, fut détruit subitement, en 1261, par Michel Paléologue, usurpateur du trône de Nicée. Le dernier empereur latin, Baudouin II de Courtenay (1228-1261), fut obligé de s'enfuir, après avoir vainement imploré le secours des princes de l'Occident.

SOURCES. — GEOFFROI DE VILLEHARDOUIN (maréchal de Champagne qui prit part à la croisade), *de la Conquête de Constantinople*. La meilleure édition de cette histoire est de DUFRESNE DU CANGE, et se trouve à la suite de l'*Histoire de l'empire de Constantinople sous les empereurs français*, Paris, 1657. — PHILIPPE MOUSKES (évêque de Tournay, † 1282), *Histoire des empereurs français de Constantinople*, en rimes, se trouve aussi dans DU CANGE.

Cinquième et sixième croisades.

10. Le sentiment religieux qui avait inspiré les premières croisades, s'était effacé depuis long-temps et avait fait place à des intérêts de commerce ou de politique. Cependant les papes ne cessaient de prêcher la croix et d'employer tous les moyens dont ils

pouvaient disposer, pour faire revivre dans le cœur des chrétiens de l'Europe l'ancienne ardeur pour les expéditions en Terre-Sainte. Leurs prédications réussirent encore à armer des bandes isolées et même des troupes d'enfans, qui allaient chercher la mort sur les côtes de la Palestine; mais elles ne provoquèrent plus cet enthousiasme général, qui avait autrefois entraîné des milliers d'hommes à quitter leur patrie pour combattre en Asie les ennemis de la croix. Parmi ces croisades partielles, si stériles dans leur résultat, il faut citer l'expédition d'André II, roi de Hongrie (1217), qui échoua sans gloire aux pieds du mont Tabor; et celle que Guillaume, comte de Hollande, Jean de Brienne, roi de Chypre et souverain titulaire de Jérusalem et Léopold, duc d'Autriche, tentèrent en commun avec les Vénitiens contre l'Égypte. (1221). La prise de Damiette semblait promettre de nouveaux triomphes; mais les téméraires conseils d'un légat papal et les funestes effets du débordement du Nil ne tardèrent pas à anéantir l'espoir qu'on avait conçu.

La croisade entreprise quelques années plus tard par l'illustre empereur Frédéric II de Hohenstaufen (1228), petit-fils de Frédéric Barberousse, quoique commencée sous des auspices peu favorables, coûta moins de sang que les précédentes, et eut un succès inattendu. Ce grand prince, bravant les anathèmes que ses querelles avec la cour de Rome avaient attirés sur lui, sut profiter habilement des divisions des Turcs et des invasions des Mongols dans les provinces occidentales de l'Asie, pour obtenir du sultan d'Égypte, Mélédin, la restitution de Jérusalem et de plusieurs autres villes de la Palestine. Son mariage avec Yolanthe de Brienne, fille du roi titulaire Jean de Brienne, avait donné à Frédéric des droits légitimes au trône de Jérusalem. Arrivé dans la ville sainte, il se posa lui-même la couronne sur la tête, sans tenir compte de l'opposition du clergé, qui refusait le sceptre à un prince excommunié.

SOURCE. — Raumer, *Geschichte der Hohenstaufen.*

Croisades de Louis IX.

11. Le royaume de Jérusalem rétabli par l'empereur Frédéric II n'eut pas une longue durée. Treize ans après l'entrée triomphale de ce grand prince dans la sainte cité, celle-ci était devenue la proie des Chowaresmiens, que les Mongols avaient refoulés dans les provinces occidentales de l'Asie. Depuis, elle était retombée sous la domination des Ayoubites, malgré le combat glorieux que les chevaliers du Temple et de Saint-Jean, réconciliés après de longues discordes, soutinrent contre les Musulmans sous les murs de Gaza (1244). L'Occident refusait ses secours; le saint enthousiasme qui avait alimenté les croisades paraissait à jamais éteint, lorsqu'il se réveilla encore une fois dans le royaume de France à la voix de Louis IX. Ce roi, d'un si brillant courage et d'une piété si respectable, prit la croix pour

s'acquitter d'un vœu fait dans une maladie, et montra, par la direction qu'il donna à son expédition, qu'il savait allier les combinaisons d'une sage politique au zèle religieux qui remplissait son cœur. Ce n'est qu'après avoir pris des dispositions pour assurer le succès de son entreprise, que Louis, à la tête d'une armée bien organisée et composée de l'élite de la noblesse française, s'embarqua à Aigues-Mortes (24 août 1248) pour attaquer l'Égypte, premier but de la croisade. La prise de Damiette (1249) fut le principal événement de cette croisade, qui se termina d'une manière désastreuse par la défaite de l'armée et la captivité du roi, fait prisonnier au combat de Massoure (5 avril 1250).

12. Pendant que Louis IX était prisonnier du sultan Turan Schah, avec lequel on avait traité pour la rançon du roi, éclata la révolution (1252) qui renversa la dynastie des Ayoubites, fondée par Saladin, et qui fit passer l'Égypte sous la domination des Mameloucks (esclaves militaires), devenus depuis si redoutables aux chrétiens de la Palestine et de la Syrie. Les nouveaux maîtres de l'Égypte renouvelèrent pourtant le traité que leurs prédécesseurs avaient conclu avec le roi de France. Louis IX recouvra la liberté, en restituant Damiette, et obtint la délivrance de ses compagnons d'armes, moyennant une rançon de 400,000 livres (800,000 bésans). De l'Égypte le roi se rendit en Palestine, dans l'intention d'y préparer une nouvelle expédition; il ne re-

tourna en France (1254) qu'à la nouvelle de la mort de sa mère, Blanche de Castille, qui avait gouverné le royaume pendant son absence.

13. Après avoir séjourné seize ans dans sa patrie, et avoir consacré ce temps à donner de sages institutions à la France, Louis IX, écoutant son zèle religieux et le désir de rendre la liberté aux prisonniers chrétiens, se laissa entraîner à une nouvelle croisade en Afrique (1270). Cette dernière expédition échoua sous les murs de Tunis, dont Louis avait commencé le siége, et où il trouva la mort au milieu de son armée décimée par la peste. Cette funeste entreprise vint clore la longue série des croisades, qui avaient survécu à l'esprit dont elles étaient la manifestation.

Les chrétiens, qui restaient maîtres de quelques places maritimes en Syrie, telles que Tyr, Ptolémaïde et Sidon, en furent expulsés par les Mamelproducks (1291), sans que la perte des derniers vestiges de la domination chrétienne sur le continent de l'Asie, inspirât de vifs regrets aux peuples et aux princes de l'Europe. Les ordres des Templiers et de Saint-Jean demeurèrent encore pendant quelque temps en possession des îles de Rhodes et de Chypre.

SOURCE. — *Histoire et Chronique de Saint-Louis*, par Messire JEAN DE JOINVILLE, mort en 1305.

Effets des croisades.

14. De quelque manière que l'on envisage les

causes qui ont produit les croisades, et de quelque point de vue qu'on considère en elles-mêmes ces expéditions militaires et religieuses, on ne peut nier l'influence puissante et en général salutaire qu'elles ont exercée sur la civilisation européenne; on ne peut méconnaître leur action bienfaisante sur les progrès des lumières, du commerce, de l'industrie et de la liberté chez la plupart des peuples de l'Europe.

Sans doute, dès avant les croisades, quelques améliorations s'étaient introduites dans l'état social; mais les germes de perfectionnement déposés dans son sein, eussent peut-être dormi long-temps encore, sans la grande secousse que les croisades imprimèrent à toutes les nations. Les désastres même, accidens passagers, qui ont accompagné ces expéditions, ont facilité plutôt que retardé le développement du bien-être moral, politique et matériel des peuples. Les croisades renversèrent les barrières que la rudesse des mœurs et l'anarchie féodale avaient opposées à la circulation des idées et aux relations commerciales et politiques des États; elles contribuèrent à rapprocher les races, en les appelant à concourir à une entreprise commune; et en effaçant d'antiques préjugés, elles ouvrirent un monde presque inconnu aux chrétiens de l'Occident. Ainsi, ces expéditions devinrent à la fois la source de connaissances nombreuses et utiles, une voie nouvelle de communication commerciale entre l'Orient et l'Occident, et un ressort précieux pour réveiller en Europe le goût de l'industrie, des arts et des lettres, qui en avait disparu avec la civilisation romaine.

15. Les conséquences politiques des croisades ne sont pas moins dignes de fixer notre attention. Quoiqu'on ne puisse leur attribuer une influence directe sur l'origine de la liberté des villes, elles ont du moins secondé leur émancipation, en diminuant le nombre de leurs oppresseurs et en entretenant l'industrie et l'aisance parmi les classes inférieures de la société. Elles hâtèrent l'affranchissement des serfs de la campagne et contribuèrent à fortifier la royauté dans plusieurs pays, en débarrassant les rois d'une foule de vassaux inquiets et belliqueux, et en facilitant l'accroissement du domaine de la couronne, devenu une des bases essentielles de la consolidation du pouvoir monarchique. Si, d'un autre côté, les croisades ont servi à affermir le pouvoir papal, et à enrichir le clergé et les couvens, ce mal a été suffisamment compensé par les résultats heureux qu'elles ont produits sur l'état social de l'Europe.

SOURCES. — HEEREN, *Versuch einer Entwicklung der Folgen der Kreuzzüge für Europa*, traduit en français avec des notes, par Villers. (*Essai sur les effets des croisades sur l'Europe.*) — HEEREN, *Kleine historische Schriften*.

Origine des communes.

16. Un des événemens les plus mémorables, qui coïncide avec l'époque des croisades, et qui n'a pas

été sans rapport avec elles, c'est l'origine des *communes* à la fin du onzième siècle et au commencement du douzième. Leur naissance indique le passage de l'état de servitude et d'abrutissement auquel le système féodal avait réduit les classes inférieures de la société, à une aisance et à une liberté jusqu'alors inconnues. Les communes ont donné lieu à la formation de la *bourgeoisie* ou du *tiers-état*, devenu une des plus puissantes barrières contre le despotisme féodal, l'appui du pouvoir monarchique et la première condition de la liberté civile et politique des peuples. Les communes eurent leur origine dans des associations faites entre les habitans des villes, afin d'obtenir de leurs seigneurs certaines franchises ou certains droits. Elles peuvent être considérées comme autant de petites souverainetés formées par privilége ou charte, au milieu des souverainetés féodales, reconnues et garanties par l'autorité monarchique.

17. Les villes d'Italie qui n'avaient jamais entièrement perdu leur liberté dans les siècles de la tyrannie féodale, profitèrent habilement des querelles entre les empereurs et la cour de Rome pour secouer l'autorité des lieutenans impériaux, et pour se constituer en républiques. Ainsi s'affranchirent successivement les cités de Venise, de Gênes, de Lucques, de Pise; les villes de la Lombardie imitèrent leur exemple, se rendirent redoutables par les ligues qu'elles opposèrent dans le douzième et le treizième siècle aux empereurs Frédéric Ier et Frédéric II, et

jouèrent un rôle important dans les longues guerres que se livrèrent les factions guelfe et gibeline.

Le désir de s'affranchir du joug féodal se propagea ensuite de l'Italie en France: la liberté communale ne s'était pas tout-à-fait éteinte dans les villes méridionales de ce pays; mais celles du Nord étaient tombées dans la plus complète servitude. La plupart des villes septentrionales de la France s'insurgèrent (vers 1108), et forcèrent leurs seigneurs à leur vendre des chartes de liberté ou les leur arrachèrent de force. Les rois de France, depuis Louis VI, autant par avarice que par politique, se déclarèrent les protecteurs de ces républiques naissantes, qui furent pour la royauté une source de richesses et un appui contre la féodalité.

Les villes d'Allemagne, d'Angleterre, des Pays-Bas et de l'Espagne obtinrent à diverses époques de semblables priviléges et devinrent souvent les soutiens de l'autorité des rois, ou quelquefois, comme ce fut le cas en Angleterre, les alliées de l'aristocratie contre la royauté.

Organisation des communes.

18. L'établissement de toute commune reposait sur la *confédération* ou la *conjuration* des habitans d'une ville, qui s'engageaient par serment à se défendre mutuellement et à ne pas souffrir que qui ce fût, fît tort à l'un d'entre eux ou le traitât en serf. Tous ceux qui s'étaient liés de cette manière, pre-

naient le nom de *communiers, communions* ou *jurés*, et constituèrent d'abord tumultuairement, et ensuite d'une manière régulière, un gouvernement électif, assez semblable à l'ancien gouvernement municipal des Romains. Les magistrats nommés par les communions s'appelaient *maires, échevins (Schœppen, Skepen, Scabini), jurés, consuls* ou *capitouls*.

Ces magistrats s'obligeaient à rendre bonne justice aux membres de la commune et aux étrangers qui venaient s'établir dans la ville. La magistrature devait avoir une bourse commune ou un trésor, et un sceau commun. La ville organisée en corps politique était chargée de la construction et de l'entretien des fortifications et de la garde des murs. Elle obtenait le droit de guerre, celui d'avoir des vassaux, la faculté d'accorder le droit de bourgeoisie aux étrangers, de battre monnaie, d'exercer une juridiction dans son intérieur et souvent sur les villages voisins. Il s'y formait des corporations de métiers ou tribus soumises à des réglemens connus sous le nom de *jurandes*.

L'organisation de la commune était confirmée et garantie par les *chartes* ou *lettres de liberté*, que le seigneur ou le roi leur accordait. Ces chartes qui varient à l'infini, quant à leur contenu, peuvent être considérées en général comme le germe d'un gouvernement plus régulier, et comme la source de garanties pour la liberté individuelle et la sûreté de la propriété.

L'esprit de corporation, qui se rattache à l'origine des communes, se répandit alors dans toutes les classes de la société; c'était la première manifestation de l'opinion publique aux prises avec la force matérielle; c'était une conséquence du développement des lumières, du commerce et de l'industrie.

La participation des communes aux droits politiques, par l'admission de leurs députés aux assemblées nationales, connues en Angleterre sous le nom de *parlement*, en France sous celui d'*états généraux*, de *diète* en Allemagne, et de *cortès* en Espagne, fut un autre résultat de l'émancipation des villes.

Affranchissement des serfs de la campagne.

19. L'affranchissement des serfs de la campagne a été à la fois une conséquence des croisades, une suite de la liberté qu'avaient acquise les villes, et du besoin qu'éprouvaient les seigneurs de repeupler les villages et de se défendre contre leurs ennemis en armant leurs paysans. L'intérêt pécuniaire fut un puissant motif pour déterminer les rois et les nobles à vendre la liberté aux serfs de leurs domaines; enfin, l'esprit d'insurrection, qui, dans le quatorzième siècle, éclata parmi les paysans de plusieurs États de l'Europe occidentale, a dû hâter cette émancipation. Les premiers exemples de l'affranchissement des gens de la campagne se trouvent à Bologne (vers 1256). En France, ces affranchissemens remontent au règne de Louis X (1315), qui, par cupidité, vendit la liberté aux serfs de ses domaines. En Allemagne, les affranchissemens ne furent que

partiels, parce que l'empire était trop morcelé. La servitude y subsista jusqu'au seizième siècle, et même plus long-temps encore.

SOURCES. — Hallam, *État de l'Europe au moyen âge.* — Hullmann, *Ursprung des Standes der Freyen.* — Savigny, *Geschichte des rœmischen Rechts im Mittelalter.* — Thierry, *Lettres sur l'histoire de France.* — Simonde de Sismondi, *Histoire des républiques italiennes.* — Robertson, *Introduction à l'histoire de Charles V.* — Guizot, *Essai sur l'Histoire de France.* — Bodin, *Études sur les assemblées représentatives.* — Brady, *Treaty of boroughs.*

La France.

20. Malgré le changement de dynastie qui arriva en France, en 987, le pouvoir féodal, en s'organisant, n'avait rien perdu de sa force et de sa vitalité sous les premiers successeurs de Hugues-Capet. La masse du peuple des villes et de la campagne continuait à vivre dans la servitude; l'autorité royale presque méconnue, était aux prises avec les barons de l'Ile-de-France et de l'Orléanais, qui se souillaient de pillages et de meurtres. Les premiers symptômes d'une amélioration dans l'ordre social se manifestèrent par la prospérité naissante de la bourgeoisie pendant le règne de Philippe Ier et de Louis VI, dit le Gros (1108-1137). Ce roi, qui fit preuve de valeur dans les combats qu'il livra aux vassaux de ses domaines et aux feudataires de la couronne, ne contribua pas peu à relever l'éclat du trône. Il eut surtout l'occasion de déployer sa bravoure dans ses longs

démêlés avec Henri Ier, roi d'Angleterre et duc de Normandie. La puissante armée féodale, qui, à la voix de Louis, vint se ranger sous la bannière royale (l'*Oriflamme*) pour s'opposer à l'invasion de l'empereur Henri V (1124), montre assez que les ordres du suzerain n'étaient plus méprisés par les vassaux. Quoique le rôle de médiateur, que le roi joua lors de l'établissement des communes dans le nord de la France (1108), ne fût guère désintéressé, il donna néanmoins une nouvelle force à la monarchie des Capétiens. La création des baillis, institués pour porter au conseil du roi (*grands plaids* ou *assises*) les plaintes des vilains, des bourgeois ou des vassaux d'un rang inférieur (*les cas royaux*), ne fut pas moins utile à l'établissement de la souveraineté royale.

SOURCE. — *Biographie de Louis VI*, par l'abbé Suger († 1152), dans les divers recueils des chroniques françaises.

21. Les progrès de la monarchie furent plus rapides encore sous Louis VII, le Jeune (1137-1180), moins par le mérite personnel de ce roi, qui manquait souvent d'énergie, que par un heureux concours de circonstances. La prudente fermeté avec laquelle l'abbé Suger, ministre de Louis VII et régent du royaume (1147) pendant que le roi était à la croisade, sut contenir les vassaux, affermit plus encore le pouvoir royal que la réunion passagère à la couronne de l'Aquitaine et du Poitou, par le mariage

de Louis-le-Jeune avec Éléonore de Guyenne. De nouveaux périls menacèrent le trône depuis le retour du roi (1149), que suivit de près la mort de Suger (1152), et depuis que le divorce impolitique de Louis avec Éléonore (1153) eut fait passer les fiefs, que celle-ci avait apportés à la France, sous la suzeraineté de la maison des Plantagenets. Époux en secondes noces de l'héritière de Guyenne, le comte de Plantagenet, qui monta au trône d'Angleterre sous le nom de Henri II, eût été pour Louis VII un rival d'autant plus redoutable qu'il était actif, habile, de race française comme lui, si les déplorables querelles du prince anglais avec l'Église, et les rébellions de ses enfans n'eussent entravé ses projets et rendu la supériorité au roi de France [1].

22. Philippe II, surnommé Auguste (1180-1223), qui succéda à son père Louis VII, à l'âge de quinze ans, prince courageux et habile, sut profiter de toutes les circonstances pour affermir le trône. Ce roi, qui avait l'instinct de la domination, comme s'exprime un historien moderne [2], peut être considéré comme le fondateur de la suzeraineté royale, qui

---

[1] M. SIMONDE DE SISMONDI, dans l'*Histoire des Français*, dit, que du temps de Louis VII, il y a eu en France trois dominations étrangères par les héritages des femmes et la réunion des petits fiefs aux grands, savoir : une France anglaise à l'Occident; une allemande, à l'Orient, et une espagnole, au Midi, parce que Raymond Bérenger IV possédait la Catalogne et une partie du Languedoc, depuis le partage fait par Raymond Bérenger III, en 1131.

[2] CAPEFIGUE, *Histoire de Philippe-Auguste*.

remplaça la royauté de nom, sortie de la féodalité. Dès que Philippe eut pris les rênes du gouvernement, il poursuivit sans relâche l'idée d'élever le pouvoir monarchique au-dessus de la puissance des vassaux, par la réunion des fiefs au domaine de la couronne. Jeune encore, le roi fut victorieux dans les combats qu'il livra aux barons ligués contre lui. L'injuste spoliation des Juifs (1181), qu'il bannit du royaume, l'enrichit et lui fournit les moyens d'exécuter ses projets. Il songea alors à entretenir les soulèvemens des fils de Henri II de Plantagenet, contre leur père (1187). Tout en réprimant les brigandages des routiers ou Brabançons, et l'insurrection des pastoureaux, il commença à employer des troupes soldées (*soudards*), afin de se passer du service de ses vassaux. Momentanément uni à Richard-Cœur-de-Lion, dans la croisade (1189), Philippe, dès son retour de la Palestine, tira avantage des malheurs de son ancien allié, pour envahir la Normandie (1193) et affaiblit ainsi la prépondérance de la maison d'Anjou. La mort de Richard, au siége du château de Chalus, en Limousin (1199), délivra Philippe de son redoutable adversaire. Détourné quelque temps de ses vues ambitieuses par des querelles domestiques, qui l'engagèrent dans des discussions avec le pape, il ne tarda pas à retrouver dans les fautes commises par le roi Jean, successseur de Richard, les moyens de réaliser ses desseins. La sentence que la cour des pairs rendit (1203) contre ce roi, vassal de la couronne de France, accusé du meurtre d'Arthur, duc de

Bretagne, son neveu, qui s'était mis sous la protection de Philippe, fournit à celui-ci l'occasion de détruire la puissance de la maison des Plantagenets et de briser l'égalité de forces, qui, jusqu'alors, avait existé entre le roi de France et chacun de ses grands vassaux. Philippe-Auguste, secondé dans cette entreprise par les barons, jaloux eux-mêmes de l'élévation de la maison d'Anjou, s'empara sans difficulté et en vertu d'un titre légal des belles provinces qui avaient formé le domaine des Plantagenets. L'Aquitaine fut le seul fief que le roi Jean parvint à conserver. Philippe échoua, il est vrai, dans ses projets sur l'Angleterre, dont la couronne lui avait été offerte par le pape Innocent III (1212), lors de ses démêlés avec Jean; mais il eut la gloire de vaincre à la bataille de Bouvines (1214) la coalition formée par l'empereur Othon IV, le comte Ferrand de Flandre et leurs alliés, vassaux de l'empire ou de France, au moment même où le prince Louis remportait des victoires sur le roi d'Angleterre, en Poitou. Ces beaux succès assurèrent la supériorité du roi de France sur ses vassaux, et le dispensèrent de s'associer son fils, comme l'avaient fait ses prédécesseurs.

SOURCES. — RIGORDUS, *Gesta Philippi*, dans le recueil de Buchon. — CAPEFIGUE, *Histoire de Philippe-Auguste*, 4 vol.

23. C'est sous le règne mémorable de Philippe-Auguste, qui consolida la royauté, créa l'université de Paris et donna une impulsion puissante à la ci-

vilisation, qu'éclata l'horrible guerre des Albigeois (1209-1229). Cette guerre étendit ses ravages sur les belles provinces du midi de la France, et amena l'établissement de l'inquisition, confiée par le pape Grégoire IX à l'ordre des Dominicains ou des frères Prêcheurs (1233). La secte des réformateurs, connue sous le nom d'Albigeois, tenta, comme celle des Vaudois, des Lollards, et tant d'autres, accusées d'hérésie, de faire revenir l'Église à sa pureté primitive, en attaquant les abus de la puissance papale et la dépravation de mœurs du clergé et des moines. Le pape Innocent III, qui redoutait l'influence de ces sectaires, protégés par Raymond VI, comte de Toulouse, et par Roger, comte d'Alby et de Carcassonne, après avoir essayé tous les moyens de rigueur pour les faire rentrer dans l'obéissance, fit prêcher contre eux une croisade (1209), dont Simon, comte de Montfort, fut un des principaux chefs. Philippe-Auguste ne prit pas une part active à la guerre, mais il laissa son fils Louis se joindre à l'armée des croisés et se mettre à leur tête, après la mort du comte de Montfort (1219). Le désir de s'emparer du comté de Toulouse se mêla au zèle fanatique du prince français. Lorsqu'il eut succédé à son père, sous le nom de Louis VIII (1223-1226), au lieu de profiter des succès qu'il avait remportés en Poitou et en Guyenne sur Henri III d'Angleterre, il alla entreprendre une nouvelle croisade (1224), prêchée par le pape Grégoire IX, contre le jeune Raymond VII, comte de Toulouse, qui, à l'exemple de son père, venait d'embrasser la cause des Albigeois. C'est pendant cette expédition de courte durée, que le roi fit le siége de la commune d'Avignon (1226), qui se défendit vigoureusement contre la chevalerie française. Cette guerre atroce se prolongea au-delà de la vie de Louis VIII ; elle s'éteignit pendant la régence de sa veuve, Blanche de Castille, vers 1229, au milieu des bûchers de l'inquisition, sans que les principes, pour lesquels les Albigeois avaient combattu, pussent être anéantis. Le comté de Toulouse passa depuis à Alphonse, comte de Poitou (1241), un des fils de Louis VIII, qui épousa Jeanne, fille et héritière de Raymond VII. A la mort des deux époux, ce fief, ainsi que le Poitou, fut réuni à la couronne par Philippe III, le Hardi (1271).

SOURCES. — *Histoire générale du Languedoc.* — SIMONDE DE SISMONDI, *Histoire des Français*, t. VII, VIII et IX. — *Musée des Protestans célèbres*, t. I.

24. Le roi Louis VIII disposa par testament des fiefs réunis à la couronne, en faveur de ses fils, et nomma Blanche de Castille, sa veuve, régente et tutrice du jeune Louis IX. Cette reine, douée d'une grande force de caractère, mit toute son habileté et son énergie à triompher de la ligue d'un grand nombre de seigneurs, qui refusaient de reconnaître la régence et l'autorité du roi enfant. Cette insurrection des barons de France à la tête de laquelle on remarquait Thibaud IV, comte de Champagne, Pierre, duc de Bretagne, dit Mauclerc, Hugues de

Lusignan, comte de la Marche, Enguerrand de Couci, réclamait les terres confisquées par Philippe-Auguste et Louis VIII, et appelait la convocation d'un parlement féodal. Les rebelles échouèrent dans leur tentative d'enlever le jeune prince et de se donner un autre roi dans la personne du sire de Couci. La prudence de la régente, le dévoûment des milices communales et la défection de plusieurs seigneurs assurèrent la victoire à la royauté de la troisième race. Mais à peine Louis IX fut-il proclamé majeur (1235), qu'il eut à combattre une nouvelle ligue, que le comte de la Marche avait formée contre lui et dans laquelle entrèrent un grand nombre de barons de la France méridionale. Henri III d'Angleterre la rendit plus formidable en lui prêtant son appui. Le jeune roi, à la tête des communes et de ses chevaliers, défit les alliés aux combats de Taillebourg et de Saintes (1242). Le comte de la Marche se soumit aux conditions que le vainqueur lui imposa; une grande partie de la Saintonge fut réunie à la couronne. Les débris de l'association se dispersèrent et une trève de cinq ans fut conclue avec le roi d'Angleterre. Après avoir assuré le triomphe de la cause royale, Louis put accomplir le vœu qu'il avait fait de prendre la croix. Il ne s'embarqua que certain d'avoir consolidé la paix publique du royaume, en proclamant la *Quarantaine-le-roi*, ordonnance destinée à prévenir les désordres des guerres privées et à régler la police des terres féodales. C'est ainsi que la volonté du roi commençait à devenir loi souveraine.

25. A son retour de la croisade, Louis IX, dit le Saint, entreprit de nombreux et d'utiles changemens dans l'administration du royaume (1254). Les ordonnances de réforme, pour la plupart rendues dans des parlemens, et recueillies en partie dans le fameux livre des *établissemens*, étaient relatives à la justice des baillis ou sénéchaux du roi, à la répartition plus équitable de l'impôt, à l'extension du droit d'appel dans le but de poser des limites à la souveraineté seigneuriale, à la restriction des combats judiciaires qui devaient être remplacés, du moins dans le domaine du roi, par la preuve par témoins, et à la défense des guerres privées au moyen des lettres de sauvegarde. D'autres ordonnances étendaient le droit de battre monnaie, réglaient la législation civile et criminelle, protégeaient l'agriculture, l'industrie et le commerce contre le pillage des nobles, ou réprimaient les excès du luxe et de l'usure. La franchise des communes, la liberté individuelle, la sécurité des gens de la campagne, les hôpitaux, les fondations religieuses et la réparation des routes occupèrent aussi la sollicitude du monarque.

L'influence de la jurisprudence romaine et des légistes, qui s'efforçaient de démontrer la souveraineté de l'autorité royale, se fait sentir dans la plupart des institutions judiciaires de cette époque. Quoique la piété du roi dégénerât parfois en un zèle trop ardent pour l'inquisition, il résista pourtant aux exigences de la cour de Rome, dans la pragmatique sanction (1269), qui stipula en faveur des libertés de l'Église gallicane et déclara que le royaume de France ne dépendait que de Dieu seul.

Louis IX, qui fit faire des pas immenses à la prérogative royale et que le renom de sa sagesse avait fait choisir pour arbitre dans les différends de Henri III avec les barons d'Angleterre, négligea non-seulement l'occasion de dépouiller ce roi des fiefs qu'il possédait encore en France, mais, par une politique qui excita les murmures de la noblesse et de la bourgeoisie, il lui céda même quatre comtés (1259) qui avaient été réunis au domaine royal: le Limousin, le Périgord, le Quercy et l'Agenois. Henri III, en retour, renonça à ses prétentions sur les provinces confisquées par Philippe-Auguste et s'obligea à faire hommage au roi de France pour le fief de Guyenne.

SOURCES. — *Histoire de Saint-Louis*, par JEAN SIRE DE JOINVILLE. — DE CHOISY, *Histoire de Saint-Louis.* — *Les établissemens de Saint-Louis.* — CAPEFIGUE, *Histoire constitutionnelle et administrative de la France, depuis la mort de Philippe-Auguste*, t. Ier.

26. Philippe III, le Hardi (1270-1285), qui avait accompagné son père au siége de Tunis, lui succéda sans que le moindre désordre vînt troubler son avènement. Le règne de Philippe sert de complément à celui de son prédécesseur et forme la transition à une nouvelle période. On y voit le développement de la puissance royale par la réunion définitive du comté de Toulouse (1271) et la punition d'une tentative de révolte de la part du comte de Foix (1272). On y

trouve aussi le premier exemple d'une charte d'anoblissement en faveur d'un roturier ; mais en même temps une ordonnance déclarait que les nobles seuls avaient droit à la chevalerie.

Le roi Philippe s'engagea dans des guerres insignifiantes et sans résultat, pour la succession aux trônes de Navarre et de Castille, et accepta à la fin de son règne le commandement de la croisade que le pape Martin IV fit prêcher (1283) contre Pierre III, d'Aragon. Ce roi s'était emparé de la Sicile, quand les Siciliens eurent secoué le joug du roi de Naples, Charles d'Anjou. Philippe-le-Hardi mourut sans avoir achevé la guerre.

L'Angleterre.

27. Guillaume de Normandie, en conquérant l'Angleterre, y substitua la féodalité aux institutions anglo-saxonnes. L'ancienne assemblée nationale (*Wittenagemot*) fit place au grand conseil des barons (*magnum* ou *commune concilium, curia regis*), et la souveraineté se partagea entre ce conseil et la royauté.

Depuis le règne de Guillaume II, le Roux (1100-1187), la royauté et l'aristocratie féodale furent dans un état de lutte constante, et l'ancienne population anglaise, opprimée par la conquête, essaya de profiter de ces divisions pour regagner, au prix de son alliance, les droits qu'elle avait perdus. Un conflit semblable s'éleva entre la royauté et l'Église, qui, à l'exemple de la cour de Rome, cherchait à dominer la puissance temporelle. Les querelles entre les rois normands et leurs vassaux laïques et ecclésiastiques se compliquèrent par la position dans laquelle se trouvaient ces princes, d'abord à l'égard de la Normandie, séparée de l'Angleterre pendant le règne de Guillaume II, puis réunie à ce pays par Henri Ier (1107), qui l'enleva à son frère Robert, après la bataille de Tinchebrai; ensuite, à l'égard des rois de France, toujours intéressés à fomenter des troubles en Normandie.

28. Le règne de Henri Ier (1100-1135), troisième fils de Guillaume-le-Conquérant, arrivé au trône pendant l'absence et malgré les droits légitimes de son frère Robert, fut rempli de troubles. Ils furent causés en partie par les soulèvemens des barons normands, qui défendaient les prétentions de Robert, et en partie par les démêlés du roi avec Anselme, archevêque de Cantorbéry, sur la question de l'investiture. La charte, que Henri avait promise et qui conférait des immunités à la noblesse et au clergé, et quelques privilèges aux habitans de Londres, ne fut qu'une lettre morte. Au décès du roi (1135), il s'éleva en Angleterre une sanglante guerre civile entre Mathilde[1], fille unique de Henri Ier, qui avait reçu les sermens de la noblesse, et Étienne, comte de

[1] Mathilde, veuve de l'empereur d'Allemagne Henri V, épousa en secondes noces (1120) Geoffroi Plantagenet, comte d'Anjou, du Maine et de la Touraine.

Blois, petit-fils, par sa mère, de Guillaume-le-Conquérant, qui disputa la couronne à sa parente. Après une longue alternative de succès et de revers, la lutte se termina en 1153, par un traité, en vertu duquel le comte d'Anjou, Henri de Plantagenet, fils de Mathilde, devait succéder à Étienne. Il lui succéda en effet en 1154.

29. Les rapports de vasselage qui existaient entre les princes de la maison d'Anjou et les rois de France, leurs suzerains, engendrèrent une série de différends, qui finalement tournèrent au profit de l'autorité de ces derniers, tandis qu'en Angleterre ils furent favorables à l'aristocratie. Les qualités brillantes du roi Henri II (1154-1189) semblaient promettre à l'Angleterre un règne de gloire et de prospérité; et déjà les premiers actes de son gouvernement annonçaient le retour à l'ordre. Le renvoi des Brabançons, qui avaient été à la solde d'Étienne de Blois, la démolition d'un grand nombre de châteaux devenus le repaire de brigands, une justice promptement et impartialement rendue, et la promesse d'exécuter la charte de Henri Ier : tels furent les premiers actes du nouveau règne. L'introduction de l'impôt du *scutage*, taxe de guerre levée sur la noblesse, procura au roi les moyens d'entretenir une milice armée; d'un autre côté, l'établissement des juges ambulans, destinés à mettre un frein à l'oppression des barons dans les provinces, devait servir de garantie aux droits de la petite noblesse et du peuple,

et les sages restrictions mises au combat judiciaire ramenaient la sécurité dans le royaume.

30. Les tentatives faites par le roi Henri II pour soumettre le clergé anglais à l'autorité laïque à laquelle il s'était soustrait, lui suscitèrent une lutte acharnée (1163) avec Thomas Becket, qui, dévoué à son maître comme chancelier, était devenu son plus implacable adversaire depuis son élévation à la dignité d'archevêque de Cantorbéry et de primat du royaume. Contraint d'abord à signer dans un parlement (1164) les seize articles ou *Constitutions de Clarendon*, Becket protesta en s'accusant de lâcheté. Ce concordat fixait les droits souverains du monarque à l'égard du clergé, qu'il subordonnait à la juridiction laïque, remédiait à l'abus des excommunications, et portait à la connaissance du roi tous les appels dans les causes ecclésiastiques. Les persécutions de Henri II forcèrent le prélat à chercher un refuge en France et à implorer la protection de Louis VII. Le pape Alexandre III ménagea entre l'archevêque et le roi Henri II une réconciliation qui ne fut qu'éphémère. La querelle se renouvela avec plus de violence dès que Thomas Becket fut de retour dans son diocèse, et ne se termina que par la mort du primat, qu'assassinèrent au pied de l'autel (1170) quelques chevaliers anglais, qui avaient embrassé trop ardemment la cause du roi. Henri II échappa par d'habiles négociations à la vengeance de la cour de Rome et alla faire pénitence sur le

tombeau de Becket, que le peuple considérait comme martyr.

31. Une expédition contre l'Irlande (1171), alors divisée en plusieurs royaumes et déchirée par des guerres intestines, suivit de près la querelle avec l'archevêque de Cantorbéry. Autorisé depuis 1155 par une bulle du pape Adrien IV à faire la conquête de cette île, à condition de soumettre les Irlandais à la juridiction de l'Église et au paiement du denier de Saint-Pierre, Henri profita de l'expulsion de Dermot, roi de Leinster, pour envoyer quelques aventuriers sur les côtes de l'Irlande. Leurs succès encouragèrent le roi à y débarquer lui-même à la tête d'une armée (1172); mais il ne put réussir à achever la conquête de l'île, et la domination anglaise y demeura long-temps précaire.

Les dix-huit dernières années du règne de Henri II furent agitées par les rébellions des trois fils aînés du roi, à qui ce prince avait imprudemment cédé ses possessions continentales. Ces révoltes fomentées en partie par l'esprit haineux et vindicatif de la reine Éléonore et entretenues par la politique des rois de France et d'Écosse, empoisonnèrent les derniers jours de l'infortuné monarque et hâtèrent le moment de sa mort (1189).

SOURCES. — MATTHÆI PARIS († 1259) *Historia major a Guil. Conq. ad ultimum annum Henr. III.*—LYTTLETON, *The history of the life of King Henri II.* — HEGEWISCH, *Uebersicht der irlændischen Geschichte.*

32. Pendant la longue absence du roi Richard-Cœur-de-Lion, qui succéda à son père Henri II (1189-1199), l'Angleterre fut livrée à des agitations causées par les taxes arbitraires, dont le chancelier et régent, Guillaume de Longchamp, avait chargé le peuple. La révolte de Jean, comte de Mortain, frère du roi, qui, soutenu par une partie de la noblesse anglaise et par Philippe-Auguste, se disposait à s'emparer du trône, allait augmenter ces désordres, quand le retour inopiné de Richard (1194) mit un terme à la rébellion du prince et étouffa les conspirations des barons. La mort prématurée du roi d'Angleterre, tué au siége du château de Chalus, en Limousin (1199), fit arriver le sceptre aux mains du comte de Mortain, prince lâche, cruel et dissimulé, sous le règne duquel le royaume éprouva de nouvelles commotions.

33. Les différends du roi Jean, surnommé Sans-Terre (1199-1216), avec la noblesse anglaise et avec ses vassaux de France, les malheureuses querelles qu'il eut avec le duc Arthur de Bretagne, son neveu, qui prétendait au trône d'Angleterre, en qualité de fils d'un frère aîné de Jean; enfin, le meurtre de cet infortuné prince dont il se souilla (1202), ce sont là les événemens qui remplissent la première partie de ce règne orageux, si mémorable par l'opposition systématique que l'aristocratie anglaise commençait à faire contre la royauté. Le roi Jean, déjà en hostilité avec les barons, eut

l'imprudence de se brouiller avec le clergé, dont il attaqua les immunités et les biens, et avec le pape Innocent III, qui lui fit sentir son courroux en l'excommuniant et en jetant l'interdit sur le royaume (1212). A cette extrémité seulement, le roi, menacé de perdre la couronne, consentit à implorer le pardon du légat pontifical et à se reconnaître vassal et tributaire du saint-siége (1213).

34. L'humiliation que Jean-Sans-Terre venait d'éprouver et l'issue funeste de la bataille de Bouvines (1214) et de l'expédition qu'il avait tentée en Poitou, encouragèrent l'insurrection générale de la noblesse anglaise, qui, d'accord avec le clergé du royaume et les bourgeois de la ville de Londres, força le roi à signer et à jurer la *grande charte* (1215). Cette charte, devenue la base des libertés de la nation anglaise, reposait sur les principales dispositions de celle que Henri Ier avait promise antérieurement. Elle fut avant tout favorable aux libertés du clergé; les priviléges de la noblesse y furent confirmés et étendus; quelques droits furent accordés à la bourgeoisie et principalement à la commune de Londres; les franchises des marchands étrangers y trouvèrent d'importantes garanties; mais le sort des vilains n'y fut que faiblement amélioré. On remarque les articles qui concernent la défense de lever tout subside de guerre, sans le consentement du conseil des barons, l'abolition des confiscations arbitraires, les restrictions mises aux cor-

vées, le droit accordé à tout homme libre de disposer de ses biens par testament, les garanties données à la liberté individuelle par le jugement par jurés, la prompte et impartiale distribution de la justice. Ce compromis entre l'aristocratie anglaise et la royauté peut être considéré comme la transition de la féodalité pure au régime parlementaire. Vingt-cinq barons furent chargés de veiller à la conservation de l'acte important que la féodalité alliée au clergé venait d'arracher au pouvoir royal. Toute la noblesse anglaise se fit autoriser à prendre les armes contre le roi, s'il se permettait de fausser son serment; en même temps tous les hommes du royaume furent tenus de jurer obéissance aux conservateurs de la charte.

SOURCE. — BLACKSTONE, *Sur la grande charte et la charte des forêts.*

35. Le roi Jean sut dissimuler sa colère; il se retira à l'île de Wight, et implora de là l'appui de la cour de Rome. Le pape Innocent III, en qualité de suzerain de l'Angleterre, délia le roi de son serment, annula la charte comme injuste et extorquée par la violence, et prononça l'excommunication contre ceux qui oseraient la maintenir. Le clergé, sans se laisser intimider par la bulle du pape, resta uni à la nation, et la noblesse anglaise, attaquée inopinément dans ses châteaux par le roi, qui avait promis à ses mercenaires brabançons le pillage des terres de l'aristocratie, se leva de nouveau

contre le violateur de la charte et offrit la couronne à Louis, fils de Philippe-Auguste. Ce prince, soutenu par une armée française, débarqua à Sandwich et reçut à Londres le serment de fidélité des barons et de la bourgeoisie, sous la condition de respecter leurs franchises, tandis que Jean se refugiait dans les provinces septentrionales du royaume. Mais bientôt la mésintelligence éclata entre le prince français et ceux qui l'avaient appelé; la mort du roi déchu (1216) et l'exemple de la fidélité du comte Guillaume de Pembrock achevèrent de rallier les Anglais autour du fils de Jean, qui fut proclamé roi sous le nom de Henri III. Le roi étranger, défait à Lincoln, fut contraint de quitter le pays conquis (1217). La charte, après quelques modifications, obtint la confirmation royale et on y ajouta une *Charte des forêts,* qui adoucit les peines infligées aux délinquans. Le comte de Pembrock, sous le titre de protecteur, gouverna l'Angleterre avec fermeté pendant la minorité de Henri III.

36. Le long règne de Henri III (1216 - 1272) est mémorable par les progrès qu'il fit faire aux libertés politiques des Anglais. Depuis la mort du régent Pembrock, le roi, d'un caractère faible et versatile, ne cessa de porter atteinte aux franchises obtenues par la noblesse et le clergé. Il s'appuyait sur l'autorité des papes, qui dépouillaient les évêques, ou il suivait les conseils de ministres étrangers à l'Angleterre et les avis d'Éléonore de Provence, son

épouse. Les guerres fréquentes que Henri fut obligé de faire en France ou contre les Gallois, et ses efforts pour procurer le trône de Sicile à un de ses fils, épuisèrent son trésor et le forcèrent à avoir recours aux subsides de ses barons, qu'il convoquait en parlement. Dans ces circonstances il s'empressait de prêter à la charte un serment, qu'il ne se faisait plus scrupule de violer dès que les aides lui avaient été accordés. Ces renouvellemens de la charte, en fortifiant le pouvoir des barons alliés au clergé et aux communes, aplanirent la route au régime parlementaire par l'intervention des chevaliers de comté. Les insurrections des barons anglais provoquées par la mauvaise foi du monarque, prirent enfin un caractère plus grave et plus sérieux, lorsque, unis d'intérêt avec la communauté des chevaliers et les bourgeois, les barons trouvèrent un chef habile et audacieux dans Simon de Montfort, comte de Leicester, beau-frère du roi. Déterminé par des motifs de haine et d'ambition à embrasser la cause de la noblesse et du peuple, il se montra l'ennemi implacable des étrangers et des abus de la royauté. A un parlement tenu à Oxford (1258) la confédération des barons dicta au roi des articles de réforme, connus sous le nom des *provisions d'Oxford*. Ces statuts confirmèrent les chartes, et enfermèrent le pouvoir royal dans un cercle de restrictions plus étroit.

37. Les barons, après avoir contraint le roi à bannir du royaume ses ministres étrangers, ne tar-

dèrent pas à abuser du pouvoir qu'ils venaient de s'arroger. Les dissensions survenues entre le comte de Leicester et le duc de Glocester, les deux principaux chefs de la haute aristocratie, permirent à la petite noblesse d'étendre ses prérogatives, et au roi de relever son autorité en implorant l'assistance du pape, qui le délia du serment prêté aux statuts d'Oxford (1262). Leicester, allié aux habitans du pays de Galles et au peuple de Londres, ralluma la guerre (1263), qui ne fut de nouveau suspendue que parce que les deux parties invoquèrent l'arbitrage de Louis IX. La sentence rendue par ce roi en son parlement, fut repoussée par les insurgés qui reprirent les armes. Vainqueur de l'armée royale et de Henri III à Lewes, Leicester s'empara du pouvoir (1264), disposa à son gré des emplois publics et créa de nouveaux magistrats qui, sous le nom de *conservateurs* de la paix, exercèrent dans les provinces une autorité sans limites. Pour revêtir son usurpation d'un vernis de légalité, Simon de Montfort convoqua des parlemens, et dans le dessein d'abaisser la haute noblesse, dont il avait été l'associé et le chef, il résolut de se faire un parti parmi la noblesse inférieure et les communes. Dans ce but il fit appeler au parlement quatre chevaliers de chaque comté et deux bourgeois de chaque ville ou bourg (1265). Telle fut la première origine de la représentation de la petite propriété et des communes. Le peu de ménagemens que le comte de Leicester eut pour les barons, qu'il persécuta quand il crut pouvoir se passer de leur appui, servit l'autorité royale. Le prince Édouard, échappé de prison, se mit à la tête des nobles soulevés contre Leicester, qui trouva la mort au combat d'Evesham. Henri recouvra son autorité, mais il se vit obligé de respecter les libertés consacrées par la grande charte.

SOURCE. — GUIZOT, *Essai sur l'Histoire de France et d'Angleterre.*

38. Édouard Ier (1272-1307) était occupé à la guerre en Palestine, quand la mort de son père l'appela au trône. Une grande réputation de prudence et d'énergie l'y précéda : aussi, malgré son absence, le parlement lui prêta-t-il sans difficulté le serment de fidélité. Revenu dans son pays (1275), son premier soin fut de veiller avec fermeté au maintien de l'ordre public et à l'exécution des lois. Bien qu'enclin au pouvoir absolu, il fut obligé de laisser intactes les franchises nationales; aussi le régime parlementaire fit-il de sensibles progrès pendant ce règne, et eut-il le temps de s'organiser. Le besoin d'obtenir des secours pour faire face aux dépenses des guerres nombreuses qu'il entreprit, nécessita de fréquentes convocations de parlemens, auxquels assistèrent régulièrement depuis 1283 les chevaliers des comtés et les députés des communes. Le parlement de 1295, qui fut tenu à l'occasion de la guerre contre Philippe-le-Bel, fut un des plus complets depuis la naissance du système représentatif en Angleterre. Il se divisa en deux sections, dont l'une était composée de laï-

ques, et l'autre de gens d'église. On peut admettre qu'à la fin du treizième siècle, le parlement anglais était formé de barons, de clercs, des députés des chevaliers et francs-tenanciers, et de ceux des villes et bourgs. En 1295, Édouard publia le *writ*, ou la résolution qui établit le principe que l'impôt devait être consenti par les députés des trois ordres de l'État. « Il est juste, y était-il dit, que tous approuvent ce qui est de l'intérêt de tous. » C'était une extension remarquable donnée à la grande charte. Le principe, que l'autorité royale ne pouvait s'exercer d'une manière régulière sans le concours du parlement, fut ainsi positivement reconnu. Édouard Ier, surnommé le *Justinien* de l'Angleterre, a le mérite d'avoir amélioré l'administration de la justice, en posant des limites à la juridiction des tribunaux inférieurs, en créant l'utile institution des juges de paix (1285), et en divisant la haute cour de l'échiquier en différentes sections; c'est l'origine des grands tribunaux du *banc du roi*, des *plaids communs* et de la *chancellerie*, qui existent encore. Il abolit aussi la dignité de grand juge, comme dangereuse à la royauté. Ces améliorations dans la législation n'étaient pas étrangères aux progrès que les sciences philosophiques et mathématiques durent aux travaux de l'illustre Roger Bacon (1240-1292). La gloire du règne d'Édouard a été pourtant ternie par un grand nombre de mesures arbitraires et par les spoliations qu'il se permit à l'égard des Juifs.

SOURCES. — DELOLME, *sur la Constitution d'Angleterre.*

— Mathieu Hale, *Histoire des lois anglaises.* — Miller, *Aperçu historique du gouvernement anglais.* — Hallam, *État de l'Europe.*

39. Les guerres entreprises contre la France, le pays de Galles et l'Écosse témoignent de l'esprit inquiet et ambitieux d'Édouard Ier. En 1277, sous prétexte de punir les irruptions des Gallois, il déclara la guerre à Levellyn, dernier prince de Galles, espèce de vassal de l'Angleterre. Levellyn périt les armes à la main, et son pays subit la domination anglaise dans toute sa rigueur (1281). Cette conquête fut souillée par le massacre des bardes gallois, accusés d'avoir voulu, dans des chants guerriers, ranimer le patriotisme de leurs compatriotes.

L'extinction de la ligne masculine de l'ancienne race des rois d'Écosse par la mort d'Alexandre III (1286), fit revivre les prétentions que depuis quelque temps les rois d'Angleterre formaient à la suzeraineté de ce pays. Édouard Ier, appelé comme arbitre dans la querelle de succession qui éclata entre divers prétendans à la couronne, parmi lesquels on remarquait surtout Jean Bailleul (Baliol) et Robert Bruce, cousin par alliance du roi défunt, se prononça en faveur du premier et reçut le serment féodal du nouveau roi. Mais les exigences d'Édouard, dont le dessein secret était de réunir l'Écosse à son royaume, réveillèrent l'esprit national des Écossais, qui obligèrent leur roi à combattre pour l'indépendance de son pays (1291). Cette guerre se combina avec celle qu'Édouard fit à Philippe-le-Bel, qui devint l'allié des Écossais, sans pouvoir garantir l'Écosse de l'invasion anglaise. Bailleul fut fait prisonnier, et l'armée ennemie pénétra dans le cœur du royaume, qui devait être gouverné par une régence au nom d'Édouard. Mais bientôt, à la voix du célèbre Guillaume Wallace, l'Écosse se souleva de nouveau pour repousser la domination anglaise (1298). Ce héros lutta pendant sept ans pour la liberté de sa patrie; mais trahi par un de ses compatriotes, il fut livré à Édouard, qui le fit exécuter (1306). Sa mort fut dignement vengée par le jeune Robert Bruce, petit-fils de celui qui avait disputé la couronne à Jean Bailleul. Échappé à la surveillance du roi d'Angleterre, Robert rallia les partisans de l'indépendance écossaise, se fit proclamer roi, et soutenu par des Irlandais et les habitans des Hébrides, il défendit l'Écosse contre les efforts réitérés d'Édouard Ier et d'Édouard II. Le premier mourut au moment où il allait envahir l'Écosse pour la quatrième fois.

SOURCES. — *Chronique de Walsingham.* — ROBERTSON, *Histoire de l'Écosse*, et WALTER SCOTT, *idem*.

L'Allemagne et l'Italie.

40. L'histoire d'Allemagne, depuis la fin du onzième siècle jusqu'au milieu du treizième, c'est-à-dire jusqu'à l'extinction de la maison de Hohenstaufen, est intimement liée à celle d'Italie. Les querelles entre la cour de Rome et les empereurs, et les fréquentes

expéditions de ces derniers en Italie, contribuèrent autant à empêcher la concentration de l'autorité monarchique chez les Allemands, qu'à faciliter les progrès de l'indépendance des grands feudataires et le développement de la liberté des communes. Celles-ci, aussi jalouses que l'était la noblesse inférieure, de la prépondérance des grands vassaux, devinrent les appuis de la royauté allemande. Les villes lombardes ou italiennes au contraire, qui désiraient avant tout secouer le joug étranger, devinrent hostiles aux empereurs.

SOURCE. — LUDEN, *Histoire générale des peuples et des États du moyen-âge*, t. Ier.

41. A la mort de l'empereur Henri V, le Salique (1125), la couronne fut déférée à Lothaire II, duc de Saxe, de la branche de Supplinbourg, au détriment de Frédéric, duc de Souabe, et de son frère Conrad, duc de Franconie, les neveux du dernier empereur. Il s'en suivit une guerre, dans laquelle Lothaire chercha à dépouiller les princes de la maison de Hohenstaufen des fiefs qu'ils avaient obtenus des empereurs Henri IV et Henri V. Conrad prit à son tour le titre de roi d'Allemagne; il y ajouta la couronne d'Italie, qu'il reçut solennellement à Milan, alors la plus puissante des cités de la Lombardie. Mais tel était l'esprit de parti qui divisait ce pays, que Pavie, Crémone, Plaisance et autres villes, envieuses de la puissance de Milan, se déclarèrent en faveur de Lothaire. Celui-ci, dans l'es-

poir de relever l'autorité impériale en Italie, où Conrad n'avait pu se maintenir, et de recouvrer les droits enlevés par les papes au pouvoir temporel, embrassa la cause d'Innocent II dans le schisme entre ce pape et Anaclet II, soutenu par Roger de Sicile (1130). Innocent II, ramené à Rome (1133) par Lothaire, le couronna empereur et l'investit des alleux de la comtesse Mathilde en Toscane, transmis depuis à Henri-le-Superbe. La médiation de plusieurs évêques et celle du fameux Bernard, abbé de Clairvaux (1135), réconcilia Lothaire avec les Hohenstaufen et rétablit la paix en Allemagne. Mais l'accroissement que prit la maison des Guelfes par Henri-le-Superbe, duc de Bavière, devenu le gendre de Lothaire, provoqua une longue et sanglante rivalité entre cette famille et les Hohenstaufen [1].

42. La rivalité entre les maisons des Guelfes et des Hohenstaufen éclata dès l'avènement de Conrad III (1138), qui obtint le trône, tandis que la majorité des États avait semblé désigner, comme successeur de Lothaire, Henri-le-Superbe, duc de Bavière et de Saxe, possesseur de nombreux fiefs en Toscane. L'obstination de Henri à refuser le serment de foi et hommage au nouvel empereur, quoique les parti-

---

[1] Ces deux familles durent leur élévation à l'empereur Henri IV, qui, en 1070, donna l'investiture du duché de Bavière à Guelfe, fils d'Azon, marquis d'Este, époux de Cunégonde, héritière de l'ancienne maison des Guelfes, et celle du duché de Souabe à Frédéric de Hohenstaufen, en 1080.

sans du duc s'y fussent soumis, entraîna sa proscription et la perte de ses fiefs. Le duché de Saxe fut donné à Albert-l'Ours, margrave de Brandebourg, et celui de Bavière, à Léopold, margrave d'Autriche. A la mort de Henri-le-Superbe (1139), les États de Saxe, soulevés en faveur de son fils Henri, surnommé depuis le Lion, chassèrent le margrave Albert, pendant que le duc Guelfe VI, oncle et tuteur du jeune Henri, allié du roi de Hongrie et de Roger de Sicile, expulsait de la Bavière le margrave Léopold d'Autriche (1140). C'est à la bataille de Weinsberg, en Souabe, où le duc Guelfe fut défait par l'armée impériale sous Conrad III, qu'on entendit, pour la première fois, proférer, comme cri de guerre, les noms de Guelfes (*hie Welf*) et de Gibelins (*hie Waiblingen*[1]), qui servirent depuis de désignation à deux puissantes factions en Allemagne et en Italie. Par *Gibelins*, on signalait le parti impérial ; par *Guelfes*, le parti opposé. En Italie, on donnait plus spécialement le nom de Guelfes au parti républicain. On tenta pourtant un accommodement (1142) : un décret de la diète de Francfort réintégra le fils de Henri-le-Superbe dans ses fiefs de Saxe ; Albert-l'Ours de Ballenstætt obtint le margraviat de Brandebourg à titre de fief immédiat de l'empire. Le jeune duc de Saxe renonça à la Bavière en faveur de Henri d'Autriche, successeur de son frère Léopold : mais

---

[1] *Waiblingen* est le nom d'un château appartenant aux Hohenstaufen, situé sur la Rems aux environs de Stuttgart et de Canstadt.

Guelfe[1] s'opposa à cet arrangement et continua à faire la guerre à l'empereur et à son allié, le margrave d'Autriche. Ces guerres civiles furent interrompues par la croisade, à laquelle l'empereur Conrad et un grand nombre de seigneurs allemands prirent part, aux exhortations de l'éloquent abbé de Clairvaux (1147).

43. Conrad III, convaincu que l'empire avait besoin d'une main ferme et habile pour tenir les rênes du gouvernement, recommanda avant sa mort, à la place de son propre fils, encore trop jeune pour régner, son neveu, Frédéric de Souabe, au suffrage des États. Son élection n'éprouva aucune opposition. Frédéric, surnommé Barberousse (1152-1189), avait fait preuve, dès sa jeunesse, d'une valeur peu commune : arrivé à l'empire, il prit la résolution de consolider la paix intérieure et de faire respecter partout l'autorité monarchique. Parent des Guelfes[2] et ami d'enfance du fils de Henri le-Superbe, il semblait destiné à éteindre la haine qui avait désuni leurs familles; et pourtant cette haine, rallumée de nouveau pendant ce règne, amena la chute de l'illustre maison des Guelfes. La réintégration de Henri-le-Lion dans le duché de Bavière

---

[1] Le même Guelfe fut en 1153 investi par l'empereur Frédéric Ier des fiefs de la comtesse Mathilde en Toscane.
[2] Frédéric Ier, cousin germain de Henri-le-Lion, était fils de Frédéric duc de Souabe et de Judith Guelfe, fille de Henri-le-Noir, duc de Bavière, père de Henri-le-Superbe.

(1154), opérée par l'active intercession de l'empereur, devait être le gage du repos de l'Allemagne. Pour dédommager le margrave Henri, fils de Léopold, l'Autriche fut érigée en duché et acquit de plus grandes franchises (1156). Frédéric, dès ce moment, put consacrer tout son temps aux affaires de l'Église et à celles de l'Italie, où il songeait à rendre son pouvoir absolu.

44. La fermentation, produite par l'esprit de liberté, qui, depuis les croisades, s'était répandu dans les villes maritimes de l'Italie et y avait donné naissance aux communes, ne tarda pas à se propager dans celles de la Lombardie, où elle trouva un aliment dans les démêlés des empereurs avec la cour de Rome. Malheureusement les effets salutaires de ces nobles sentimens d'émancipation étaient entravés par les funestes divisions qui éclatèrent entre ces villes mêmes, dont quelques-unes, comme Milan, prétendaient s'arroger la suprématie sur les autres. L'empereur Frédéric profita des plaintes des habitans de Lodi, de Pavie et d'autres communes restées fidèles à la cause impériale, et opprimées par les Milanais, pour citer ces derniers devant la diète assemblée dans les champs de Roncale, près de Plaisance (1154), et pour les faire décréter en état de rébellion. C'est là que fut arrêtée la première expédition en Italie, qui eut de si graves conséquences. Alors la ville de Tortone, alliée de Milan, éprouva tout le poids de la colère du suzerain pour avoir résisté à

ses ordres. Frédéric, qui reçut à Pavie la couronne d'Italie, crut gagner la faveur du pape Adrien IV en lui sacrifiant le réformateur Arnaud de Brescia, accusé d'avoir attaqué dans ses prédications les abus du pouvoir papal, et d'avoir semé parmi les peuples de Rome et de l'Italie des principes de liberté. Arnaud fut condamné à être brûlé vif à la porte de Rome, et Frédéric obtint du pape la faveur d'être couronné de sa main au milieu des Romains soulevés pour la défense de leurs franchises. Le manque de vivres et des maladies pestilentielles forcèrent l'empereur à ramener son armée en Allemagne. Cette première expédition fut le signal de longues guerres entre les Italiens, combattant pour le maintien de leurs droits, et Frédéric aspirant à établir en Lombardie le pouvoir royal dans toute sa plénitude.

45. De retour en Allemagne, l'empereur mit toute sa sollicitude à conserver l'ordre et la paix publique; il sut faire respecter sa puissance dans les pays voisins, en Pologne, en Danemarck et en Hongrie, et régla les affaires long-temps négligées du royaume de Bourgogne (1158). Puis il retourna en Italie, afin de venger les outrages que les Milanais avaient faits aux agens impériaux et de les punir des vexations qu'ils se permettaient à l'égard de la commune de Lodi, qui lui était demeurée soumise. Fier d'avoir humilié la cité de Milan, Frédéric parla en maître à la nouvelle diète de Roncale. C'est là que,

sur l'avis des jurisconsultes de Bologne et selon les principes du droit romain, favorables à l'autorité monarchique, il se fit adjuger par les États les droits régaliens, ainsi que le pouvoir de nommer les magistrats (*podestats*) des villes et d'exiger une taille générale. On y défendit aussi les guerres privées sous les peines les plus sévères. Cette décision solennelle qui renversa les libertés des villes lombardes, répandit la consternation dans toute l'Italie et brouilla l'empereur avec le pape, dont l'autorité était menacée. Un intérêt commun unit dès-lors le pontife et les républiques italiennes. L'exécution rigoureuse des décrets de Roncale porta le mécontentement au plus haut degré; Milan et Crème révoltées, furent mises au ban de l'empire (1160). La dernière fut prise et saccagée, après une défense opiniâtre. Le schisme, produit depuis la mort du pape Adrien IV, par la double élection de Victor IV, favorable aux Gibelins, et d'Alexandre III, dévoué au parti guelfe, attisa le feu de la guerre en Italie et livra ce pays à une cruelle dévastation. Les expéditions des armées allemandes s'y succédèrent depuis 1160 jusqu'à 1177. La ville de Milan, obligée de se rendre à l'empereur (1162), perdit avec ses fortifications ses libertés communales et son indépendance. Les autres villes lombardes, qui avaient arboré le drapeau de l'insurrection, se soumirent à de dures conditions et reçurent des magistrats nommés par Frédéric. Le triomphe du parti gibelin fut complet. Les Gênois et les Pisans conclurent avec le vainqueur de la Lombardie une alliance avantageuse. Le pouvoir suzerain de Frédéric Barberousse s'étendait de Rome à Lübeck; mais la politique habile et l'activité du pape Alexandre III, ne tardèrent pas à relever le parti des Guelfes, dont il fut le plus zélé protecteur, tandis que le despotisme des magistrats impériaux, joint à l'accroissement des impôts, soulevait les esprits. Vérone devint alors le foyer d'une nouvelle association entre les villes de la Lombardie, pendant que Milan sortait de ses ruines. Les Vénitiens, qui redoutaient la puissance de Frédéric, furent les instigateurs secrets de ces mouvemens, qui amenèrent la première ligue lombarde (1164).

46. Le retour du pape Alexandre III à Rome (1165), où il était rentré triomphant de ses ennemis, grâce aux secours du roi Guillaume 1er de Sicile, et aux encouragemens que le pontife donnait aux insurrections des villes lombardes, détermina Frédéric à reparaître en Italie, pour chasser Alexandre et rétablir l'anti-pape Pascal III. Alors les Lombards, exaspérés par les vexations des officiers impériaux et animés par le pape Alexandre et l'empereur grec Emmanuel Comnène (1167), formèrent une ligue formelle pour la défense de leurs libertés, et décrétèrent que les murs de Milan seraient relevés. Cependant, l'archevêque de Mayence, un des plus habiles généraux de l'empereur d'Allemagne, préludait, par une victoire éclatante sur les Romains, à l'entrée de Frédéric à Rome. Ce prince semblait avoir

atteint le faîte de la puissance, quand la peste, qui ravagea son armée, le força à une retraite précipitée sans qu'il eût pu combattre la ligue lombarde. Celle-ci profita de la longue absence de son ennemi pour se renforcer et pour s'organiser, autant que le lui permettaient ses divisions intestines. C'est à cette époque glorieuse de la ligue que remonte la fondation de la ville d'Alexandrie (1169), nommée ainsi en l'honneur de l'auguste protecteur de l'indépendance italienne. Frédéric, retiré à Pavie, rendit un décret de proscription contre toutes les villes fédérées [1].

47. L'empereur Frédéric employa les sept années (1167-1174) qu'il passa en Allemagne, à rétablir le calme dans ce pays agité par les guerres privées des vassaux, et à accroître le domaine de sa famille, tandis que Henri-le-Lion, le plus puissant de ses feudataires, exerçait sa valeur dans des guerres contre les peuples esclavons du Mecklenbourg et de la Poméranie, ou combattait les princes allemands, que son orgueil et ses projets ambitieux unissaient contre lui. Des démêlés entre les républiques de Pise et de Gênes, et les agitations qui ne cessaient de régner en Italie, déterminèrent l'empereur à envoyer dans ce pays l'archevêque de Mayence en qualité de pacificateur. Cependant la ligue lombarde se fortifia et le

---

[1] La ligue se composait alors des villes de Venise, Vérone, Padoue, Ferrare, Bologne, Crémone, Milan, Parme, Plaisance, etc.

prélat allemand fut obligé de reprendre les armes et d'assiéger Ancône. Frédéric, de son côté, accourut en Italie, et essaya de s'emparer d'Alexandrie. Leurs efforts échouèrent contre le patriotisme des Lombards. Les négociations entamées furent rompues et l'empereur fit un appel à ses vassaux d'Allemagne. Le salut de ce prince était entre les mains de Henri-le-Lion; mais ce duc, jaloux de la grandeur de Frédéric de Souabe et irrité de ce qu'il lui avait enlevé l'héritage de son oncle Guelfe, en Toscane, refusa le service féodal (1176). L'échec que l'empereur éprouva à la bataille de Legnano, près de Côme, fut attribué à la défection de Henri. De Pavie, Frédéric se rendit à Venise, où il s'humilia devant le pape et se réconcilia avec l'Église (1177). Alexandre eut la gloire d'assurer l'indépendance de l'autorité papale à l'égard de la puissance temporelle. Une trêve de quinze ans fut conclue avec le roi de Sicile, défenseur de la cour de Rome, et une de six ans, avec la ligue lombarde, dont les villes obtinrent provisoirement la confirmation de leurs franchises. La paix définitive, conclue à la diète de Constance (1183), ratifia les stipulations de la trêve de Venise. La haute suzeraineté des rois d'Allemagne y fut reconnue, mais on posa des limites à la levée des impôts. Ce traité de paix ne détermina pas d'une manière très-précise les rapports du pouvoir impérial avec les communes italiennes, et devint ainsi le germe de nouvelles guerres.

48. Après sa réconciliation avec le pape, Frédéric ne songea plus qu'à se venger de la défection de Henri-le-Lion, qui continuait à étendre sa puissance dans le nord de l'Allemagne. Ce duc, surpris de la tournure inattendue des affaires d'Italie, chercha des alliés et se prépara à combattre son redoutable ennemi, que secondaient de nombreux vassaux, jaloux de la grandeur de la maison des Guelfes. Henri fut cité pour la troisième fois à comparaître devant la diète pour justifier sa conduite; mais il refusa de s'y présenter et fut condamné par l'assemblée de Würzbourg (1180) à perdre ses fiefs et ses dignités. Le duché de Saxe fut conféré à Bernard d'Anhalt, fils puîné du margrave de Brandebourg; la Bavière fut donnée à Othon de Wittelsbach, comte palatin, de la famille d'Arnoul-le-Mauvais, qui en avait été dépouillée par l'empereur Othon Ier. C'est à cette occasion que plusieurs pays de l'Allemagne furent déclarés fiefs immédiats de l'empire et que les villes de Lübeck et de Ratisbonne acquirent leurs franchises communales. Des princes esclavons, qui avaient été soumis à Henri, furent créés princes de l'empire. En vain le duc déclina la compétence de ses juges; l'empereur approuva la sentence. Henri résista d'abord, les armes à la main; mais abandonné de la plupart de ses vassaux et vaincu par les troupes impériales, il fut forcé de se soumettre et d'implorer la grâce de l'empereur à la diète d'Erfurt (1181). Frédéric laissa au duc ses alleux de Brunswick et de Lünebourg; mais il lui ordonna de

quitter l'Allemagne pour trois ans. La paix régna alors dans l'empire et dans l'Église. La gloire que Frédéric s'était acquise par de si longs et de si importans travaux, brilla de tout son éclat à l'assemblée solennelle tenue à Mayence (1184), où tout concourut à célébrer sa grandeur. A la mort du pape Alexandre III, la paix entre l'empereur et l'Église allait de nouveau être troublée par les prétentions exagérées du pape Urbain III, qui s'opposait au sacre de Henri, fils aîné de l'empereur, déjà élu roi des Romains par les États allemands (1169), lorsque la nouvelle de la prise de Jérusalem, par Saladin, détermina Frédéric à partir pour l'Asie.

49. L'acquisition que l'empereur Henri VI, fils de Frédéric Barberousse (1190-1197), fit du royaume des Deux-Siciles, par son mariage avec Constance (1186), tante et héritière du dernier roi normand, Guillaume II (mort en 1189), loin d'être avantageuse aux rois d'Allemagne, ajouta de nouvelles difficultés à leurs relations avec l'Italie, et ne servit qu'à nourrir l'animosité de la cour de Rome contre les Hohenstaufen. C'est par la force des armes seulement que Henri VI parvint à entrer en possession de son nouveau royaume (1192), que lui disputait Tancrède, fils naturel de Roger, duc de la Pouille, et cousin germain de Guillaume II.

Les cruautés, dont l'empereur Henri se souilla en Sicile, le rendirent odieux aux Siciliens, qu'il ne soumit qu'après une lutte opiniâtre. Henri VI ne songeait à retourner en Allemagne (1195), que dans l'intention de rendre la couronne héréditaire. Mais la mort prématurée (1197) de ce prince avare et despote, fit passer la régence à son frère, Philippe, duc de Souabe et de Toscane, pendant la minorité de Frédéric II, fils de Henri, qui déjà avait été élu roi par les États.

L'élection de ce jeune prince ne tarda pas à être annullée par les États de l'Allemagne dont les suffrages se partagèrent alors (1198) entre Othon de Brunswick, comte de Poitou, fils de Henri-le-Lion, et Philippe, duc de Souabe, soutenu par les Gibelins. Le premier fut couronné à Cologne, sous le nom d'Othon IV, le second à Mayence.

50. Le nouveau pape Innocent III, un des plus illustres successeurs de Grégoire VII, qui, sut allier tant de fermeté à tant de prudence, et donner une si grande extension à l'autorité spirituelle et temporelle du chef de l'Église, se déclara d'abord en faveur d'Othon IV. Celui-ci, environné de périls, crut devoir faire d'importantes concessions au saint-siége. Philippe de Souabe, de son côté, rechercha l'appui de la noblesse belliqueuse de l'Allemagne en intéressant à sa cause le roi de France, Philippe-Auguste et Prémislas, duc de Bohême, à qui il conféra la royauté. Dans la guerre qui désola l'Allemagne, Philippe-de-Souabe triompha de son adversaire, abandonné par Innocent III. La mort inattendue du roi élu par les Gibelins, qui périt à Bamberg de la main

d'Othon de Wittelsbach (1208), son ennemi personnel, changea la face des affaires, et semblait assurer la couronne à Othon de Brunswick, à l'exclusion de Frédéric de Hohenstaufen. Mais la conduite imprudente de l'empereur de la maison des Guelfes, qui, fort de ses succès en Italie, et de l'appui des princes de l'Allemagne ralliés à son parti, et sous prétexte de défendre les droits de l'empire (1209), retira toutes les concessions qu'il avait faites au pape, le brouilla avec celui-ci, et favorisa ainsi la cause du jeune roi de Sicile. Attaqué dans ses provinces de la Pouille par Othon IV (1210), Frédéric trouva un protecteur dans Innocent III, à qui la tutèle du jeune prince avait été confiée par sa mère. Othon IV, sous le poids de l'excommunication, et voyant son autorité méconnue par une grande partie du clergé allemand, s'empressa de retourner en Allemagne pour y relever son pouvoir. Ses efforts furent inutiles; Frédéric, appelé par le parti des Gibelins (1212) qui s'était renforcé, y suivit son adversaire, et dut la couronne à son courage et à la fortune. La perte de la bataille de Bouvines (1214), où Othon avait espéré triompher du roi Philippe-Auguste, défenseur de la cause de Frédéric II, acheva de ruiner le parti des Guelfes en Allemagne. Othon IV renonça de lui-même à la lutte contre son compétiteur, et alla terminer sa vie au château de Hartzbourg (1218), dans ses terres allodiales de Brunswick.

51. La mort d'Othon IV, laissa Frédéric II seul maître de l'empire. Doué des qualités les plus brillantes du cœur et de l'esprit, prudent, actif, protecteur éclairé des lettres et des arts, poète lui-même, ce prince, le plus célèbre des Hohenstaufen, se vit entraîné, malgré lui, sous les pontificats de Grégoire IX et d'Innocent IV, dans les plus affligeantes querelles avec la papauté, sans que les persécutions auxquelles il fut en butte jusqu'à la fin de sa vie, aient pu fléchir son courage. La position de Frédéric II, qui réunissait sur sa tête les couronnes d'Allemagne, de Lombardie, de Sicile et celle d'empereur, était bien difficile, et devait tôt ou tard l'exposer à un conflit avec le chef de l'Église, jaloux de l'autorité impériale, et avec les villes lombardes, qui avaient à craindre pour leurs franchises. En s'engageant envers Innocent III à prendre la croix, à lui abandonner les allodiaux de la comtesse Mathilde, et à ne jamais unir la Sicile à l'Allemagne, il espérait se maintenir en paix avec le pontife de Rome, comme par d'importantes concessions, il croyait s'assurer les suffrages du clergé d'Allemagne, afin d'obtenir pour son fils aîné la dignité de roi des Romains.

Frédéric II, en recevant à Rome la couronne impériale (1220), réitéra au pape Honoré III, la promesse de faire une croisade et de concourir à l'extermination des sectes accusées d'hérésie. Occupé dès ce moment à affermir son autorité en Italie, il négligea les intérêts de l'Allemagne, où la féodalité relevait audacieusement la tête, tandis que les villes libres du Rhin s'alliaient pour défendre leurs franchises contre les brigandages des nobles. D'un autre côté, le projet favori de l'empereur de consolider en Italie le pouvoir royal, avait réveillé la défiance et la haine entre les partis guelfe et gibelin, lorsque la crainte d'être attaqués par Frédéric, de retour de la Pouille, fit oublier leurs dissensions aux seigneurs et aux villes de l'Italie, pour s'unir contre l'ennemi commun. L'année 1226 vit renaître la ligue lombarde (*societas lombardorum*), composée de quinze villes, dont Milan était la principale.

Mises au ban de l'empire par Frédéric, ces villes ne tardèrent pas à trouver un soutien dans le pape Grégoire IX, devenu l'ennemi de l'empereur (1227). C'est alors que ce prince, frappé d'anathème, se décida à partir pour la Palestine (1228). Le pape profita de son absence, pour lui susciter des ennemis en Allemagne, et pour s'emparer d'une partie de la Pouille, dont il investit Jean-de-Brienne, roi titulaire de Jérusalem, et beau-père de l'empereur.

Frédéric, de retour dans ses États, y rétablit facilement son autorité, et ramena la paix en Italie (1230). Cette époque est célèbre par le code de lois qu'il donna au royaume des Deux-Siciles, et dont la rédaction fut confiée aux soins de l'illustre chancelier, *Pierre de Vineis*.

52. Des désordres nombreux se commettaient en Allemagne, où les liens de la subordination s'étaient

relâchés, durant le gouvernement de Henri, roi des Romains, qui s'était soulevé contre son père (1234), et allié secrètement aux villes de la Lombardie et à quelques princes allemands ; aussi l'empereur fut-il obligé, après une longue absence, de repasser les Alpes.

Le roi Henri, après avoir feint de se soumettre, renouvela ses intrigues ; il fut arrêté et jeté dans une prison de la Sicile où il finit ses jours en 1242. Alors l'empereur s'occupa de la pacification de l'Allemagne, et publia de nombreux réglemens concernant la paix publique (1235). Un grand juge (*Freymann*) fut institué et on prit une décision définitive à l'égard de la famille des Guelfes. Othon-le-Jeune, petit-fils de Henri-le-Lion, reçut le duché de Brunswick-Lunebourg. La paix semblait se consolider dans toutes les possessions de Frédéric II, lorsqu'une nouvelle insurrection des villes lombardes le rappela en Italie (1237), où le parti des Gibelins trouva un chef redoutable dans Eccelin III de Romano, podestat de Vérone. Les insurgés prirent Padoue, mais l'empereur remporta sur eux une victoire à Corte-Nuova. Malgré la défaite complète des Lombards, Milan et d'autres villes opposèrent une résistance opiniâtre à Frédéric et trouvèrent un protecteur zélé dans le pape Grégoire IX, qui eut de nouveaux démêlés avec l'empereur.

En 1239, le pape, allié aux Lombards, à Venise et à Gênes, renouvela l'anathème, et prêcha une croisade contre Frédéric II, qui, à son tour, publia un manifeste violent contre la cour de Rome. La lutte devint alors plus furieuse que jamais: Frédéric se fiant au dévoûment des États allemands, que Grégoire n'avait pu ébranler, ne mit pas de bornes à sa vengeance; mais il eut bientôt à faire à un pape encore plus redoutable que Grégoire IX (1241). Innocent IV de la maison des Fiesque, plus rusé que son prédécesseur, après avoir bercé Frédéric de quelques propositions de paix, se retira à Lyon (1245), où, dans un concile, il excommunia et déposa formellement l'empereur, ordonnant aux États de l'Allemagne d'élire un autre chef, et se réservant le droit de disposer à son gré de la couronne des Deux-Siciles.

Entraînés par les intrigues et les exhortations du pape, les archevêques d'Allemagne, réunis à quelques autres prélats, déférèrent la couronne à Henri-Raspon, landgrave de Thuringe (1246), et à la mort de celui-ci, à Guillaume, comte de Hollande (1248). La cause des Hohenstaufen acquit pourtant en Allemagne un vaillant défenseur dans Conrad, fils de Frédéric, roi des Romains. A la fin d'une lutte acharnée, mêlée de succès et de revers, contre les villes lombardes, dans laquelle l'empereur eut la douleur de voir son fils Entius fait prisonnier par les habitans de Bologne (1249), et après une nouvelle tentative de réconciliation avec le pape, Frédéric succomba à tant de chagrins à Fiorenzuola, dans la Pouille (1250). Conrad IV, roi des Romains lui succéda; quoique frappé d'anathème, ainsi que son père, ce jeune prince opposa une noble résistance à ses nombreux ennemis. Malgré les efforts que fit le pape Innocent IV, pour soutenir l'anti-César Guillaume de Hollande, le parti de ce dernier s'affaiblit de jour en jour. Appelé dans le royaume des Deux-Siciles par Mainfroi, fils naturel de Frédéric II, pour défendre ces États contre les insurrections et les attaques du pape, Conrad était sur le point d'y rétablir son autorité, lorsqu'il mourut à la fleur de l'âge (1254), laissant pour unique héritier son fils Conradin, dernier rejeton de la famille des Hohenstaufen. Ce prince infortuné, qui ne succéda à son père que dans les duchés de Souabe et de Franconie, périt (1268) sur l'échafaud, à Naples.

53. Depuis la mort de Conrad IV jusqu'à l'élection de Rodolphe de Habsbourg (1254-1273) l'Allemagne fut livrée à l'anarchie. Cette époque est désignée par le nom de *grand interrègne*, parce que l'autorité royale y était généralement méconnue par les grands et les petits vassaux, qui ne songeaient qu'à profiter du désordre pour accroître leur puissance.

L'empereur Guillaume de Hollande, le protégé du pape Innocent IV, qui ne s'appuyait que sur un faible parti, fut engagé dans d'interminables discussions avec les États. Il mourut en 1256, dans une guerre contre les Frisons rebelles. Le pape avait défendu, sous peine d'excommunication, de décerner la couronne au jeune Conradin de Hohenstaufen.

Les domaines qui avaient composé l'héritage de cette maison, furent démembrés ; plusieurs seigneurs devinrent vassaux immédiats de l'empire; des villes acquirent des lettres de liberté. Les principaux États de l'Allemagne, qui, sous le nom de droit de *prétaxation*, s'étaient depuis long-temps arrogé la prérogative de choisir les rois, ne purent s'entendre pour nommer un prince allemand. Cédant à l'influence de la corruption, ils partagèrent leurs suffrages entre Richard de Cornouailles, frère de Henri III, roi d'Angleterre, et Alphonse X, roi de Castille, petit-fils de Philippe de Souabe (1256-1271). Le premier fit seul de courtes apparitions en Allemagne, et se retira dès que ses trésors furent épuisés. A sa mort (1271), il y eut un véritable interrègne de deux ans (1271 - 1273), temps de guerres privées, de meurtres et de dissolution. Les vassaux aspiraient à l'indépendance, les villes formaient des ligues pour le maintien de leurs franchises, et pour se garantir des brigandages et des excès de la noblesse. C'est alors (depuis 1254) que s'organisa *la ligue du Rhin*, composée de plus de soixante villes, dont l'alliance fut recherchée par les archevêques de Mayence, de Trèves et de Cologne. Elle entretint aussi des relations avec la ligue anséatique, créée depuis 1241, et qui comprenait les villes et les ports situés sur la mer du Nord et sur la Baltique. La ligue du Rhin eut les plus heureux résultats : elle arrêta la fureur des guerres privées, et veilla à la liberté du commerce et de la navigation, en empêchant l'établissement de nouveaux péages.

Le besoin de rendre enfin le repos à l'Allemagne, et la menace que fit le pape Grégoire X, de donner lui-même un chef à l'empire, déterminèrent les principaux vassaux laïques et ecclésiastiques, qui jouissaient du droit de prétaxation, à se rendre à Francfort-sur-le-Main, où ils procédèrent à l'élection d'un empereur (1273). Le choix tomba sur Rodolphe, comte de Habsbourg et de Kibourg, landgrave de la Haute-Alsace, descendant de Gontran-le-Riche, comte d'Alsace et de Brisgau, et par celui-ci, d'Etichon Ier, duc d'Alsace, souche commune des maisons de Habsbourg et de Lorraine.

Ce fut moins à son mérite personnel qu'à l'exiguité de ses domaines, que le comte de Habsbourg dut le suffrage des princes. C'est depuis cette élection que sept électeurs s'arrogèrent exclusivement le droit de nommer le roi ou l'empereur d'Allemagne.

54. La prudente fermeté avec laquelle Rodolphe de Habsbourg (1273-1291), qui a mérité le nom de restaurateur de l'empire, sut confondre les intérêts du pays et ceux de sa personne, les alliances de famille qu'il contracta avec la plupart des grands feudataires, les concessions qu'il jugea à propos de faire à la cour de Rome, et ses succès dans les guerres féodales contre les petits vassaux, ramenèrent l'ordre public, et permettent de placer son règne parmi ceux qui furent les plus avantageux à l'empire. Il

s'abstint de se mêler des affaires de l'Italie, qui se détachait de plus en plus de l'Allemagne, et donna tous ses soins à ce dernier pays. Les victoires qu'il remporta (1276 et 1278) sur Ottocar, roi de Bohème[1], qui ne voulait ni reconnaître l'élection de Rodolphe, ni rendre à l'empire l'Autriche, la Styrie, la Carinthie et la Carniole, dont il s'était emparé, relevèrent l'éclat de la couronne et servirent à jeter les fondemens de la grandeur de la maison de Habsbourg. En 1282, l'empereur, du consentement des électeurs, investit Albert, son fils aîné, de la plupart de ces provinces; mais il eut le chagrin de voir refuser à ce prince le titre de roi des Romains, qu'il avait sollicité pour lui.

Les électeurs, effrayés de l'accroissement rapide de la maison de Habsbourg, et choqués de l'avarice et de l'arrogance du duc Albert, donnèrent, à la mort de Rodolphe (1291), la préférence au comte Adolphe de Nassau, que la faible étendue de ses domaines rendait moins redoutable.

Les fautes et les imprudences commises par Adolphe ne tardèrent pas à lui faire perdre l'affection de la plupart des grands vassaux, gagnés par les promesses du duc d'Autriche. Déposé à Mayence par la majorité des électeurs, le malheureux prince fut obligé de disputer le sceptre à Albert, et périt à la bataille de Gelheim (1298), près de Worms, de la main de son vainqueur, auquel l'unanimité des suffrages décerna la couronne.

[1] Ottocar mourut à la bataille du Marschfeld.

SOURCES. — RAUMER, *Geschichte der Hohenstaufen und ihrer Zeit.* — CORTUM, *Geschichte Friedrichs des Ersten von Hohenstaufen.* — VOIGT, *Geschichte des Lombardenbunds und seines Kampfes mit Kaiser Friedrich I.* — SIMONDE DE SISMONDI, *Histoire des républiques italiennes.* — DENINA, *Révolutions italiennes.*

L'Italie.

55. Quelque favorables qu'eussent pu être, pour l'émancipation des villes lombardes, les querelles entre la maison de Hohenstaufen et les papes, ainsi que l'extinction de cette famille, les luttes intestines des factions des Guelfes et des Gibelins, empêchèrent ces cités de fonder leur indépendance ou de maintenir leur union.

L'Italie, où les empereurs depuis Conrad IV cessèrent de se rendre, quoique considérée encore comme fief de l'empire, ne reconnaissait plus l'autorité des vicaires impériaux. Presque toutes les villes étaient gouvernées par des magistrats suprêmes connus sous le nom de *podestats*, dont quelques-uns étaient parvenus par leurs talens, leur courage ou leur fermeté, à un haut pouvoir.

Le plus puissant de ces fonctionnaires, pendant le treizième siècle, fut le cruel Eccelin III de Romano, podestat de Vérone, dont la domination s'étendait sur un grand nombre de villes du nord-est de l'Italie. Ce fameux partisan de l'empereur Frédéric II, devenu redoutable par ses cruautés, s'attira la haine du pape, qui l'excommunia et prêcha une croisade contre lui (1252). Il se forma contre le tyran une ligue formidable à la tête de laquelle se trouvaient Palavicini, marquis d'Est, et Martin della-Torre, les principaux chefs du parti guelfe, en Lombardie. Eccelin, sur le point de se rendre maître de Milan, fut blessé à mort et fait prisonnier au combat de Cassano, sur l'Adda (1259). La mort de ce podestat et de son frère Albéric fut suivie du démembrement des domaines de la maison de Romano, sans que par là le calme pût renaître en Lombardie.

56. Pendant que la Lombardie était agitée par les guerres extérieures et déchirée par les violences des Guelfes et des Gibelins, les républiques maritimes de Venise, de Gênes et de Pise, rivales entre elles, grandissaient en puissance et en richesses, quoiqu'elles offrissent dans leur sein les mêmes scènes de discorde que les autres villes italiennes. Les révolutions de Venise, la plus puissante des trois par l'étendue de son commerce et de ses conquêtes sur les côtes de la Dalmatie et dans l'Archipel (997-1204), se terminèrent par l'établissement de l'aristocratie héréditaire sous le doge Gradénigo (1298), au détriment du pouvoir démocratique et du dogat. Le conseil des dix, véritable inquisition politique, devint le principal soutien du gouvernement olygarchique.

La rivalité des républiques de Gênes et de Pise, causée par leurs relations commerciales, et envenimée par leur querelle relative à la possession des îles d'Elbe et de Corse (1070-1290), se termina après deux siècles d'une lutte opiniâtre, par la conquête de ces îles et la destruction du port de Pise par les Génois (1290). La prise de Constantinople (1261) par l'empereur de Nicée, Michel Paléologue, fut pour Gênes une source de grandeur et de prospérité. C'est alors que les Génois, pour prix de leurs services, obtinrent le commerce exclusif de la mer Noire, avec de grands priviléges à Constantinople et la possession de Caffa.

SOURCES. — DARU, *Histoire de la république de Venise*, t. I-VII, — LEBRET, *Staatsgeschichte der Republik Venedig von ihrem Ursprung bis auf unsere Zeiten*. — LE CHEVALIER DE MAILLY, *Histoire de la république de Gênes*.

57. Le royaume des Deux-Siciles, dont les rois, de race normande, avaient embrassé la cause des papes dans les querelles entre l'empire et le sacerdoce, passa par le mariage de l'empereur Henri IV avec Constance, dernière héritière légitime du trône, sous le sceptre de la maison de Hohenstaufen (1189). Il acquit une haute splendeur sous le règne de Frédéric II, qui le dota d'un code de lois et favorisa avec ardeur le développement de l'industrie, des arts et des sciences; mais l'esprit de liberté, si actif dans les autres parties de l'Italie, ne se manifesta guère dans ce beau pays. A la mort de Conrad IV de Souabe (1254), la couronne des Deux-Siciles, destinée au jeune Conradin, fils et successeur légitime de Conrad, fut donnée par les grands du royaume à Mainfroi, fils naturel de Fré-

déric II, qui déjà avait pris la régence au nom du jeune prince. Les qualités éminentes du nouveau roi et le besoin qu'avait le pays d'un défenseur contre les prétentions de la cour de Rome, firent oublier les droits de Conradin et accrurent le parti de son oncle, obligé bientôt de garantir le royaume des attaques de Charles, duc d'Anjou et comte de Provence, à qui le pape Urbain IV venait de déférer la couronne (1263). Les succès de Mainfroi, maître de toutes les provinces de Naples et de la Sicile, furent arrêtés au moment où il allait s'emparer de l'état de l'Église, par l'arrivée du duc d'Anjou, qui, soutenu par le parti guelfe, vint combattre son adversaire, après s'être fait conférer à Rome la dignité de sénateur. La bataille de Bénévent, dans laquelle Mainfroi trouva une mort glorieuse (1266), donna le trône à Charles. Toutefois, les injustices et les cruautés dont le nouveau roi souilla sa conquête, semblaient faciliter l'entreprise hasardeuse du jeune Conradin de Hohenstaufen, qu'appelaient les vœux des Gibelins d'Italie et des Siciliens mécontens. Accompagné de Frédéric de Bade ou d'Autriche, son cousin et son ami d'enfance, également dépouillé de son héritage paternel, le fils de Conrad IV, à la tête d'une armée levée à la hâte, traversa l'Italie pour reconquérir le royaume des Deux-Siciles, qui lui avait été injustement ravi. Le secours des Pisans, l'accueil favorable que lui firent les Romains, et la défaite de la flotte de Charles près de Messine, étaient des présages favorables au triomphe de Conradin; mais la fatale issue de la bataille de Tagliacozzo ou Scurcola, près d'Aquila (1268), détruisit l'espoir de son parti et fit tomber le jeune prince et son compagnon entre les mains d'un implacable ennemi. L'arrêt inique qui envoya au supplice le dernier des Hohenstaufen, fut suivi de nombreuses cruautés, qui achevèrent de rendre odieux le gouvernement du roi Charles d'Anjou. Les excès dont les Français se rendirent coupables en Sicile, firent naître un complot dont le chef fut Jean de Procida, médecin de Mainfroi (1282). Le massacre général des Français, connu sous le nom de *Vêpres siciliennes*, détacha la Sicile de la domination de la maison d'Anjou et la donna à Pierre d'Aragon, gendre de Mainfroi, que les Siciliens avaient appelé à leur secours (1285). Les victoires de l'amiral aragonais, Roger de Loria, assurèrent la possession de la Sicile à la maison d'Aragon.

L'Espagne et le Portugal.

58. L'histoire de l'Espagne et du Portugal, dans cette période, est celle de la lutte des rois chrétiens de Castille, d'Aragon et du Portugal contre les Maures. Souvent opiniâtre et sanglante, cette lutte aurait pu devenir funeste aux Chrétiens par l'arrivée et les progrès des Almohades d'Afrique [1], succes-

---

[1] L'empire des Almohades fut fondé en 1120, dans la partie septentrionale de l'Afrique appelée le Mogreb, par Abdalmoumen, qui prit le nom de Mohadi, c'est-à-dire, guide des fidèles.

seurs des Almoravides, sous le commandement de Mohammed-el-Naser, si la bataille d'Ubéda ou des Navas de Tolosa, en Andalousie, gagnée par Alphonse IX, de Castille, alors allié aux rois d'Aragon et de Navarre, n'eût détourné le danger dont les États chrétiens étaient menacés (1212).

La décadence de l'empire des Almohades (1228) favorisa les conquêtes des Castillans et des Aragonais, tandis que la position géographique du royaume de Navarre empêchait ses rois d'agrandir leurs États. Ce royaume, à la fin du treizième siècle, fut réuni par mariage à la couronne de France, sous Philippe IV, le Bel [1] (1274).

Le royaume d'Aragon commença à s'agrandir par des conquêtes sur les Arabes pendant le règne d'Alphonse Ier (1104-1134), qui, en 1114, se rendit maître de Tudéla et de Sarragosse. La réunion du comté de Barcelonne (1137) par le mariage de la reine Pétronille avec le comte Raymond Bérenger, donna un nouveau lustre à ce royaume. Alphonse II, leur fils, y ajouta la Provence et le Roussillon et fonda la puissance maritime des Aragonais sur la Méditer-

---

[1] La ligne masculine de la maison de Champagne, qui régna sur la Navarre depuis 1234, s'éteignit dans la personne de Henri Ier (1274). Jeanne Ire, sa fille, épousa Philippe-le-Bel et lui apporta en dot, outre la Navarre, les comtés de Champagne et de Brie. Jeanne II, fille de Louis, le Hutin, transféra ce royaume, en 1328, à Philippe, comte d'Evreux, mort en 1343, et père de Charles II, le Mauvais. Ce fut encore par des mariages qu'il passa, en 1425, à la maison d'Aragon, en 1479, à celle de Foix, et en 1494, à celle d'Albret, qui en fut dépouillée en partie par Ferdinand, le Catholique, en 1512.

ranée. Jacques Ier (Jayme), le conquérant (1213-1276), étendit la domination de l'Aragon sur une grande partie de l'Espagne. Il s'empara en 1230 du royaume de Murcie et des îles Baléares, et, en 1238, de Valence. Son fils, Pierre III, le Grand, fit l'acquisition de la Sicile, en 1282.

59. On trouve dans le royaume d'Aragon l'exemple mémorable d'une organisation précoce des Cortès, par laquelle de larges priviléges furent accordés aux villes qui offraient un puissant secours contre les Musulmans. On remarque que, déjà avant le milieu du douzième siècle, les députés des communes (*procuradorès*) figurent, comme quatrième ordre, aux assemblées nationales, outre ceux du clergé, des grands seigneurs (*riccos hombres*) et des chevaliers (*hidalgos, caballeros*). Le pouvoir royal était de plus restreint par un conseil permanent de douze grands barons, et il le fut plus tard, par l'importante magistrature du grand-justicier (*justiza*). Le roi Alphonse III (1285-1291) se vit contraint, en 1287, à concéder à la noblesse le droit d'insurrection, dans le cas où l'autorité royale viendrait à porter atteinte à ses priviléges.

60. Le royaume de Castille, tantôt réuni à celui de Léon, tantôt formant un État séparé, ne reçut une organisation définitive que vers le milieu du treizième siècle, où les députés des villes furent admis aux Cortès. En effet, le tiers-état se constitua

plus lentement en Castille qu'en Aragon, et le pouvoir de la noblesse y fut plus grand et plus compacte; ce qu'il faut attribuer au petit nombre de villes, à leur médiocre prospérité et à l'extrême prépondérance du clergé et des ordres de chevalerie (Alcantara, Calatrava, Saint-Jacques et d'Avis), destinés à faire la guerre aux Maures. Ainsi que l'Aragon, la Castille dut son agrandissement aux conquêtes qu'elle fit sur les Arabes. Ferdinand III, fils d'Alphonse IX (1237-1252) donna de la consistance à ce royaume par une organisation plus solide et plus régulière de la justice; il fit rédiger un code de lois (*las Partidas*), qui fut achevé sous son fils Alphonse X, et enleva aux Arabes Cordoue (1236), une partie de l'Estramadure (1241), Jaën (1246), Séville (1248) et Cadix (1250). Le règne d'Alphonse X, le Sage (1252-1284), si mémorable par la protection dont ce roi honorait les sciences et la littérature nationale, a été troublé par les querelles de succession entre ses fils et ses petits-fils.

SOURCES. — L'*Histoire de* MARIANA, citée plus haut. — DEPPING, *Histoire générale de l'Espagne*. — SEMPÈRE, *Histoire des cortès d'Espagne*.

61. Le Portugal continua à se fortifier et à s'étendre par des conquêtes sur les Maures. Alphonse Ier (1112-1185), fils de Henri-de-Bourgogne, premier comte du Portugal, fut proclamé roi par l'armée, après avoir vaincu les Sarrasins à la bataille d'Ourique (1139). Cette victoire, suivie de la prise d'É-

vora, de Santarem et de Lisbonne (1147), affermit l'existence du nouveau royaume, auquel les Cortès, convoqués à Lamégo, donnèrent une loi fondamentale (1142), qui fixa en même temps l'ordre de succession au trône. La couronne du Portugal fut déclarée héréditaire dans la descendance mâle et directe, d'après le droit de primogéniture : à défaut de descendans, le frère du roi lui succédera, mais les enfans de frère ne succéderont qu'avec le consentement des États. Si le roi n'a point de fils ni de frère, et qu'il ait une fille, elle sera reine de droit, pourvu qu'elle épouse un seigneur portugais, mais celui-ci ne portera le nom de roi qu'après avoir eu de son mariage un enfant mâle.

Les Portugais firent de nouvelles conquêtes sous les successeurs d'Alphonse-le-Grand; Alphonse III acheva celle des Algarves (1249). Sous le règne de Denis-le-Juste (1279-1325) le tiers-état prit un plus grand développement et le commerce et la navigation firent des progrès considérables.

Histoire des peuples du nord et de l'orient de l'Europe.

62. L'histoire des pays du nord et de l'orient de l'Europe, qui n'offrait qu'un intérêt médiocre dans les périodes précédentes, acquiert plus d'importance du moment à l'introduction du christianisme y eut favorisé les progrès de la civilisation.

Les Danois et les Normands, en renonçant aux pirateries qui les avaient rendus si redoutables aux nations occidentales de l'Europe dans les premiers siècles du moyen-âge, changèrent la direction de leurs conquêtes. Vers le milieu du douzième siècle, Waldemar Ier, roi de Danemarck (1157-1182), descendant de Suénon Estritson, neveu de Canut-le-Grand, entreprit la soumission des Esclavons et des Vénèdes sur les côtes de la Baltique, jeta les fondemens de Dantzig (1165) et arrêta les désordres, qui auparavant avaient déchiré son royaume. Canut VI, son fils (1182-1202) recula les limites de ses États, en subjuguant les princes du Mecklenbourg et de la Poméranie (1183). En 1201 il se rendit maître de Lübeck et de Hambourg. Waldemar II, frère de Canut (1202-1241), prit le titre de roi des Esclavons, et profita habilement des démêlés entre les empereurs Frédéric II et Othon IV, pour étendre ses conquêtes. Il s'empara de Lauenbourg, et, aidé des chevaliers Porte-Glaives de Livonie, il conquit une partie de la Prusse et de l'Estonie. Ce roi qui a longtemps mérité le nom de Victorieux, et qui est le fondateur des villes de Stralsund (1209) et de Reval (1219), régnait sur tous les pays des côtes entre l'Elbe et la Duna. Enfin, trahi par la fortune, il fut surpris par son ennemi (1223), le comte Henri de Schwérin, qui le retint captif pendant trois ans. C'est alors que les nombreux vassaux de Waldemar se soulevèrent pour secouer le joug danois, et que Lübeck et Hambourg se constituèrent en villes libres impériales. Le roi, rendu à la liberté, tenta encore une fois de reprendre les provinces perdues; mais défait par ses vassaux à la bataille de Bornhœvède, en Holstein (1227), il ne lui resta de toutes ses conquêtes que l'île de Rügen, la ville de Reval et l'Estonie, que ses successeurs ne surent pas conserver. Après la mort de Waldemar II, qui, dans ses dernières années, se consacra entièrement au gouvernement intérieur de ses États, le Danemarck fut livré à l'anarchie, déchiré par les grands et le clergé, qui cherchaient à accroître leur autorité aux dépens de la couronne; l'ambition de l'archevêque de Lund joua un rôle important dans ces dissensions. Le trône fut souvent souillé par des assassinats. L'histoire de la Norwège présente encore un tableau plus déplorable de désordres et de cruautés que celle du Danemarck.

63. L'introduction du christianisme en Suède, qui exerça d'ailleurs une si bienfaisante action sur les progrès de l'agriculture, qui amena l'adoucissement des mœurs et l'abolition de la servitude, donna naissance à une distinction des classes inconnue jusqu'alors aux hommes libres de ce pays. Il s'y forma une noblesse et un ordre clérical, qui posèrent insensiblement des limites aux libertés générales de la nation et à l'autorité royale. Le clergé, enrichi par de fréquentes dotations, obtint de nombreux priviléges et s'appropria une grande partie du territoire. Il détermina les Suédois chrétiens à entreprendre des croisades contre les peuples finnois voisins, encore adonnés au paganisme. Ces expéditions valurent au roi

Eric-le-Saint la conquête d'une grande partie de la Finlande (1157). Son successeur, Charles VII (1161-1168), de la famille des Suerker, réunit la Gothie à la Suède proprement dite. Après de longues et cruelles guerres civiles entre les dynasties royales des Bonde et des Suerker (1129-1250), la maison folkungienne monta sur le trône dans la personne de Waldemar Ier (1250). Les rois de cette nouvelle race (1250-1389) étendirent la domination de la Suède sur la Carélie et eurent de fréquentes guerres à soutenir contre les Russes.

64. L'autorité des rois du Nord était limitée par les États qui se formèrent dans les royaumes scandinaves après l'introduction du christianisme, quoique le système féodal ne s'y fût pas aussi complètement organisé que parmi les autres nations d'origine germanique.

La couronne des royaumes du Nord était élective, mais il était d'usage de choisir les rois dans la même famille. Le droit d'élection appartenait à la haute noblesse (*Jarls, Hersers*) et au clergé, qui tendaient à se rendre indépendans du pouvoir royal. Malgré cette lutte entre les diverses fractions de la race scandinave, la législation de ces peuples reçut des améliorations notables, que l'on peut reconnaître dans ses efforts pour réprimer la barbarie des jugemens de Dieu et des guerres privées.

Conquête de la Prusse par les chevaliers teutons, et de la Livonie par l'ordre des Porte-Glaives.

65. La croisade que les chevaliers teutons, à leur retour de la Palestine, ont entreprise contre les Borusses ou Lettons (branche des peuples esclavons, qui habitaient les pays situés entre la Vistule et le Niemen), est un des événemens les plus mémorables de l'histoire du Nord dans le treizième siècle. De quelques déplorables cruautés qu'ait été accompagnée cette guerre, elle servit à étendre le christianisme et la domination allemande sur les côtes de la Baltique. La fameuse mission de l'évêque Albert de Prague, qui mourut martyr de son dévoûment (997), peut être regardée comme la première tentative faite pour répandre la doctrine chrétienne dans ces pays. Les ravages exercés par les Borusses dans le duché de Mazovie (Varsovie) (1226) déterminèrent le duc Conrad à appeler à son secours Herman de Salza, alors grand-maître de l'ordre teutonique, en lui cédant le territoire de Culm et de tous les pays qu'il enlèverait aux habitans de la Prusse. Ce n'est qu'après une guerre d'extermination de cinquante-trois ans (1230-1283) que les Teutons parvinrent à soumettre les sauvages Borusses. La fondation d'un grand nombre de couvens, d'évêchés, et celle de plusieurs villes (Marienbourg, Elbing), peuplées de colonies allemandes et devenues florissantes depuis, ont été le résultat de cette conquête. Vers la

même époque eut lieu celle de la Livonie, commencée sous les auspices de l'évêque Albert (1202), fondateur de l'ordre des chevaliers Porte-Glaives et de la ville de Riga, et achevée par suite de la réunion des deux ordres sous le même grand-maître (*Heermeister*) (1237). Depuis cette union, les conquêtes des deux ordres s'étendirent sur toute la Prusse proprement dite, la Courlande, la Sémigalle, la Livonie, et même sur une partie de la Poméranie (1237-1288).

SOURCES. — BACZKO, *Histoire de la Prusse.* — KOTZEBUE, *Preussens ältere Geschichte.* — REITEMEIER, *Geschichte der preussischen Staaten vor und nach ihrer Vereinigung in eine Monarchie.*

La Pologne.

66. Les fréquens partages de succession, usités parmi les chefs de la nation polonaise, donnèrent lieu à des guerres de famille, qui devenaient un obstacle à la réunion des diverses parties de la Pologne sous un seul sceptre. Ces funestes querelles, dont l'origine remonte à la mort du duc Boleslas III (1138) et aux divisions territoriales qui s'en suivirent, aggravèrent le danger auquel la Pologne était exposée dans sa lutte contre les Borusses, et préparèrent l'arrivée des chevaliers teutons. Ces troubles furent interrompus en 1240 par l'invasion des Mongols, venus de la Russie. La victoire sanglante que ces hordes asiatiques remportèrent sur les chrétiens à Liegnitz, en Silésie (1241), entraîna la

dévastation de la Moravie et des contrées situées sur les rives de l'Oder. Ce n'est qu'après la retraite de ces barbares que, vers la fin du treizième siècle, il se forma sur la Wartha et sur la Vistule deux États (la grande et la petite Pologne), dont la réunion sous un chef unique constitua, au commencement du siècle suivant, le royaume de Pologne.

SOURCE. — *Histoire générale de Pologne*, par le chevalier de Solignac, continuée dans la traduction allemande par Pauli.

La Hongrie.

67. Les Hongrois, sous le règne de Ladislas Ier et de Coloman, son fils (1077-1114), étendirent leur domination sur la Croatie (1095), la Dalmatie (1105) et sur la plus grande partie des côtes de la mer Adriatique. Dans l'intervalle qui sépare le règne du roi Geisa II (1141), de celui d'André II (1205-1235), la Hongrie fut ravagée par des guerres intestines et compta sept rois dans l'espace de quarante-quatre ans. Le roi André, à son retour de la croisade, trouva le pouvoir royal dans un tel état d'affaiblissement, qu'à la diète de 1222 il se vit contraint de garantir formellement les priviléges de la noblesse par une charte (*la bulle d'or*), dont les dispositions en 1235 furent aussi appliquées au clergé. Béla IV, fils d'André II (1235-1270), fit quelques tentatives pour relever les droits de la couronne, en protégeant l'établissement de la horde tartare des Cumans, venus

de la Bulgarie, d'où les avaient chassés les Mongols. La terrible invasion de ces derniers, sous les khans Batu et Gajouk (1241), anéantit tous les projets du roi. Béla, défait près de la rivière de Sajo, chercha un refuge en Dalmatie, où il resta caché jusqu'à ce que la Hongrie eut recouvré la liberté (1244), après trois ans d'une cruelle oppression. Le roi repeupla son pays, en y appelant des colonies italiennes et allemandes; il favorisa l'émancipation des serfs qu'on employa à l'agriculture, et fonda quelques villes, parmi lesquelles celle de Bude est la plus remarquable (1245). Une nouvelle incursion des Mongols unis aux Cumans, fut repoussée par le roi Ladislas IV (1285). La race d'Arpad, qui régna en Hongrie, s'éteignit à la mort d'André III (1301); la couronne échut à la maison d'Anjou de Naples, dans la personne de Charles Robert, époux de Marie, la fille du roi de Hongrie Étienne V. Le nouveau roi, soutenu par le pape et une partie de la noblesse, se maintint sur le trône pendant vingt-cinq ans, sans convoquer de diète, et malgré l'oppression qu'il fit peser sur les nobles et le clergé (1307-1342).

SOURCES. — WINDISCH, *Geschichte der Ungarn von den œltesten Zeiten bis auf die jetzigen.* — ENGEL, *Geschichte von Ungarn.* — VINZ, *Ungarischer Plutarch.*

La Russie.

68. Le partage que Wladimir-le-Grand avait fait de ses États (1015) livra la Russie à des dissen-

sions intestines, qui se prolongèrent jusqu'au moment de l'invasion des Mongols, sous les descendans de Gengis-Khan (1235). Tschutschi, fils aîné de ce conquérant, défit les Russes sur les bords de la Kalka, près d'Azow; et Batu, après s'être emparé de Moscou et de Kiew (1237), s'avança jusqu'à Nowgorod. Les conquêtes des Mongols s'étendirent sur tous les pays depuis le Dnieper jusqu'à la Vistule. La victoire éclatante que le czar Alexandre Newsky remporta sur les chevaliers Porte-Glaives (1241), sur les rives de la Newa, et les concessions que Batu-Khan fit à ce monarque, en lui donnant le titre de grand-duc, à la condition de payer tribut et de reconnaître la souveraineté de la grande horde des Tartares du Kaptschak, ne purent soustraire la Russie à toutes les rigueurs du joug des Mongols qu'elle subit pendant deux siècles.

SOURCES. — Les Annales de NESTOR et de ses continuateurs (858-1203). — JOSEPH MÜLLER, *Histoire de Russie d'après Nestor*. (Nestor, le plus ancien chroniqueur de la Russie, fut moine dans un couvent de Kiew (1100). Il a écrit sa chronique en langue esclavonne, sa langue nationale, à la fin du onzième siècle. Il a eu plusieurs continuateurs. L'historien allemand Schlœzer a le mérite d'avoir fait connaître le premier les Annales du moine russe). — LEVESQUE, *Histoire de Russie*, t. I-V. — SCHLOEZER, *Handbuch der Geschichte des Kaiserthums Russland bis zum Tode Catharinas II, aus dem Russischen*. — KARAMSIN, *Histoire de l'empire de Russie jusqu'en 1560*, traduite par Saint-Thomas et Jauffret.

QUATRIÈME PÉRIODE.

(1300–1500.)

Depuis la décadence du despotisme papal et les progrès du pouvoir politique du tiers-état dans les principaux pays de l'Europe, jusqu'à la fin du quinzième siècle.

OBSERVATIONS GÉNÉRALES.

Cette période, qui termine l'histoire du moyen âge, offre le tableau d'une amélioration sensible dans l'état social des principaux peuples de l'Europe. Le despotisme papal est ébranlé par le pouvoir temporel, par les divisions nées dans le sein même de l'Église, et par les tentatives de réforme, expression d'un besoin généralement senti. Les lumières se répandent avec rapidité; les institutions d'enseignement se multiplient et s'étendent; les livres qui peuvent arriver à toutes les mains, depuis l'invention de l'imprimerie (1436), facilitent l'instruction aux classes inférieures de la société. Les belles-lettres renaissent, et se perfectionnent à mesure que les langues nationales se développent. L'antiquité ouvre à l'esprit de recherche de nombreux trésors, long-temps enfouis dans les cloîtres, et excite le goût de l'imitation. L'Italie jouit d'une paix durable et des avantages qu'elle retire de son commerce et de son industrie; elle devient le principal foyer des lettres et de la science, et le second berceau des beaux-arts, qui s'enrichissent par l'invention de la peinture à l'huile et par celle de la gravure en cuivre. Le Dante, Pétrarque et Boccace parviennent à restaurer la langue, à réveiller la poésie, sous la protection des Médicis. Asile des savans grecs expulsés de Constantinople, l'Italie préside à la renaissance de la littérature ancienne. L'accroissement de l'industrie et du commerce dans les villes italiennes, flamandes et anséatiques est une autre source de civilisation, de richesses et de lumières. L'art de la navigation se perfectionne ; il multiplie les communications entre les différentes parties du globe, et ouvre de nouveaux débouchés aux produits de la terre et à ceux des manufactures.

La création des armées permanentes et l'application de la poudre à canon à l'art de la guerre hâtent la destruction du système féodal au profit de la royauté. Avec ces innovations cessent les tournois, les combats à outrance et tous les usages de la chevalerie, pour faire place à une nouvelle tactique qu'introduit l'emploi des armes à feu (vers 1432). Toutes ces inventions dans les sciences et les arts agrandissent la sphère des connaissances et donnent une impulsion puissante à l'activité de l'esprit humain.

Dans l'ordre politique, il y a lutte constante et opiniâtre entre la féodalité, la royauté et la bourgeoisie. La royauté, qu'on voit presque partout triompher de la féodalité, est arrêtée dans sa tendance au pouvoir absolu par les prétentions rivales des corps politiques, premiers essais du système représentatif et le résultat de la marche progressive de la civilisation. La bourgeoisie, qui a acquis de l'importance par ses richesses et ses armes, est partout admise à ces assemblées, sans pressentir encore la gravité du rôle auquel elle sera un jour appelée. L'intervention des corps politiques dans les affaires du pays varie selon l'esprit de la localité et la forme du gouvernement. Passagère en France, quoique très-efficace dans les momens où elle s'exerce, elle est plus durable en Espagne. En Angleterre, la division du parlement en deux chambres et la part active que les communes prennent au vote de l'impôt, rendent l'influence de la bourgeoisie plus directe et plus décisive. En Allemagne, au contraire, elle se perd par le morcellement du territoire et par la puissance des grands vassaux. De quelque manière qu'on envisage du reste l'action que ces grandes assemblées politiques ont eue sur le gouvernement, on ne saurait méconnaître leur effet moral, comme protestation solennelle contre le despotisme, et comme manifestation constante de quelques principes tutélaires de la liberté des peuples.

Les progrès dans la législation et dans l'administration de la justice ne sont pas moins remarquables dans cette période. La concentration du pouvoir judiciaire dans la main du monarque ne contribue pas seulement à l'accroissement du pouvoir souverain, mais facilite aussi l'abolition de l'usage barbare du combat en champ clos. L'introduction des lois romaines produit un effet salutaire sur le droit coutumier, sur la marche de la procédure et l'étude de la jurisprudence. L'établissement des parlemens comme corps judiciaires en France, des hautes cours de justice en Angleterre, et l'institution de la paix publique et de la chambre impériale en Allemagne, font tomber les justices féodales, règlent et fortifient dans ces pays l'action du pouvoir souverain. C'est alors qu'on voit naître la magistrature, qui a si puissamment contribué à rectifier les idées en matière de législation et de droit politique.

Décadence du pouvoir papal.

1. La puissance papale, fondée par Grégoire VII et Innocent III sur le principe de la soumission du pouvoir temporel au pouvoir spirituel, avait été portée au plus haut degré par Boniface VIII (1294-1303). Ce pontife chercha à affermir sa puissance par des moyens violens, et ne comprit pas les progrès que les lumières, l'opinion des peuples et le pouvoir des rois avaient faits depuis le treizième siècle.

Ses démêlés avec le roi Philippe-le-Bel, soutenu par les légistes et par les États généraux, devinrent funestes au pouvoir absolu de la cour de Rome, et annoncèrent le déclin de l'influence morale que la papauté avait exercée pendant des siècles sur les princes et sur les peuples de l'Europe.

Philippe, en faisant brûler la bulle du pape, brava l'excommunication et y répondit par un appel au futur concile. L'exemple du roi de France ne manqua pas d'imitateurs parmi les princes séculiers, qui proclamèrent leur indépendance à l'égard du pouvoir spirituel.

2. Le pouvoir absolu des papes une fois attaqué, continua à s'affaiblir et à perdre de son prestige dans l'opinion des souverains et des peuples, depuis la translation du saint-siége de Rome à Avignon, et l'avènement de Clément V à la tiare, grâces à l'influence française (1305). Malgré les efforts des pontifes romains pour maintenir leur autorité, elle déclina dans l'antique capitale de la chrétienté, dont les habitans se révoltèrent, comme dans les autres pays de l'Europe. Les papes, pendant le long séjour qu'il firent à Avignon (1309-1376), étaient devenus les instrumens serviles de la politique des rois de France. C'est durant cette espèce de captivité que se développèrent les germes du schisme de quarante ans (1378-1418), qui divisa l'Église depuis la double élection d'Urbain VI et de Clément VII, et qui donna lieu à de nombreux scandales. Ce schisme,

en affaiblissant le respect des chrétiens pour l'infaillibilité papale, servit à les convaincre de la nécessité d'une réforme dans le gouvernement de l'Église et dans les mœurs du clergé. Les conciles qui se succédèrent, depuis celui de Pise (1409) jusqu'à ceux de Bâle (1431) et de Florence (1439), firent de vaines tentatives pour procéder à cette réforme. On y proclama l'important principe que les conciles étaient supérieurs au pape, et dès ce moment les souverains pontifes se virent obligés de reconnaître la juridiction suprême des pères du concile, qui disposaient à leur gré de la couronne pontificale. Ces assemblées, ennemies de la toute-puissance des papes, s'opposèrent pourtant opiniâtrement aux tentatives de réforme faites par Wicleff en Angleterre, et par Jean Huss en Bohème.

La condamnation de ce dernier par le concile de Constance (1415), malgré le sauf-conduit de l'empereur Sigismond, prouve l'aveugle fanatisme de cette assemblée. La cruelle sentence qui frappa Huss et son jeune disciple Jérôme de Prague fit éclater la sanglante guerre des Hussites. Cette guerre ravagea l'Allemagne pendant dix-huit ans (1418-1436), sans étouffer les idées que ces réformateurs avaient semées parmi leurs sectateurs.

C'est vers cette époque aussi que les pragmatiques-sanctions (concordats) de Bourges (1438) et de Mayence (1439) consacrèrent solennellement des principes favorables au pouvoir temporel des rois et à l'indépendance du clergé.

SOURCES. — Schroeck's *Kirchengeschichte.* — Spittler's *Geschichte der christlichen Kirche.* — *Histoire du différend entre le pape Boniface VIII et Philippe-le-Bel, roi de France,* par Pierre Du Puy, publiée par Jacques Du Puy. — Labbei *Acta conciliorum.* — Æneæ Sylvii *Historia Bohemica.* — Daunou, *Essai sur la puissance temporelle des papes.* — Matter, *Histoire de l'Église.* — *Musée des Protestans célèbres,* t. Ier.

La France.

3. La royauté féodale, fondée en France par l'habile politique de Philippe-Auguste, avait pris depuis une attitude plus ferme et plus souveraine; l'étude du droit romain et la lecture de la Bible servirent beaucoup à relever dans l'opinion du peuple l'idée qu'on se faisait de l'autorité royale. Les légistes de cette époque s'appliquèrent à distinguer la qualité de roi de celle de seigneur suzerain. Philippe IV, dit le Bel, petit-fils de Louis IX (1285-1314), prince arrogant, ambitieux, opiniâtre, avide de richesses et de pouvoir, s'allia avec les communes pour consolider la puissance monarchique; il profita adroitement de toutes les circonstances pour ruiner la féodalité et abaisser la papauté, dès que Boniface VIII se fut avisé de s'opposer à ses desseins. Les démêlés du roi avec ce pape, qui lui avait défendu d'imposer le clergé (1302), amenèrent la convocation des *États généraux,* où furent admis les députés des communes ou le *tiers-état.* Du reste, la réunion des États généraux, où les trois ordres

votaient séparément, ne fut pour Philippe-le-Bel qu'un moyen d'obtenir plus facilement des subsides. Ces assemblées, devenues momentanément si exigeantes sous le règne de Jean-le-Bon (1350-1364), lorsqu'elles eurent le sentiment de leur force, ne prirent pourtant qu'une faible part à la puissance législative ou à l'administration du pays. Leurs fonctions se réduisaient au vote des impôts; elles y ajoutaient le droit de pétition, en adressant au roi des doléances, qui furent rarement écoutées.

Philippe-le-Bel trouva encore d'autres ressources pour augmenter son pouvoir et ses richesses. L'altération des monnaies fut pour lui un moyen de ruiner la puissance de l'aristocratie, qu'il appauvrit et qu'il empêcha de se livrer à des guerres privées. Le parlement, fixé à Paris, contribua aussi à consolider son autorité, et le procès des Templiers, qu'il entreprit de concert avec le pape Clément V (1307-1314), suivi de l'abolition de cet ordre au concile de Vienne (1312), et du supplice du dernier grand-maître Jacques de Molay (1314), accrut considérablement le trésor royal.

Les règnes de Louis X, le Hutin (1314-1316), de Philippe V, le Long (1316-1322) et de Charles IV, le Bel (1322-1328), les fils et successeurs de Philippe-le-Bel, ont été remplis de troubles causés par des embarras financiers, qui donnèrent lieu à de nombreuses altérations des monnaies, à des persécutions atroces contre les Juifs et à de fréquentes convocations des États généraux. Quoique l'affranchissement des serfs attachés aux domaines de Louis X (1315) ne fût qu'un moyen d'obtenir de l'argent, cet acte ne devint pas moins le signal de l'émancipation progressive de la masse du peuple.

4. L'avènement de la famille des Valois (1328) dans la personne de Philippe VI, neveu de Philippe-le-Bel (1328-1350), amena de longues et sanglantes guerres entre les Anglais et les Français. Ces guerres entravèrent l'accroissement de l'autorité royale en France, et firent naître entre les deux peuples une rivalité nationale qu'alimenta depuis le développement de leur commerce et de leur industrie.

La fréquente tenue des États généraux, que le besoin d'argent rendait nécessaire, releva l'importance de ces assemblées et engagea une lutte vive, mais passagère, entre la monarchie et le peuple. Elle fut surtout sérieuse pendant la captivité de Jean-le-Bon, lors de la régence du dauphin Charles (1356-1360), et ne fut assoupie que par l'habile prévoyance de ce prince, qui profita adroitement des divisions et de la lassitude du peuple de Paris, pour mettre un frein aux exigences des États généraux. Déjà ceux de 1339 avaient posé le principe, devenu depuis fondamental dans tous les pays constitutionnels, que le roi n'avait pas le droit de lever des impôts ou des tailles sans le consentement des trois ordres. « On ne pourra imposer ni lever de tailles en France, sur le peuple, que de l'octroi des gens des

États, si urgente nécessité ou évidente utilité le requérait. » Ceux de 1345 accordèrent une taxe sur la vente des boissons et sur la consommation du sel (*la gabelle*), pendant la guerre seulement.

Les actes arbitraires que Philippe se permit dans les derniers temps de son règne, l'altération des monnaies et les essais qu'il tenta depuis la défaite de Crécy pour établir des taxes sans consulter les États, furent sur le point de causer un soulèvement général. Il faut aussi rapporter au règne de Philippe de Valois la création des *appels comme d'abus* (1330), destinés à restreindre la juridiction ecclésiastique, et à étendre celle du parlement. La réunion du Dauphiné au domaine de la couronne (1349), en vertu du testament de Humbert II, dernier dauphin du Viennois, n'a été qu'un faible dédommagement de tous les maux que la France a soufferts pendant ce règne.

5. Les États généraux et surtout ceux du Nord ou de la Langue-d'Oïl (1355 et 1356), profitèrent des embarras du trésor, suite de la reprise des hostilités contre les Anglais sous le règne de Jean-le-Bon (1350-1364), pour accroître leur influence et pour poser de nouvelles limites à la royauté. Au lieu de se borner au vote des impôts, ces États se réservèrent la surveillance de la levée et de l'emploi des subsides ou *aides* ; ils décrétèrent que nul ne serait exempt de les payer, et nommèrent une commission permanente, composée de trois membres de chaque

ordre (les généraux ou surintendans des aides), pour surveiller le gouvernement pendant la vacance des sessions. La résistance du dauphin, qui prit le titre de régent pendant la captivité de son père, ne fit qu'aigrir les esprits et ajouter au mécontentement du peuple. Les États généraux de 1357, dirigés par Robert-le-Coq, évêque de Laon, et Étienne Marcel, prévôt des marchands de Paris, s'arrogèrent le droit d'imposer au dauphin des ministres et des conseillers choisis dans leur sein. Ces désordres servirent les projets ambitieux de Charles-le-Mauvais, roi de Navarre, qui se mit à la tête des halles ou corporations de Paris, et favorisèrent l'invasion des Anglais, les brigandages des *Routiers* ou *Soudards,* et les troubles de la *Jacquerie* (la révolte des paysans). Les excès de l'anarchie et la prudence du dauphin, qui avait convoqué à Compiègne des États plus dociles à sa volonté, facilitèrent le rétablissement du pouvoir royal et firent écrouler cette souveraineté passagère des États généraux (1358).

L'extinction de l'ancienne maison de Bourgogne (1361), dans la personne de Philippe de Rouvres, descendant du duc Robert, petit-fils de Hugues-Capet, eut opéré la réunion de la Bourgogne à la couronne; mais le roi Jean jugea à propos de donner cette province à titre d'apanage à son quatrième fils, Philippe-le-Hardi (1363). Ce prince devint ainsi le fondateur de la seconde maison de Bourgogne, si redoutable depuis aux rois de France. Quelques années auparavant, le même roi, contrairement au système suivi depuis Philippe-Auguste, détacha de la couronne les duchés de Normandie, d'Anjou et de Berri, et en donna l'investiture à ses trois fils aînés. C'était rendre l'existence aux grands fiefs.

6. Charles V, le Sage (1364-1380), après avoir vaincu la résistance des États généraux, négligea de les convoquer et les remplaça par un simulacre d'assemblée nationale, composée de prélats, de nobles et d'officiers municipaux (*les notables*) que le roi appelait auprès de lui, afin d'obtenir un simulacre d'autorisation pour lever les impôts. Quelquefois il faisait approuver et enregistrer ses ordonnances dans des *lits de justice*, c'est-à-dire dans des assemblées solennelles du parlement, en y adjoignant aux conseillers ordinaires, des prélats, des seigneurs et quelques notables de Paris, dévoués au pouvoir. C'est dans un de ces lits de justice que, pour abréger la durée des régences, la majorité du roi fut fixée à quatorze ans, et que la régence fut séparée de la tutèle. Le règne de Charles V est d'ailleurs mémorable par une prudente économie, par des ordonnances favorables à la liberté du commerce, par les entraves mises aux guerres privées et au pillage des *Malandrins (Routiers)*, et par la protection que ce prince accorda à l'enseignement et aux lettres.

7. L'ordre que les sages mesures de Charles V avaient rétabli fut de nouveau troublé sous son successeur Charles VI (1380-1422). Pendant que les princes du sang, oncles du roi mineur, se disputaient

le pouvoir, les États généraux firent quelques tentatives pour reprendre l'autorité qui leur échappait. Le duc d'Anjou, qui avait obtenu la régence, en profita pour piller le trésor royal et pour lever des taxes arbitraires malgré la résistance des États. Ces abus de pouvoir firent éclater l'insurrection parisienne des *Maillotins*, qui ne fut réprimée que par la force des armes. L'oppression s'étendit sur toute la France : une taille générale fut imposée au royaume, sans que le clergé et la noblesse en fussent exceptés. Le roi, parvenu à la majorité (1388), essaya de gouverner, en éloignant ses oncles et en choisissant des ministres plus populaires.

Le connétable Olivier de Clisson eut une grande part à la direction des affaires. Le peuple avait l'espoir d'être soulagé, lorsque la démence du roi plongea le pays dans de nouveaux malheurs (1392), et le livra aux guerres civiles causées par la rivalité des maisons d'Orléans et de Bourgogne, qui se disputaient le pouvoir en trompant le peuple. La haine des deux factions trouva un aliment dans la conduite imprudente d'Isabeau de Bavière, épouse de l'infortuné Charles VI.

L'assassinat du duc d'Orléans (1407), frère du roi, tué par les ordres de Jean-sans-Peur, duc de Bourgogne, mit le comble à l'animosité des deux partis, et accrut la puissance du dernier de ces ducs, qui recherchait la popularité. Le comte d'Armagnac, connétable de France, devint le chef de la ligue qui se forma contre Jean-sans-Peur.

Toute la France se divisa en deux camps, que la reine trahissait tour à tour. La guerre étrangère vint se joindre à ces calamités (1415); le pays, écrasé par les impôts, fut à la fois livré à la fureur des factions et aux attaques des Anglais. Le duc de Bourgogne fut poignardé sur le pont de Montereau par Tannegui-Duchâtel (1419); sa mort mit fin aux négociations entamées par le dauphin Charles. La reine, alliée à Philippe-le-Bon, fils de Jean-sans-Peur, hâta la conclusion du traité de Troyes (1420), qui enleva au dauphin la succession au trône, et fit passer le sceptre à Henri V, roi d'Angleterre, époux de Catherine de France. La capitale fut ouverte aux Anglais. A la mort de Charles VI (1422), précédée de celle de Henri V, son gendre, Henri de Lancastre, encore au berceau, fut proclamé roi de France sous la régence du duc de Bedford, son oncle, tandis que Charles VII, errant sur les rives de la Loire, confiait le sort de la couronne à la fidélité et à la bravoure d'un petit nombre de partisans.

8. Charles VII, qu'on a surnommé le Victorieux, a dû la conservation du trône moins à son mérite personnel qu'à un heureux concours de circonstances, et à la valeur de ses généraux et de ses soldats, électrisés par l'apparition presque miraculeuse de Jeanne-d'Arc (1429). La réconciliation du roi avec Philippe-le-Bon par la paix d'Arras (1435), les troubles qui éclatèrent en Angleterre pendant la mi-

norité de Henri VI, l'établissement de la milice permanente et la levée d'une taille perpétuelle pour subvenir à l'entretien des troupes sans l'intervention des États généraux, ont contribué à l'affermissement de l'autorité royale. La convocation des États généraux fut jugée superflue, tandis que le parlement, que le peuple s'habituait à regarder comme son protecteur naturel, gagnait en considération, grâces à ses lumières et à sa fermeté. Déjà à la fin du règne précédent ce corps judiciaire prétendait au droit d'examiner les ordonnances royales et de refuser l'enregistrement. La *Praguerie*, rébellion de quelques princes du sang et d'une partie de la noblesse (1440), à la tête de laquelle on vit figurer le dauphin Louis, avide de régner, fut réprimée avec énergie et ne porta aucune atteinte au pouvoir royal. Le procès du duc d'Alençon, qui fut la suite de cette insurrection, fournit au parlement le moyen de s'arroger les droits d'une cour des pairs.

Le règne de Charles VII, si fécond en graves événemens, est aussi remarquable par l'établissement des libertés de l'Église gallicane. La pragmatique-sanction de Bourges (1438) ratifia les décrets du concile de Bâle (1431), qui restreignaient la puissance papale [1]. Cette pragmatique, suspendue par Louis XI, qui espérait mettre le pape dans ses inté-

---

[1] La pragmatique-sanction de Bourges rétablit les élections des évêques, et abolit les impôts levés sur le clergé sous le nom d'*annates* et de *réserves*. Elle arrêta l'abus des appels à la cour de Rome et fut enregistrée par le parlement.

rêts, fut totalement anéantie par le concordat que François 1ᵉʳ conclut avec Léon X (1516).

Guerres entre la France et l'Angleterre.

9. La rivalité entre la France et l'Angleterre, dont l'origine remonte à l'avènement des Plantagenets au trône de ce dernier pays, était entretenue par la position géographique des deux royaumes et par les rapports féodaux qui existaient entre leurs souverains. Elle éclata pour la première fois dans cette période par une querelle entre Philippe-le-Bel et Édouard Iᵉʳ (1297-1303). Ces hostilités, encore peu importantes en elles-mêmes, et presque aussitôt terminées par une trêve, donnèrent lieu à l'alliance (1296) de Philippe avec l'Écosse et à celle d'Édouard Iᵉʳ avec l'empereur Adolphe de Nassau et Guy, comte de Flandre. La révolte des Flamands (1302-1304) fut un mouvement populaire, et amena une lutte sanglante et ruineuse pour la France, qui les opprimait, mais glorieuse pour le courage des Flamands, qui, malgré leur défaite à Mons-en-Puelle, conservèrent leurs franchises et obtinrent la liberté de leur duc. L'avènement de Philippe VI, de Valois, au trône de France (1328), contesté par les prétentions du roi Édouard III, d'Angleterre, comme petit-fils de Philippe-le-Bel par sa mère, devint la cause de la terrible rivalité entre les deux pays, qui se prolongea au-delà d'un siècle et prit un caractère plus

national, parce que les Français furent obligés de combattre pour l'indépendance du territoire contre la domination étrangère. Édouard III, exclu par le parlement en vertu de la loi salique (1338), déclara la guerre à la France, se ligua avec les Flamands et l'empereur d'Allemagne, et chercha à se ménager des intelligences dans le sein de la noblesse française, toujours jalouse de l'autorité royale.

La guerre commença en 1340 par le combat naval de l'Écluse, dont l'issue fut fatale à la flotte française. La défaite de Philippe VI à la bataille de Crécy (1346), où l'on fit usage de la poudre à canon, entraîna la perte de Calais (1347). La terrible peste appelée la *mort noire*, qui ravageait alors une grande partie de l'Europe, et la famine, aggravèrent les maux de la guerre. Elle se ralluma avec plus de violence pendant le règne de Jean-le-Bon (1355), alimentée par les menées astucieuses du roi de Navarre, Charles-le-Mauvais, et les dévastations de la Jacquerie. Le Prince-Noir, fils d'Édouard III, remporta la victoire de Maupertuis, près de Poitiers (1356), et conduisit à Londres le roi de France prisonnier. Les États généraux repoussèrent, comme honteux pour la France, un traité qui devait rendre la liberté à Jean. Édouard porta la guerre jusque sous les murs de Paris; mais la paix de Bretigny arrêta l'effusion du sang (1360). Le roi d'Angleterre, tout en renonçant à ses prétentions à la couronne de France et à la Normandie, conservait les provinces occidentales et la ville de Calais.

10. La prudence de Charles V (1364-1382) répara les désastres que la France avait essuyés pendant le règne de son père, mort en captivité. Charles trouva dans le courage et l'habileté du connétable Bertrand Duguesclin un appui contre les projets ambitieux du roi de Navarre, le brigandage des Routiers et les hostilités des Anglais. Le connétable délivra la France des Routiers (1366) en les conduisant en Espagne, au secours de Henri de Transtamare, qui disputait le trône de Castille à Pierre-le-Cruel, son frère, soutenu par le Prince-Noir. Lors de la reprise de la guerre contre les Anglais (1369), Bertrand Duguesclin les harcela dans de petits combats et leur enleva la plus grande partie des provinces qu'ils possédaient encore en France (1376). La mort du prince de Galles, suivie de celle d'Édouard III, favorisa les succès des armées de Charles V. La minorité orageuse de Richard II, petit-fils d'Édouard III, la peste qui désola l'Angleterre, et l'invasion des Écossais, gouvernés depuis 1371 par Robert Stuart, suspendirent pour quelque temps les hostilités entre les deux peuples rivaux.

11. Le roi d'Angleterre Henri V, de la maison de Lancastre, prince guerrier, jaloux de rétablir la prépondérance des Anglais en France, profita des désordres qui agitaient ce pays pendant le règne de Charles VI pour renouveler les invasions suspendues depuis la mort d'Édouard III. La victoire d'Azincourt (1415), quoique sans résultat immédiat,

releva le nom anglais et préluda à de plus grands succès. Les négociations que Henri V ouvrit avec les partis qui divisaient la France, et les avantages que les Anglais remportèrent dans les provinces septentrionales, favorisèrent les desseins du roi d'Angleterre (1419). Le meurtre de Jean-sans-Peur, dont on accusa le dauphin, détermina la reine Isabeau, déjà alliée avec Philippe-le-Bon, à se jeter dans les bras des Anglais. La paix de Troyes, en Champagne (1420), fut la déplorable conséquence de cette coalition. Henri V fut proclamé régent du royaume de France. Pourtant les Anglais, vainqueurs à Auxerre et à Verneuil, échouèrent au siége d'Orléans, que défendit Dunois et que sauva Jeanne-d'Arc (1429). La captivité (1430) et la mort (1431) de cette héroïne n'abattirent pas le courage des Français. La paix d'Arras (1435) priva l'Angleterre du puissant secours des Bourguignons et facilita leur expulsion de la France (1453). La ville de Calais fut tout ce qui leur resta de leurs anciennes possessions.

La France sous Louis XI.

12. Le pouvoir monarchique, affermi à la fin du règne de Charles VII, se fortifia davantage sous Louis XI (1461-1483). Ce roi dissimulé, soupçonneux, pusillanime, mais actif, intrigant, populaire, concentra dans ses mains tous les moyens de gouvernement et éleva sa puissance sur la ruine de l'aristocratie féodale. Il choisit habituellement ses

ministres et ses conseillers parmi les hommes du peuple et souvent parmi ceux de la plus basse extraction.

D'abord obligé de combattre l'association de quelques princes du sang (1465) et des derniers grands vassaux de la couronne, connue sous le nom spécieux de *ligue du bien public*, il ne la vainquit qu'en semant la division parmi les seigneurs qui la composaient, et en violant la parole qu'il avait donnée lors du traité de Saint-Maur. Les États généraux ou les notables, réunis à Tours, se montrèrent dans cette circonstance tout dévoués aux intérêts du roi, parce que ses intérêts étaient conformes à ceux de la nation. La fidélité des bourgeois de Paris, gagnés par les promesses royales, fut d'un puissant secours à Louis dans la position périlleuse où il se trouvait. L'astuce de ce roi se dévoila surtout dans ses longues discussions avec Charles-le-Téméraire, dont le caractère à la fois véhément, arrogant, loyal et splendide contrastait vivement avec la duplicité, l'avarice et le froid égoïsme de son adversaire.

Louis XI employa tous les moyens pour déjouer les projets ambitieux du duc, dont le but était d'ajouter à ses grands fiefs de la Bourgogne, de la Franche-Comté et des Pays-Bas, de nouvelles provinces sur les deux rives du Rhin et dans la Suisse occidentale, peut-être même de placer sur sa tête la couronne royale de France.

Depuis 1467 jusqu'en 1475, l'histoire de France n'offre qu'une série d'intrigues, de perfides négociations, de basses trahisons, mêlées de combats, de trêves, de surprises, qui révèlent autant la conduite tortueuse de Louis XI, que les imprudences, les erreurs et les iniquités de Charles. L'entrevue au château de Péronne (1468) mit au grand jour la mauvaise foi du roi, et fut suivie d'un traité extorqué par la violence et aussi peu exécuté que les précédens. Dans la sanglante guerre qui en fut la suite (1472), le duc ravagea la Picardie et la Normandie, mais il échoua au siége de Beauvais, héroïquement soutenu par Jeanne Hachette. Louis XI, menacé par le roi d'Angleterre, Édouard IV, allié du duc de Bourgogne, acheta la paix à Péquigny-sur-Somme (*la trêve marchande*) (1475), et suscita à Charles de nouveaux ennemis en Allemagne, en Lorraine et en Suisse[1].

Abandonné par les Anglais et trahi par le connétable de Saint-Pol, le duc fut obligé de conclure la trêve de Saint-Quentin. Depuis cet instant, Charles-le-Téméraire ne s'occupa plus que de plans d'agrandissemens en Suisse, en Lorraine et sur le Rhin. Vaincu à Granson et à Morat par les Suisses (1476), ce prince ambitieux trouva la mort sous les murs de Nancy (1477). Louis XI, débarrassé de son ennemi, s'empara aussitôt d'Arras et du duché de Bourgogne. Le mariage de Marie, unique héritière

---

[1] Les négociations de Louis XI amenèrent la première alliance avec les confédérés de l'Helvétie (1475.) On stipula que le roi paierait 20,000 livres par an aux cantons, qui s'engagèrent à lui fournir 6,000 hommes.

de Charles-le-Téméraire, avec l'archiduc Maximilien, empêcha la réunion de la Franche-Comté à la France et établit la prépondérance de la maison de Habsbourg. La mort de Charles d'Anjou, comte du Maine, neveu du roi René d'Anjou, valut à la France l'acquisition de la Provence (1481). L'Anjou et le Maine avaient déjà été antérieurement incorporés aux domaines de la couronne.

De tous les grands vassaux de la France qui avaient autrefois enchaîné l'autorité royale, il ne restait plus que le duc de Bretagne. Les dernières années de Louis XI, qui s'était renfermé au château du Plessis-les-Tours, furent marquées par des actes de despotisme et de la plus absurde superstition, que lui inspiraient la crainte des conspirations et les angoisses de la mort. Esclave de son médecin, il espérait trouver le repos dans les pratiques d'une dévotion minutieuse, et s'entourait de reliques et d'amulettes. On doit à ce roi l'établissement des postes et des courriers (1464), dont il se servit comme d'un moyen d'espionnage et de haute-police.

La France sous Charles VIII.

13. Louis XI avait marché vers le pouvoir absolu, en divisant et en opprimant la noblesse; son fils Charles VIII (1483-1498), prince faible et bon, dont l'éducation avait été négligée par son père, suivit le conseil que lui donnaient ses ministres d'occuper la noblesse à des guerres étrangères. Cette politique ser-

vit à la fois à entretenir l'esprit belliqueux parmi la nation et à assurer la paix intérieure. Les États généraux convoqués à Tours (1484), pour décider la question de la régence, contestée entre Louis, duc d'Orléans, premier prince du sang, et Jean, duc de Bourbon, oncle du jeune roi, proclamèrent la majorité de Charles, et conférèrent l'administration à Anne de Beaujeu, sa sœur aînée, et à un conseil de douze personnes. Cette assemblée des États, où se fit entendre un langage populaire digne d'être remarqué, entreprit plusieurs réformes utiles au peuple. Les premières années du règne de Charles VIII furent troublées par une guerre civile, qu'excita l'insubordination du duc d'Orléans ligué au duc de Bretagne, à Maximilien d'Autriche et à d'autres seigneurs mécontens.

Le pouvoir royal fut derechef en péril; mais l'aristocratie succomba à la bataille de Saint-Aubin, en Bretagne (1488). Le duc d'Orléans fut pris, et François II de Bretagne obligé de faire la paix. La mort de ce duc allait rallumer la guerre, lorsque le mariage de Charles VIII avec Anne (1491), unique héritière de Bretagne, fit passer ce dernier grand fief à la couronne de France et consolida la royauté. Le dépit que Maximilien d'Autriche éprouva de cette union et du renvoi de sa fille Marguerite, promise à Charles VIII, provoqua une guerre à laquelle le roi Henri VII d'Angleterre prit part en assiégeant Boulogne. Elle ne fut que de courte durée et se termina par le traité de Senlis (1493), qui donna la Franche-

Comté, l'Artois et le comté de Charolais à l'Autriche. L'expédition aventureuse du roi de France dans le royaume de Naples, qu'il revendiqua en qualité d'héritier de la maison d'Anjou, et qui fut aussitôt perdu que conquis (1494), est le principal fait de ce règne; elle fut le signal des nombreuses guerres d'Italie, dont l'histoire appartient au seizième siècle, et qui donnèrent naissance à la politique moderne. Charles VIII, mort sans enfans (1498), laissa le trône au duc d'Orléans, qui prit le nom de Louis XII.

SOURCES. — Sur l'histoire de France de cette période: *Ouvrages contemporains.* 1º La *Chronique* de GUILLAUME DE NANGIS et de son continuateur, dans la collection des historiens français pour les treizième, quatorzième et quinzième siècles, par BUCHON. — 2º JEAN FROISSARD, *Histoire et chronique de* 1326-1399, continuée par un anonyme jusqu'en 1498. — 3º ENGUERRAND de MONSTRELET, *Chroniques de l'histoire de France*, 1400-1444, continuées par Mathieu de Coucy, 1444-1461. — 4º JEAN JUVÉNAL DES URSINS, archevêque de Reims, *Histoire de Charles VI*, 1380-1422, avec les additions de DENIS GODEFROY. — 5º JEAN CHARTIER, *Histoire de Charles VII*, 1422-1461, mise en lumière par DENIS GODEFROY. — 6º Le religieux de Saint-Denis, traduit par le père LE LABOUREUR. — 7º *Mémoires* de PHILIPPE DE COMINES, contenant l'*Histoire de Louis XI et de Charles VIII*, 1464-1498. — 8º *Les Mémoires* d'OLIVIER DE LA MARCHE, très-importans pour l'histoire de la cour de Bourgogne. — 9º *Mémoires* de JACQUES DU CLERQ, 1448-1467. — 10º GUILLAUME DE JALIGNY, *Histoire de Charles VIII*, 1486-1489. — 11º F. GUICCIARDINI, *Istoria d'Italia*, 1494-1532. — *Ouvrages modernes.* 1º RAYNOUARD, *Mo-*

numens historiques relatifs à la condamnation des Templiers. — 2° Anton, *Versuch einer Geschichte des Tempelherrnordens.* — 3° *Histoire de Jeanne d'Arc*, par Lenglet du Fresnoy. — 4° *Histoire de Jeanne d'Arc*, par Le Brun des Charmettes, 4 vol. — 5° Duclos, *Histoire de Louis XI.* — 6° Alexandre Dumesnil, *Le règne de Louis XI.* — 7° *Histoire constitutionnelle et administrative de la France depuis la mort de Philippe-Auguste*, par Capefigue. — 8° De Barante, *Histoire des ducs de Bourgogne.* — 9° Étienne Pasquier, *Recherches sur la France.* — 10° Henrion de Pensey, *des Assemblées nationales en France depuis l'établissement de la monarchie jusqu'en* 1614. — 11° Charles Nodier, *Histoire des États généraux de France.*

L'Angleterre.

14. L'Angleterre, à la fin de la période précédente avait obtenu des institutions politiques arrachées au pouvoir royal par les barons, et consolidées sous Édouard Ier. Le caractère faible et irrésolu de l'indolent Édouard II (1307-1327) plongea le royaume dans les maux de la guerre civile. Successivement dominé par l'étranger Gaveston, ensuite par les Spencer, le roi eut d'abord à combattre la noblesse mécontente qui cherchait à restreindre dans des limites plus étroites l'autorité royale, et bientôt après son épouse, Isabelle de France, reine ambitieuse et dépravée, qui, avec Roger Mortimer, son favori, se mit à la tête des rebelles.

Les revers qu'Édouard éprouva dans les guerres contre Robert Bruce d'Écosse (bataille de Bannockburn, 1314), et les insurrections fréquentes des Irlandais et des Gallois, ajoutèrent encore aux embarras de ce règne. Vaincu par Isabelle, qui trouva un soutien dans son frère Charles IV, Édouard II fut, par un arrêt du parlement, déclaré incapable de gouverner, et mourut en prison (1327).

15. Édouard III (1327-1377), sorti de la tutèle de sa mère et de celle du favori Mortimer, vengea la mort d'Édouard II. Sa prudence, son activité, son courage, réparèrent les fautes de son prédécesseur. Il sut relever l'autorité royale sans blesser les droits et les intérêts nationaux. Ses guerres contre l'Écosse, où il soutenait la famille des Baliol contre les Bruce, furent moins heureuses que celles qu'il fit à la France après l'avènement des Valois, auxquels il disputa le trône pendant les règnes de Philippe VI, de Jean-le-Bon et de Charles V.

Ces luttes imprimèrent une nouvelle énergie au caractère national des Anglais; elles nécessitèrent la convocation fréquente des parlemens, dont on compte jusqu'à soixante-dix sessions dans un espace de cinquante ans, et qui acquirent par là plus d'autorité et de considération.

Ce corps maintint non-seulement le grand principe du vote de l'impôt, mais il réclama aussi le droit de participer à la confection de chaque loi nouvelle et à chaque modification d'une loi ancienne. Il exigea que les ministres du roi lui rendissent compte de leur gestion. Le parlement se divisa définitivement

(1333-1347) en chambre haute ou des pairs, composée de la haute noblesse et des prélats, et en chambre basse ou des communes, où les petits propriétaires ou chevaliers de comté (*gentry*), venaient siéger à côté des députés des villes et des bourgs.

L'importance de la chambre des communes augmenta de plus en plus depuis cette époque : c'était de son consentement surtout que dépendait la levée des subsides. Malgré cet accroissement de la puissance parlementaire, et ces premiers essais du gouvernement représentatif, les limites des divers pouvoirs étaient encore si peu déterminées, qu'Édouard se laissa entraîner à plusieurs actes arbitraires. Ce prince, doué d'ailleurs des plus nobles qualités, a aussi le mérite d'avoir encouragé le commerce et l'industrie par l'introduction des manufactures de laines. Il abolit l'usage du français dans les actes publics.

16. La minorité de Richard II, fils du Prince-Noir, qui succéda à son grand-père Édouard (1377-1399), à l'âge de onze ans, fut aussi orageuse que celle de Charles VI en France. La chambre des communes profita de l'incertitude des pouvoirs pour augmenter ses prérogatives et pour se mêler du gouvernement, en revendiquant le droit de nommer les grands officiers de la couronne. A l'instar des États généraux de France, elle eut l'autorisation de surveiller l'emploi des subsides votés par le parlement. La puissance des communes était contre-ba-

lancée par l'ascendant que prenaient les trois oncles du roi, les ducs de Lancastre, d'York et de Glocester. C'est au milieu de ces débats qu'éclata la terrible insurrection des paysans (*Bondes* ou *Cotagers*) (1382), qui marchèrent sur Londres sous le commandement de Wat-Tyler (Walter-le-Tuilier) et du prêtre John Ball. Les serfs de la campagne, accablés de taxes et excités par les prédications du réformateur Jean Wicleff et de ses sectaires (les *Lollards*), réclamèrent l'abolition des impôts, l'affranchissement de tout servage et des droits égaux à ceux des classes supérieures. Cette rébellion, dirigée spécialement contre la noblesse et le clergé, échoua, grâces à la présence d'esprit du jeune roi et au défaut d'union et de plan de la part des insurgés.

A peine le royaume eut-il échappé à ce péril, que la légèreté, les prodigalités et le caractère violent du roi lui suscitèrent de nouveaux orages. D'abord l'aristocratie, irritée des faveurs qu'il accordait à des ministres corrompus, se ligua avec le duc de Glocester, oncle du roi, et avec la chambre des communes, et confia le gouvernement à une commission de quatorze seigneurs. Richard II, par un acte de courage, se délivra inopinément de cette tutèle, et s'empara d'un pouvoir arbitraire qui trouva même un appui dans les communes (1389). Mais il ne profita de son émancipation que pour commettre des cruautés et pour se livrer à des turpitudes. Le bannissement de son cousin, le duc de Lancastre, que Richard dépouilla de son héritage, joint à d'autres injustices et à un honteux armistice avec la France, souleva les esprits contre le jeune tyran, et favorisa les projets de Lancastre. Ce prince, soutenu par la majorité de la nation, arrêta Richard, qui, accusé et déposé par un acte formel du parlement, fut assassiné en prison. Henri de Lancastre occupa le trône (1399), et fut le premier roi de la *Rose-Rouge* (maison de Lancastre).

17. Henri IV (1399-1413) avait légitimé son usurpation en faisant intervenir l'autorité du parlement; il se maintint sur le trône par sa fermeté et la terreur qu'il inspira à ceux qui essayèrent de l'attaquer.

C'est ainsi qu'il triompha de la conspiration des Piercy de Northumberland (1403), soutenus par les Gallois, sous la conduite d'Owen Glendour. En même temps, la manière dont il était arrivé au trône, et les fréquentes conjurations qui agitèrent son règne, forcèrent Henri à se rendre populaire et à faire des concessions aux exigences de la chambre des communes, qui réclamait le droit de surveiller l'emploi des fonds publics, et l'éloignement de quelques officiers de la couronne.

18. Le trône passa sans obstacle à Henri V (1413-1422). Celui-ci signala son avènement par la réforme totale des mœurs dissolues qui avaient souillé sa jeunesse. Il sut, par une conduite prudente, ferme et modérée, se concilier l'affection de ses sujets et l'ap-

pui de l'Église, dont il se servit pour contrebalancer les prétentions des communes, alors ennemies du clergé et du pouvoir absolu. D'accord avec le parlement, il réprima les tentatives séditieuses des Lollards, il souleva et dirigea habilement l'humeur belliqueuse de la noblesse anglaise contre la France, et profita des divisions qui déchiraient ce royaume pendant le règne de Charles VI (1420). Le traité de Troyes et son mariage avec Catherine de France lui procurèrent la régence lors de la proscription du Dauphin; mais la mort l'enleva au milieu de sa brillante carrière (1422), et les deux couronnes passèrent à Henri VI, âgé de dix mois.

19. Pendant la minorité de Henri VI (1422-1436), le gouvernement de l'Angleterre fut confié au duc de Glocester, et celui de France au duc de Bedford, frères de Henri V. Bedford conduisit les affaires du continent avec une prudence et une habileté admirables; mais il ne put lutter contre la force des circonstances. Les succès des armes françaises, depuis l'apparition de Jeanne d'Arc, la réconciliation du duc de Bourgogne avec Charles VII, et les troubles qui éclatèrent en Angleterre, mirent fin à la domination anglaise en France (1453).

La majorité de Henri VI (1436-1461), devenu l'époux de l'ambitieuse et hautaine Marguerite d'Anjou, fut loin d'être favorable au repos de l'Angleterre.

L'incapacité du roi, l'esprit intrigant et inquiet

de la reine, la versatilité du parlement, dominé tour à tour par chaque faction, la turbulence de la noblesse, la férocité des mœurs et les desseins ambitieux des princes de la maison d'York, qui prétendaient au trône (1452), attisèrent le feu des guerres civiles. Ces guerres, connues sous le nom de guerres des Deux-Roses, ou des Lancastre et des York, déchirèrent l'Angleterre pendant trente ans. Richard, duc d'York, premier prince du sang, qui, du côté maternel, soutenait avoir plus de droit au trône que la maison de Lancastre, profita de l'agitation des esprits depuis l'assassinat du duc de Glocester pour se faire donner par le parlement le titre de protecteur. Appuyé par les communes et par le puissant comte de Warwick, Richard prit les armes contre Henri VI et le fit prisonnier à la bataille de Saint-Alban (1455).

Toute l'Angleterre se divisa alors entre la Rose-Rouge et la Rose-Blanche. Le parlement proclama le droit d'aînesse de la maison d'York (1460), tout en permettant à Henri VI de conserver la couronne jusqu'à sa mort. Marguerite, sans tenir compte de cet arrangement, recommença la guerre, vainquit Richard et Warwick, et délivra Henri VI (1461).

20. Les prétentions de Richard, tué à la bataille de Wakefield (1460), furent soutenues par son fils Édouard. Reconnu roi par le peuple et l'armée, Édouard fit sanctionner cette élection par le parlement (1461) qui se rendait l'instrument de tous les

actes arbitraires de la famille des York. C'est l'époque de l'avènement de la *Rose-Blanche* (maison d'York). Henri VI, détrôné et retenu captif par Édouard IV, fut encore une fois rétabli sur le trône par le courage de Marguerite et la défection de Warwick (1470), offensé de la conduite imprudente du jeune roi. Un nouveau parlement cassa les actes du précédent et reconnut Henri VI. Mais Édouard, appuyé par le duc Charles de Bourgogne, reprit les armes; la guerre se ralluma avec plus de fureur; Warwick fut défait et tué à Barnet (1471). La perte de la bataille de Tewkesbury décida la ruine du parti des Lancastre. Le meurtre de Henri VI et de son fils, et la captivité de Marguerite, assurèrent le trône à Édouard IV.

21. Édouard IV (1471-1483), pour consolider son pouvoir, fut obligé de sévir contre les princes de sa propre famille; il fit mettre à mort son frère, le duc de Clarence, accusé de conspiration. Après Édouard, le cruel duc de Glocester usurpa la couronne, en se souillant du meurtre de ses deux neveux (Édouard V et Richard), dont il était le tuteur, et prit le nom de Richard III (1483-1485). Maître du trône, l'astucieux usurpateur affecta de régner par les lois et la justice; mais il ne tarda pas à s'aliéner le duc de Buckingham son cousin, qui l'avait servi auparavant. Avide d'honneurs et de richesses, ce duc offrit le trône à Henri Tudor, comte de Richmont, issu par sa mère de la mai-

son des Lancastre, et alors réfugié en France. La tentative échoua, et Buckingham périt sur l'échafaud ; mais Richard ayant commis des cruautés nombreuses, tous les vœux appelèrent le comte de Richmont. Soutenu par une armée française, ce prince vainquit Richard à la bataille de Bosworth (1485). Tudor, proclamé roi sur le champ de bataille, sous le nom de Henri VII, réunit les droits des Deux-Roses, en épousant Élisabeth, fille d'Édouard IV (1486). La légitimité de Henri VII, reconnue par le parlement, fut confirmée par le pape.

22. La maison des Tudor occupa le trône d'Angleterre pendant tout le seizième siècle (1485-1603). Une grande partie du règne de Henri VII (1485-1509) fut agitée par des troubles que firent naître plusieurs faux prétendans, soutenus par les Yorkistes, ennemis du roi, qui montrait de la prédilection pour les partisans de la maison de Lancastre.

Lambert Simnel, fils d'un boulanger d'Oxford, l'un de ces prétendans, se fit passer pour le jeune comte de Warwick, fils du feu duc de Clarence, que Henri VII retenait prisonnier dans la Tour. Après avoir soulevé l'Irlande, il tenta un débarquement en Angleterre, mais il fut pris au combat de Stoke (1487). Le second prétendant, Perkin Warbek, prit le nom du duc d'York, frère cadet d'Édouard V. Plus audacieux et mieux appuyé que Simnel par la duchesse douairière de Bourgogne et le roi d'Écosse (1493), il essaya plusieurs invasions en Angleterre; mais abandonné à la fin par les siens, il se livra à Henri VII, qui le fit périr avec le jeune comte de Warwick (1499). Henri VII, comme tous les Tudor, montra pendant son règne une grande tendance au pouvoir absolu, et ses desseins n'étaient que trop bien secondés par la servilité d'un parlement corrompu.

Sous le prétexte de guerres étrangères, que Henri eut le soin d'éviter, il se fit accorder de fréquens subsides, qui servaient à augmenter ses trésors et sa considération; la noblesse fut opprimée; le peuple, écrasé d'impôts, accusait Empson et Dudley, deux légistes devenus ministres, des souffrances qu'il éprouvait.

Afin de ne pas violer ouvertement le droit qu'avait la nation de voter les impôts, ces deux ministres firent de l'administration même de la justice l'instrument de leur despotisme et de leur cupidité, en corrompant le jury et en encourageant la délation et l'espionnage.

SOURCES. — Pour l'histoire d'Angleterre de cette période, outre les grands ouvrages déjà cités de Rapin de Thoyras, de Hume, de Henry et de Lingard : 1° WALTHERI HEMINGFORD *de Rebus gestis Eduardi I, II et III*. — 2° CARY, *the History of Edward II*. — 3° WALSINGHAMI *Chronicon* (pour le règne d'Édouard III). — 4° *Historia vitæ et regni Richardi II a monacho quodam de Evesham consignata*. — 5° THOMAS DE ELENHAM, *Vita et res gestæ Henrici V*. — 6° GOODWIN, *History of the reign of Henry V*. — 7° HOLINGSHED, *Chronicon*. — 8° L'abbé PRÉVOST, *Histoire de Marguerite d'Anjou, reine d'Angleterre*. — 9° ROSEMOND, *Histoire des guerres civiles* d'Angleterre. — 10° Horace Walpole, *Historic doubts on the life and reign of king Richard III.* — 11° F. Baconis de Verulamio *Historia regni Henrici VII.*

L'Allemagne et la Suisse.

23. L'histoire d'Allemagne, depuis la mort de Rodolphe de Habsbourg jusqu'à l'avènement de Maximilien Ier (1291-1493), présente le tableau de nombreuses agitations, au milieu desquelles on remarque l'accroissement de la puissance des villes libres et de la souveraineté territoriale des vassaux. Les principales causes de cet agrandissement se trouvent dans les querelles des maisons de Luxembourg, de Bavière et d'Autriche; dans la négligence des empereurs à conserver leurs droits; enfin dans les grandes aliénations et concessions territoriales que ces princes ont été obligés de faire pour maintenir les vassaux dans l'obéissance.

24. C'est pendant le règne de l'empereur Albert Ier, fils de Rodolphe de Habsbourg (1298-1308), que prit naissance la confédération helvétique; elle fut le résultat de l'insurrection des petits cantons d'Uri, de Schwitz et d'Unterwalden, contre les avoyers de l'empereur, qui voulait leur ravir leur condition de vassaux immédiats de l'Allemagne, pour les asservir à la souveraineté territoriale de l'Autriche. La conjuration du Rütli (1307) a été immortalisée par les noms de Walter Fürst, Werner Stauffacher et

Arnold de Melchthal, les premiers fondateurs de la liberté helvétique. Cette insurrection, à laquelle vient se mêler glorieusement le nom de Guillaume Tell, n'avait pour but que la conservation des priviléges des trois cantons contre les injustes exigences de la maison d'Autriche. La victoire que les Suisses remportèrent sur les Autrichiens à Morgarten (1315), dans le canton de Schwitz, fut suivie de la ligue de Brunnen, conclue à perpétuité. De là date l'origine du nom d'*Eidgenossen* (hommes liés par le serment). Cette ligue devint la base du système fédératif des Suisses, fortifié depuis par l'accession d'autres villes et d'autres pays de l'Helvétie [1]. La bataille de Sempach (1386), illustrée par la mort héroïque d'Arnold de Winkelried, celle de Næfels (1388), et l'appui que les maisons de Luxembourg et de Bavière, ennemies de l'Autriche, prêtèrent aux confédérés, cimentèrent l'union des Suisses et servirent à augmenter le nombre des cantons. La ligue de Brunnen fut renouvelée en 1393.

SOURCES. — TSCHUDI, *Chronique helvétique*. — JEAN DE MÜLLER, *Histoire de la Suisse*. — TSCHOKKE, *Histoire de la Suisse*, et RAOUL ROCHETTE, *idem*.

25. La fin tragique de l'empereur Albert Ier, assassiné par son neveu (1308), le duc Jean de Souabe, favorisa les progrès de l'insurrection des Suisses,

---

[1] Lucerne entra dans la ligue en 1332; Zurich et Glaris, en 1351; Zug et Berne, en 1352.

et leur donna une protection dans la maison de Luxembourg. Henri de Luxembourg l'emporta sur Frédéric-le-Bel, duc d'Autriche, et Charles de Valois, ses concurrens au trône, parce qu'il paraissait moins redoutable qu'eux. Henri VII (1308-1313) fonda la grandeur de la maison de Luxembourg, en procurant le royaume de Bohème à son fils Jean, qui devint l'époux d'Élisabeth, sœur cadette du dernier roi Wenceslas III. Le nouvel empereur, guerrier et entreprenant, songea à profiter des querelles des Guelfes et des Gibelins, pour relever l'autorité impériale en Italie. Malgré sa fermeté et sa prudence, il ne parvint cependant pas à son but. Il échoua de même dans sa tentative de détrôner le roi de Naples, Robert d'Anjou, l'appui du parti guelfe (1313). La mort le surprit au milieu de ces démêlés, et l'Italie et l'Allemagne furent en proie à de nouveaux bouleversemens.

26. La division des électeurs produisit une double élection (1314). Les suffrages se partagèrent entre Louis V de Bavière, soutenu par Jean de Luxembourg, roi de Bohème, et Frédéric-le-Bel, duc d'Autriche, fils aîné de l'empereur Albert Ier. Tous deux étaient dignes du trône. L'Allemagne devint le théâtre d'une guerre civile; mais le sort décida en faveur de Louis de Bavière, à la bataille de Mühldorf (1322), où Frédéric fut fait prisonnier. Peu après le vainqueur s'engagea dans une lutte opiniâtre contre la cour papale, sous le pontificat de Jean XXII et de

Benoît XII, qui, de leur résidence d'Avignon, s'efforçaient de rendre à Rome son ancienne prépondérance en Italie. Ces embarras déterminèrent l'empereur à se réconcilier avec Frédéric d'Autriche et à partager avec lui le gouvernement de l'Allemagne (1325). A la faveur de cette réconciliation, Louis V put aller prendre la couronne en Italie; mais lorsqu'à la mort de Frédéric (1330), il revint en Allemagne, sa querelle avec la papauté s'aggrava et provoqua enfin l'intervention de la diète. Celle-ci, par la *loi de Francfort* (1338), déclara que l'élection des empereurs était indépendante de la volonté du pape, et que le saint-siége n'avait aucune supériorité sur le chef de l'empire d'Allemagne. Les électeurs se liguèrent pour le maintien de cette loi. Malgré cette mesure vigoureuse, qui indique le progrès de l'opinion publique, le règne de Louis V fut de nouveau troublé par les prétentions ambitieuses du pape Clément VI, appuyées par les rois de France et de Bohème.

27. La mort subite de Louis de Bavière (1347) mit un terme aux différends avec la cour de Rome. Charles IV, de Luxembourg, petit-fils de Henri VII et déjà roi de Bohème, dut la couronne d'Allemagne à l'intrigue et à des circonstances heureuses, qui le débarrassèrent de ses compétiteurs. Son élection ne ramena pourtant pas le calme dans l'empire; tout fut confusion et anarchie pendant le règne de ce prince lâche et perfide, mais actif et égoïste, qui

oublia les intérêts de l'Allemagne pour ne s'occuper que de l'accroissement de son patrimoine. Cette anarchie profita pourtant à la liberté naissante des villes et au développement de l'esprit de corporation, né de la lutte entre la féodalité et les communes.

Charles IV ne passa les Alpes (1354) que pour donner au pape des gages d'obéissance. Sa condescendance envers les Visconti de Milan, qui obtinrent de lui le vicariat héréditaire en Lombardie, les encouragea à usurper la souveraineté du Milanais. C'est à ce prix que Charles obtint la couronne d'Italie et celle des empereurs.

Le seul événement qui ait répandu quelque éclat sur le règne de Charles IV en Allemagne, c'est la publication de la loi fondamentale, connue sous le nom de la *Bulle d'Or* (1355-1356). Elle posa des limites au pouvoir royal et à celui des États, et mit un frein à l'anarchie féodale. Elle reconnut pour principe l'indivisibilité des électorats et la souveraineté territoriale des électeurs, dont elle fixa le nombre à sept, en réglant leurs attributions et le mode de l'élection des empereurs. Cette loi, plus favorable à la puissance des électeurs qu'à l'autorité monarchique, prouve bien que Charles sacrifiait la dignité impériale et l'unité de l'Allemagne à l'intérêt de sa famille et de ses amis. Son second voyage en Italie (1368), où il aliéna honteusement les plus beaux domaines de l'empire, et ses bassesses envers les électeurs pour procurer la couronne à son fils Wenceslas et le Brandebourg à Sigismond, son second fils, prouvent son avarice et sa vanité ; et pourtant on ne peut nier qu'il n'ait encouragé l'industrie et les lumières dans son royaume de Bohème, où il fonda l'université de Prague (1366).

28. L'empereur Wenceslas (1378-1400) n'eut ni force ni prudence pour maintenir son autorité au milieu des guerres et des brigandages qui désolaient l'Allemagne. Alors on vit les villes du Rhin s'allier à celles de la Souabe et de la Franconie, pour défendre leur *immédiateté* et leurs franchises contre les princes de l'empire, qui se liguaient à la noblesse inférieure, organisée en confréries. Le schisme qui éclata dans l'Église (1378) augmenta les embarras de ce règne, malgré les efforts que fit l'empereur pour conserver la paix. Ses querelles avec les Bohémiens, qui le retinrent captif (1395), et la création du duché de Milan en faveur de Jean Galéas Visconti, servirent de prétexte aux États de l'Allemagne pour déposer Wenceslas. Le règne de son successeur Robert Ier, comte palatin (1400-1410), ne fut pas plus heureux. Par ses imprudentes concessions, il acheva de consolider la souveraineté des princes de l'Allemagne et il fut impuissant à reprendre le duché de Milan à Jean Galéas Visconti.

29. A la mort de Robert, les suffrages des électeurs se partagèrent entre Josse, margrave de Moravie, et Sigismond, frère de Wenceslas, qui réunissait à la

couronne de Hongrie, la Moravie, la Lusace, la Silésie et le Brandebourg. Le différend ne fut pourtant pas long : le margrave de Moravie mourut, Wenceslas abdiqua et l'élection de Sigismond (1410-1437) ne fut plus contestée. Quoique actif, entreprenant et habile, ce prince n'eut pas assez de fermeté pour faire face aux événemens graves qui se passaient autour de lui, et il fit de vains efforts pour rétablir la paix dans l'empire et l'union dans l'Église. D'accord avec le pape Jean XXIII, il convoqua le concile de Constance (1414), qui termina le schisme par la déposition de ce pape et la nomination de Martin V, mais qui prononça en même temps l'inique condamnation de Jean Huss et de son disciple Jérôme de Prague. Cette cruelle sentence provoqua l'insurrection des Bohémiens, sectaires de Huss (1418). La guerre des *Hussites* ravagea la Bohème et l'Allemagne pendant plus de vingt ans et illustra les noms de Zisca et de Procope, leurs chefs. Aussi long-temps que les Hussites restèrent unis, ils triomphèrent de Sigismond et des princes allemands, et même encore, après la défaite des *Taborites* par les *Calixtins*, devenus leurs ennemis et alliés aux catholiques de la Bohème, ils obtinrent du concile de Bâle et par le traité d'Iglau en Moravie (1433), la confirmation de leurs priviléges et le libre exercice de leur culte. Ce n'est qu'alors que Sigismond fut reconnu roi de Bohème (1436). La proscription de Frédéric, duc d'Autriche, protecteur du pape Jean XXIII, tourna à l'avantage des cantons helvétiques, qui s'emparèrent des possessions de la maison de Habsbourg (1415) dont l'empereur leur donna l'investiture. Pour se procurer de l'argent, Sigismond vendit (1417) l'électorat de Brandebourg à Frédéric de Hohenzollern, burgrave de Nuremberg, tige de la dynastie actuelle de Brandebourg, et l'électorat de Saxe (1423) à la maison de Misnie, qui remplaça celle d'Anhalt. Sigismond fut le dernier des empereurs de la famille de Luxembourg.

30. Albert II, duc d'Autriche, gendre de Sigismond, lui succéda en Allemagne, en Hongrie et en Bohème (1438-1439). Ce prince eût été capable d'assurer, par ses nobles qualités et par son courage, la paix et la prospérité de l'Allemagne, si la guerre contre les Turcs, qui menaçaient d'envahir l'Europe occidentale, n'avait absorbé ses efforts, et si une mort prématurée ne l'avait enlevé. Par l'avènement d'Albert II et de Frédéric III, duc de Styrie, son neveu, la couronne impériale retourna à la maison d'Autriche, qui la posséda presque sans interruption pendant trois siècles.

31. Le long règne de Frédéric III (1440-1493), qui prit si peu de part aux affaires publiques, que les électeurs menacèrent de le dépouiller de la couronne, fut peu favorable à la prospérité de l'Allemagne. Indolent et avare, Frédéric ne s'occupa que de l'accroissement de la puissance autrichienne et

des moyens de rétablir sa domination en Suisse, où les cantons fédérés avaient sollicité la confirmation de leurs priviléges. Il crut trouver dans une alliance avec les Zuricois, alors brouillés avec les petits cantons, un moyen de recouvrer les anciennes possessions de la maison de Habsbourg. Abandonné par la diète germanique, il rechercha l'amitié du roi de France Charles VII. C'est alors que le dauphin Louis, arrivant pour débloquer Zurich, assiégé par les troupes des cantons confédérés, livra le fameux combat de Saint-Jacques près de Bâle (1444), où quinze cents Suisses luttèrent contre une armée de quarante mille Français. Cette expédition, suivie de la dévastation de l'Alsace et de la Lorraine par les troupes françaises, consolida l'indépendance des cantons suisses aux dépens de l'Autriche, et donna lieu à l'alliance de la France avec l'Helvétie (1452).

32. La conduite de l'empereur dans les querelles religieuses qui agitèrent alors une grande partie de l'Europe, fut aussi lâche qu'impolitique. Loin de profiter des circonstances favorables que lui offrait les chisme de l'Église pour relever l'autorité impériale et la dignité de l'empire, il se laissa entraîner par les perfides suggestions de son secrétaire le célèbre Æneas Sylvius, depuis pape sous le nom de Pie II, à conclure avec le saint-siége un concordat (1448) qui rendit à la cour de Rome une partie des droits et des revenus dont elle avait été dépouillée par

les conciles de Constance et de Bâle. Cette condescendance fâcheuse de l'empereur envers le pape Nicolas V amena la dissolution du concile de Bâle (1449), antérieurement transféré à Lausanne.

33. Les désordres de l'anarchie féodale furent à leur comble pendant les cinquante-trois années du règne de Frédéric III, sans que ce prince fût capable de les réprimer et sans qu'il pût exécuter les projets d'une réforme judiciaire et d'une nouvelle division territoriale. C'est au milieu de ces agitations que se forma la ligue des États de la Souabe (1488), destinée à conserver la tranquillité dans cette partie de l'Allemagne. La coupable apathie de l'empereur força les électeurs à lui associer comme roi des Romains son fils Maximilien (1486), qui, par son noble caractère, s'était concilié l'estime générale. Quoique Frédéric mît beaucoup de négligence dans le gouvernement de l'empire, et ne sût pas défendre la couronne de Hongrie contre Mathieu Corvin (1458), ni celle de la Bohême contre George Podiébrad, il prépara la grandeur de la maison d'Autriche par le mariage de Maximilien avec Marie de Bourgogne (1477). Cette année valut à l'Autriche l'acquisition des riches provinces des Pays-Bas et de la Franche-Comté.

34. Maximilien Ier (1493-1519), dont le règne tombe au milieu des grands événemens du seizième siècle, a été le pacificateur et le régénérateur de l'Al-

lemagne (1495). La diète de Worms défendit les guerres privées sous peine de bannissement. Un tribunal suprême (la *chambre impériale*) fut institué pour veiller à l'exécution du décret de la diète et pour décider sans appel les différends qui pourraient s'élever entre les États. Les réformes entreprises par Maximilien furent complétées par la division de l'empire en dix cercles (1512) et par la création du conseil aulique, qui devait dépendre plus directement de l'empereur, quoique ses attributions eussent de l'analogie avec celles de la chambre impériale.

Les changemens que Maximilien chercha à opérer en Allemagne furent favorisés par un heureux concours de circonstances, au nombre desquelles il faut ranger les progrès des lumières depuis l'invention de l'imprimerie, l'horreur qu'inspiraient les guerres féodales et les brigandages des nobles, l'esprit patriotique des États, l'établissement d'une milice permanente sous le nom de *lansquenets* (*Lanzknechte*), et la révolution introduite dans l'art de la guerre. Maximilien, qui ne manquait ni de magnanimité, ni d'activité, eût pu faire plus de bien encore, s'il ne s'était pas engagé dans des guerres étrangères, et si les embarras de son trésor n'avaient pas si souvent paralysé ses projets.

SOURCES. — Sur l'Histoire d'Allemagne de cette période, outre les chroniques de Windeck, Tschudi, Koenigshoven, Wimpheling, Æneas Sylvius, *Historia Fred. III*. — Müller, *Histoire des Diètes*. — La collection de Schilter. — Schmidt, *Geschichte der Teutschen*. —

Heinrich, *Teutsche Reichsgeschichte.* — Luden, *Geschichte der Teutschen.* — Pütter, *Staatsverfassung des teutschen Reichs.* — Pfeffel, *Abrégé chronologique de l'histoire et du droit public d'Allemagne.*

La maison de Bourgogne jusqu'à la mort de Charles-le-Téméraire.

35. Parmi les familles qui doivent leur élévation et leur puissance à la féodalité, aucune n'a recueilli autant d'illustration et de gloire que la seconde maison de Bourgogne, fondée par Philippe-le-Hardi, quatrième fils du roi Jean-le-Bon, qui, lors de l'extinction de l'ancienne dynastie de Bourgogne dans la personne de Philippe de Rouvres (1361), descendant de Robert-le-Fort, obtint le duché de Bourgogne comme fief de France (1363).

Les ducs de Bourgogne, descendans de Philippe-le-Hardi, et surtout Philippe-le-Bel (1419), contemporain de Charles VII, accrurent les domaines de leur maison par d'importantes acquisitions dans les Pays-Bas, qu'ils durent à des successions, à des achats, à des mariages, ou à la force des armes. Les priviléges dont les villes de ces provinces jouissaient sous le gouvernement tutélaire des ducs de Bourgogne, augmentèrent leur prospérité, et ajoutèrent à la puissance et à la gloire de leurs souverains.

Charles-le-Téméraire, jaloux d'élever encore la grandeur de sa maison, ne mit pas de bornes à ses rêves ambitieux. Ce puissant vassal de Louis XI eut le projet de se créer un État qui devait s'étendre du Jura au Rhin et à la mer du Nord, et comprendre, outre les anciennes provinces de la Bourgogne et des Pays-Bas, la Suisse occidentale, l'Alsace et la Lorraine.

La cupidité du duc de Bourgogne et les vexations dont ses gouverneurs se rendirent coupables dans la Haute-Alsace et dans le Brisgau, que l'archiduc Sigismond d'Autriche lui avait engagés, donnèrent lieu à l'alliance de la confédération helvétique avec Louis XI et l'empereur Frédéric III (1474), et firent éclater entre les Suisses et Charles-le-Téméraire la courte mais sanglante guerre (1475) qui eut une si grande influence sur les destinées de l'Helvétie et sur la civilisation européenne. Les Suisses, abandonnés à eux-mêmes par la lenteur et la trahison de leurs puissans alliés, soutinrent leur antique réputation aux batailles de Granson et de Morat (1476). L'expédition imprudente du duc de Bourgogne contre le duc René II de Lorraine, l'allié des Suisses, se termina par la défaite et la mort de Charles sous les murs de Nancy (1477). La réunion du duché de Bourgogne aux domaines de la couronne par Louis XI, et le mariage de Marie, unique héritière de Charles, avec l'archiduc Maximilien, firent naître la rivalité entre la France et la maison de Habsbourg.

SOURCES. — JEAN DE MÜLLER, *Histoire de la Suisse.* — DE BARANTE, *Histoire des ducs de Bourgogne.*

L'Italie.

36. L'histoire de l'Italie, qui, pendant la plus grande partie du moyen âge, s'était mêlée à celle de l'Allemagne, commence à s'en séparer dans cette période. Les liens d'une subordination, à la vérité souvent contestée, qui attachèrent depuis le neuvième siècle les Italiens aux empereurs, s'étaient presque rompus depuis la chute des Hohenstaufen. Plusieurs empereurs de la maison de Luxembourg firent d'inutiles efforts pour relever en Italie l'autorité impériale; les vicaires qu'ils y établirent comme représentans de leur pouvoir devinrent eux-mêmes leurs plus redoutables ennemis, car presque tous profitèrent des circonstances pour se rendre indépendans.

L'esprit de liberté qui avait éclaté dans les villes lombardes pendant leur lutte contre les empereurs de la maison de Hohenstaufen, dégénéra en une anarchie alimentée par l'ambition des nobles, qui s'y disputaient le pouvoir, tantôt sous le nom de *Gibelins*, tantôt sous celui de *Guelfes*, quoique ces noms de partis eussent perdu leur signification primitive. Les chefs de ces factions, soutenus par des capitaines de bandes appelés *condottieri*, cherchèrent à fonder des États indépendans, et les habitans des villes, fatigués par de si longs déchiremens, furent trop heureux de trouver enfin le repos sous l'égide de gouvernemens plus stables et plus réguliers. Beaucoup de ces villes conférèrent le souverain pouvoir à des étrangers. Ces *podestats* devinrent les fondateurs des dynasties qui dans la suite se sont partagé la plupart des pays de l'Italie septentrionale. Ainsi les marquis d'Est s'emparèrent de la souveraineté de Ferrare, de Modène et de Reggio; les Gonzague, de Mantoue; les della Scalla, de Vérone; les della Torre, et après eux les Visconti, de Milan et d'un grand nombre de villes de la Lombardie. Alors aussi se forma le duché de Savoie (1416), sous Amédée VIII, le Pacifique (élu pape sous le nom de Félix V en 1439), qui y réunit les comtés de Piémont et de Genève. Les guerres civiles, qui déchiraient l'Italie supérieure, furent préjudiciables à l'esprit national et à l'unité politique, mais elles favorisèrent le développement de l'industrie, du commerce, et l'essor de l'esprit humain dans la carrière des sciences et des arts. L'absence d'une grande capitale, séjour exclusif des lumières et du luxe, et l'heureuse émulation qui régnait entre les villes, furent les sources de la prospérité de l'Italie.

Le Milanais.

37. La Lombardie, long-temps gouvernée par des avoués impériaux, se détacha de plus en plus de la domination allemande, quand Mathieu Visconti, après de longues querelles avec la maison della Torre, du parti des Guelfes, eut obtenu de l'empereur Henri VII, grâces à son courage et à son habi-

leté, le titre de capitaine et de vicaire général (1284). Reconnu souverain de Milan (1315), il soumit la plupart des villes de la Lombardie. Ses successeurs firent de nouvelles conquêtes, jusqu'à ce que Jean Galéas Visconti profitât de l'avarice de l'empereur Wenceslas pour se faire conférer la dignité ducale, sans cesser cependant de se reconnaître vassal de l'empire (1395). Les brillantes conquêtes de Jean Galéas lui inspirèrent le dessein de réunir toute l'Italie sous sa domination; mais la mort le prévint dans l'exécution de son projet (1402). La tyrannie de son fils, Jean-Marie-Angelo, provoqua un soulèvement populaire et l'établissement d'un gouvernement républicain (1412). Philippe-Marie, frère d'Angelo, parvint à relever l'autorité des Visconti (1418), et à l'étendre sur la plus grande partie de la Lombardie. La puissance naissante des ducs de Milan fut contre-balancée par celle de Venise, de Florence et de la Savoie. C'est ainsi que se forma en Italie ce système d'équilibre politique qui servit de type aux autres États de l'Europe. A la mort de Philippe-Marie (1447), le Milanais passa à la maison des Sforze dans la personne de François, fils d'un paysan devenu condottieri. François Sforze, époux de Blanche-Marie, fille naturelle du dernier des Visconti, devint duc de Milan (1451) par l'assentiment populaire, quoique l'empereur Frédéric III lui refusât l'investiture. En 1464, Sforze s'empara de Gênes. Son fils, Galéas-Marie, périt victime d'une conspiration (1476). Louis Sforze, surnommé le *More*, usurpa le trône de son neveu Jean Galéas (1494). Les prétentions que Louis XII fit valoir sur le duché de Milan, du chef de son aïeule Valentine de Visconti, rallumèrent les guerres d'Italie (1499). En 1500 le roi de France acheva la conquête du Milanais.

Florence.

38. Au nombre des villes de la Toscane qui, malgré les projets ambitieux des empereurs et le choc des factions, surent conserver leur liberté et leur indépendance, il faut assigner une place éminente à la république de Florence, dont l'histoire se lie à la fois à celle des révolutions politiques de l'Italie et à celle des progrès de la civilisation. Le gouvernement de cette république éprouva de fréquens changemens par l'influence des factions guelfe et gibeline (les *Noirs* et les *Blancs*, les riches et les pauvres); et passa tour à tour aux mains de l'aristocratie et à celles de la démocratie. Les dissensions des familles nobles et les violences qu'elles exerçaient envers les plébéiens, affaiblirent leur crédit et firent arriver l'autorité au peuple, qui dépouilla la noblesse de l'administration de la république. En 1292, le gouvernement civil fut confié par le peuple à un magistrat nommé *Gonfalonier de justice*, qui, en cas de désordres, devait réunir les citoyens sous son étendard, afin de rétablir la paix dans la cité. Il était le chef de la république et partageait le pouvoir avec plusieurs autres colléges de magistrats

populaires. Malgré ces troubles intérieurs, la ville de Florence prospérait au point que beaucoup de villes de la Toscane recherchèrent son alliance et sa protection.

39. A peine échappés aux menaces de l'empereur Henri VII, les Florentins eurent à lutter contre le fameux Castruccio Castracani, tyran de Lucques, qui envahit le territoire de Florence (1320-1325). Pour se garantir des attaques des Gibelins de la Lombardie, Florence se mit sous la protection de Robert, roi de Naples (1326), et accorda pour dix ans la seigneurie à son fils Charles, duc de Calabre. Ce prince, appelé à défendre la république, épuisa le trésor pour satisfaire son goût pour les plaisirs. Sa mort (1328) affranchit les Florentins de la domination napolitaine, et amena la réforme de la constitution, qui fut fondée sur le principe de la représentation de tous les intérêts. Depuis ce moment, tout sembla favoriser l'accroissement de la prospérité de Florence. L'influence qu'elle exerça par la vigueur de ses conseils et la profondeur de sa politique la firent considérer comme la gardienne de l'équilibre parmi les États italiens.

40. Malgré les dissensions intestines auxquelles la république de Florence fut si souvent exposée dans le quatorzième siècle, sa prospérité commerciale s'accrut avec sa prépondérance politique. Les guerres qu'elle eut à soutenir tantôt contre

Lucques, tantôt contre Pise, long-temps ses rivales, décelèrent ses vues ambitieuses sur la Toscane. Après avoir subi toutes les horreurs de la peste de 1340, Florence passa de l'olygarchie sous le gouvernement de Gauthier de Brienne, duc d'Athènes (1342-1343), nommé capitaine de justice, qui opprima ceux qui l'avaient élevé au commandement, et flatta le peuple pour mieux l'asservir. Le tyran fut chassé; l'oppression cessa, la noblesse reprit le pouvoir, mais elle en fut bientôt de nouveau dépouillée, et il retourna encore une fois entre les mains du peuple. C'est au milieu de cette anarchie que s'éleva la famille des Médicis (1400). Issue du sang plébéien, elle sut, par ses richesses acquises dans le commerce et par l'habileté de sa conduite, se concilier la faveur populaire. Jean de Médicis, alors le chef de cette famille, devint le fondateur de sa puissance. Sans être revêtu d'aucune fonction, il exerça la plus grande influence sur les affaires de la république. A cette époque les Florentins firent la conquête de Pise (1407), et obtinrent ainsi la prépondérance commerciale en Toscane.

41. Cosme de Médicis (1429-1464) surpassa son père en prudence et en modération; il employa sa fortune et son crédit à donner des encouragemens aux savans et aux artistes; il embellit Florence, et fut le père des pauvres. Injustement banni (1433-1434) par les intrigues de quelques ennemis jaloux de sa puissance, il fut à son retour salué du nom de *Père*

de la patrie, et ne songea même pas à se venger de ses ennemis. Pendant les trente ans qu'il fut à la tête de la république, il sut à la fois contenir l'envie des grands et les passions du peuple, sans jamais oublier qu'il était lui-même citoyen. Sa mort fut universellement pleurée.

Les grandes qualités de Cosme se reproduisirent dans son petit-fils, Laurent, surnommé le Magnifique (1478). Échappé à la mort lors de la conspiration des Pazzi, il parvint, par son habileté, à rétablir et à fortifier le pouvoir des Médicis à Florence; il renonça au commerce pour n'employer ses richesses qu'à des acquisitions territoriales et à l'encouragement des sciences et des arts. Il offrit un asile aux savans de la Grèce et assura la gloire de son pays par d'utiles négociations et de puissantes alliances. Son projet favori fut de consolider la paix en Italie par une union durable entre les divers États qui s'y étaient formés.

La mort prématurée de ce grand homme (1492) empêcha la réalisation de ce noble dessein.

Le gouvernement de la république tomba entre les mains du faible Piétro, son fils, qui se brouilla avec le duc de Milan, favorisa l'expédition des Français sous Charles VIII, et amena, par sa lâcheté, le bannissement des Médicis (1494). Florence fut livrée alors à tous les maux de l'anarchie.

SOURCES. — VILLANI, *Storia di suoi tempi*. — MACHIAVELLI, *Storia fiorentina*. — GUICCIARDINI, *Storia d'Italia* (1494-1532). — FABRONIUS, *Magni Cosmi Medicei vita*. — Fabronius, *Laurentii Medicei vita*. — William Roscoe, *The life of Lorenzo di Medici*.

Venise.

42. La grande révolution qui éclata à Venise en 1297 et fut consommée en 1310, avait fondé la puissance de l'aristocratie héréditaire sur l'abaissement de l'autorité du doge, soutenu par le peuple, et avait créé le redoutable tribunal des dix, chargé de l'inquisition politique. La république, étrangère aux querelles du continent de l'Italie, ne cherchait qu'à s'agrandir par le commerce levantin et par des conquêtes au-delà de l'Adriatique. La conjuration du doge Marino Falieri (1355), qui avait pour but de renverser le pouvoir de l'aristocratie, entraîna la perte de ce magistrat et assura le triomphe de la noblesse. L'agrandissement systématique de Venise sur les côtes de la Dalmatie, de la Grèce et dans l'Archipel, commençait à s'étendre à la fin du quatorzième siècle sur la terre ferme de l'Italie. Des traités de commerce, conclus de l'assentiment du pape avec les sultans de Syrie et d'Égypte (1342), ouvrirent aux Vénitiens la route aux Indes orientales et firent refluer d'immenses richesses dans les trésors de l'État et de la noblesse, qui ne dédaignait pas de se livrer aux spéculations commerciales.

La rivalité avec Gênes, qui s'était accrue depuis le rétablissement de l'empire byzantin par Michel Paléologue, se changea en une guerre opiniâtre. Après des succès long-temps balancés, cette lutte sanglante se termina à l'avantage des Vénitiens, par la destruction de la flotte génoise dans le port de Chiozza (1380). La paix imposée aux Génois (1381) assura la supériorité de Venise.

Les troubles qui éclatèrent dans le Milanais à la mort du duc Jean Galéas Visconti (1402), favorisèrent le dessein de la république de s'agrandir sur le continent. La cession de l'île de Chypre (1487) par la reine Catherine Cornaro, compléta les conquêtes vénitiennes dans l'Archipel; mais, d'un autre côté, la découverte de la route maritime aux Indes par les Portugais (1498), et l'accroissement prodigieux de la puissance ottomane, préparèrent la décadence de Venise, qui commença dès la fin du quinzième siècle.

SOURCES. — Outre l'histoire de VILLANI, déjà citée, AMELOT DE LA HOUSSAYE, *Histoire du gouvernement de Venise.* — LEBRET, *Staatsgeschichte der Republik Venedig.* — DARU, *Histoire de la république de Venise.*

Gênes.

43. La République de Gênes, comme celle de Venise, a dû sa grandeur à son heureuse situation, à sa marine, à son commerce et aux avantages qu'elle retira des croisades. Pendant le douzième siècle cette république étendit sa domination non-seulement sur le littoral de Gênes, mais aussi le long des côtes de la Provence. Aux guerres contre les Pisans succéda la longue lutte avec Venise. A ces guerres

ruineuses vinrent se joindre les querelles intestines entre les factions aristocratique et démocratique, qui empêchèrent l'établissement d'un gouvernement régulier et mirent les Génois dans la nécessité de se donner des maîtres étrangers.

C'est en vain que, pour arrêter ces déchiremens continuels, on eut recours, en 1339, à la création d'un doge à vie, à qui, en 1344, on adjoignit un conseil composé de six membres, choisis parmi la noblesse, et de six autres, pris dans les rangs du peuple. La fureur des partis ne s'apaisa point, et les Génois implorèrent la protection de souverains étrangers. De 1353 à 1361, ils furent gouvernés par l'archevêque Jean Visconti, seigneur de Milan; de 1396 à 1409, ils se soumirent au roi de France Charles VI; de 1409 à 1412, au marquis de Montferrat; de 1421 à 1436, au duc de Milan; de 1458 à 1464, de nouveau à la France; de 1464 à 1528, alternativement à Milan et à la France. En 1528, André Doria devint le libérateur de son pays et y introduisit une constitution plus durable. La prise de Constantinople (1453) amena la ruine des colonies génoises en Crimée (1474).

SOURCE. — GIUSTINIANI, *Annali di Genova*. — *Histoire des révolutions de Gênes, depuis son établissement jusqu'en 1748*.

État de l'Église.

44. Après avoir indiqué, à l'entrée de la période, les rapports de la puissance papale avec les autres

États de l'Europe, il nous reste à jeter un coup d'œil sur le régime intérieur de l'État de l'Église pendant le quatorzième et le quinzième siècle. La translation de la résidence pontificale de Rome à Avignon (1309-1376) y avait laissé des suites fâcheuses, qu'alimentèrent les mécontentemens du peuple souffrant de la misère et les querelles de la noblesse[1]. Après que les factions des Colonnes (Gibelins) et des Orsini ou des Savelli (Guelfes) s'y furent disputé long-temps la domination, la souveraineté passa entre les mains du démagogue Nicolas Rienzi (1347). Sorti des rangs du peuple, mais nourri de l'étude de l'antiquité et gémissant de l'anarchie dans laquelle sa patrie était plongée, Rienzi conçut l'idée de rétablir la forme de l'ancienne république et de rendre aux Romains, avec la pureté des mœurs, leur illustration passée. Fort de son éloquence et soutenu par le parti papal, il souleva le peuple contre la noblesse et se mit à la tête du gouvernement, en prenant le titre de tribun et de libérateur de Rome. Les promesses du tribun ne furent pas vaines; l'ordre et la sûreté rentrèrent dans

---

[1] Il s'était encore conservé à Rome un reste de gouvernement populaire. Les treize quartiers de la ville élisaient chacun un chef. L'assemblée de ces magistrats, nommés *Caporioni*, représentait le souverain; mais l'autorité et la force ne se trouvaient plus entre leurs mains. Le pape s'était attribué l'élection du sénateur et il ne confiait cette haute dignité qu'à des nobles: ainsi le pouvoir judiciaire et la force armée étaient à la disposition de l'ordre contre lequel cette force et ce pouvoir auraient dû être employés. (SIMONDE DE SISMONDI, *Histoire des républiques italiennes du moyen âge*. t. V, p. 397).

Rome et dans l'État de l'Église. Malheureusement, les succès inouïs de Nicolas Rienzi égarèrent son esprit; il oublia son origine, et au lieu de se contenter d'être le premier de la république (*le Bon-État*), il voulut s'assimiler aux autres souverains. Sa vanité le perdit; il négligea de contenir la noblesse, qu'il irritait sans savoir la combattre, tandis que son arrogance puérile lui aliénait l'esprit du peuple. Déjà sept mois après son élévation, Rienzi, abandonné des citoyens de Rome, fut contraint de se réfugier au château de Saint-Ange, qu'il quitta en fugitif. Par un singulier retour de la fortune, le tribun, long-temps prisonnier de l'empereur et du pape, se vit de nouveau revêtu de l'autorité souveraine à Rome, déchirée par les factions (1353). Le cardinal Giles Albornoz, légat du pape, chargé par Innocent VI de rétablir la tranquillité et l'autorité de l'Église, sut employer habilement les talens de Rienzi. L'enthousiasme populaire avec lequel celui-ci avait été reçu ne fut pas de longue durée; jamais sa position n'avait été si difficile. On lui reprocha des actes d'injustice et de cruauté. Le tribun périt victime de la fureur du peuple dont il avait été l'idole (1354). La prudente politique et la fermeté du légat Albornoz firent rentrer sous la domination de l'Église les tyrans qui avaient usurpé le pouvoir dans diverses villes de l'État romain.

45. L'autorité papale, faiblement rétablie à Rome au retour de Grégoire XI, s'évanouit de nouveau

dans le grand schisme qui suivit la mort de ce pontife (1378). L'anarchie et la guerre civile désolèrent Rome et l'Italie. Les conciles et les papes se succédèrent rapidement, jusqu'à ce que le concile de Bâle, par l'élection de Nicolas V (1447), ramena la paix dans l'Église (1449). Ce pape parvint à raffermir l'autorité pontificale à Rome et à réprimer, par la construction de la forteresse de Saint-Ange, les rébellions de la noblesse et les séditions du peuple. Depuis ce moment, et surtout depuis les pontificats d'Alexandre VI et de Jules II, les papes s'efforcèrent de ruiner la puissance des vassaux et de réunir à l'Église les différens territoires qui composent l'État romain.

SOURCES. — Outre les différentes histoires sur l'Italie et les papes qui ont déjà été citées plus haut, celle *des républiques italiennes*, par SIMONDE DE SISMONDI; DU CERCEAU, *Conjuration de Nicolas Gabrino dit Rienzi*, et BOISPRÉAUX, *Histoire de Nicolas Rienzi*.

Les royaumes de Naples et de Sicile.

46. Les royaumes de Naples et de Sicile n'ont jamais été gouvernés par des princes de race indigène. La maison d'Anjou continua à occuper le trône du royaume de Naples pendant le quatorzième siècle et une partie du quinzième. Celui de la Sicile appartenait à la maison d'Aragon. Les rois de Naples essayèrent quelquefois de profiter des révolutions des États italiens pour faire des conquêtes

ou pour augmenter leur influence politique; mais la succession rapide de ces rois et leurs relations souvent épineuses avec la Hongrie, depuis le mariage de Jeanne Ire avec le prince André (1343), firent échouer toutes leurs tentatives.

Durant le règne de la maison d'Anjou, les grandes villes du royaume de Naples obtinrent une espèce de constitution, et leurs députés furent admis aux assemblées du parlement. Toutefois c'est la noblesse qui gagna le plus de priviléges, parce que ses secours étaient nécessaires aux rois dans leurs guerres de Sicile et dans leurs projets ambitieux sur l'Italie.

47. Le royaume de Naples, assez florissant sous les premiers successeurs de Charles Ier d'Anjou, (Charles II, 1285-1309, et Robert-le-Bon, 1309-1343), fut agité par des troubles sous le règne de Jeanne Ire (1343-1382), princesse dépravée, qui causa la mort de son époux, le roi André de Hongrie (1345). Attaquée par Louis, roi de Hongrie, son beau-frère, Jeanne crut se sauver en épousant le prince Louis de Tarente, son cousin. Elle profita du départ inopiné du roi de Hongrie pour revenir de la Provence, où elle s'était retirée, et où elle avait vendu Avignon au pape Clément VI (1348). Absoute enfin par la cour d'Avignon du meurtre de son premier époux, elle conclut la paix (1351) avec Louis de Hongrie, qui renonça à ses prétentions. Le grand schisme d'Occident fit éclater de nouveaux désordres (1378). La reine s'étant pro-

noncée en faveur de Clément VII contre le pape Urbain VI, celui-ci excita contre elle Charles de Duras, son cousin et son héritier naturel[1]. C'est alors que Jeanne, déposée par sentence papale, adopta (1380) pour son fils et son successeur, Louis Ier, duc d'Anjou, frère du roi de France Charles V. Ce prince, fondateur de la seconde maison des Angevins, vint en Italie pour soutenir ses droits contre Charles de Duras, qui s'était emparé de Naples et avait fait mourir la reine (1382). Charles III (nom que le prince de Duras avait pris), se maintint sur le trône (1382-1386), et parvint à réunir à sa couronne de Naples celle de la Hongrie (1385).

48. La mort de Charles III, assassiné en Hongrie (1386), plongea ces deux royaumes dans l'anarchie pendant la minorité de Ladislas son fils (1386-1414), et la régence de Marguerite, veuve de Charles III. Celui de Naples fut déchiré par les factions de Duras et d'Anjou. Le parti angevin proclama roi le jeune Louis II d'Anjou, ce qui accrut la confusion. Le pays fut saccagé par les barons des deux partis, sans qu'aucune volonté ferme sût faire cesser ce désordre. Enfin Ladislas, parvenu à la majorité, calma les esprits et donna au royaume de Naples un ascendant jusqu'alors inconnu. Non-seulement il rendit infructueuses les tentatives des Angevins pour s'emparer de Naples;

---

[1] Ce prince fut alors le dernier rejeton du roi Charles Ier d'Anjou, et en même temps l'unique héritier du roi angevin Louis de Hongrie.

mais, en réunissant momentanément les deux couronnes de Naples et de Hongrie (1401), il sut intervenir avec succès dans les querelles des États voisins. La mort prématurée de Ladislas fit passer le trône à Jeanne II, sa sœur (1414-1435). Cette reine protégea les sciences, mais attira, par la dépravation de ses mœurs, de nouvelles calamités sur son pays. Mariée à Jacques de Bourbon, comte de la Marche, elle se brouilla avec ce prince et arma contre lui Jacques Sforze, le fameux condottieri de Cotignuola (1421).

Elle adopta ensuite Alphonse V, roi d'Aragon, pour l'opposer à Louis III d'Anjou, appuyé par le pape Martin V et par Sforze, qui avait abandonné le parti de Jeanne II. C'est là l'origine de la lutte entre les Français et les Aragonais, devenue si funeste pour l'Italie à la fin du quinzième siècle. La reine, brouillée avec Alphonse d'Aragon (1423), qui voulait lui enlever le pouvoir, signa un nouvel acte d'adoption en faveur de Louis III d'Anjou, et se réconcilia avec Sforze. A la mort de cette reine (1435), René d'Anjou, fils de Louis III, fut un instant le maître de Naples; il en fut expulsé en 1443, par Alphonse V, à qui le pape Eugène IV en donna l'investiture. C'est l'époque de l'union passagère de Naples et de la Sicile. En 1458, Alphonse V transmit la couronne de Naples à son fils naturel Ferdinand Ier. Cette branche d'Aragon régna dans ce pays jusqu'à ce qu'elle en fût dépouillée par les rois de France Charles VIII et Louis XII (1495 et

1501), héritiers des prétentions de la maison d'Anjou. Ferdinand-le-Catholique, roi d'Aragon, finit par se rendre maître de tout le royaume (1504), qu'il transmit à ses descendans.

SOURCES. — L'ouvrage de SIMONDE DE SISMONDI déjà cité, et *l'Histoire de Jeanne Ire, reine de Naples*, par DE HAUTEVILLE.

L'Espagne.

49. L'Espagne, qui continuait à être divisée en trois royaumes, l'Aragon, la Castille et la Navarre, n'était guère capable d'exercer une action puissante sur les pays voisins. Son influence fut préparée à la fin de la période par l'union de l'Aragon à la Castille (1469).

L'importance du royaume d'*Aragon* s'agrandit par l'adjonction des provinces de Catalogne et de Valence, et par l'acquisition de la Sardaigne, que le roi Jacques II enleva aux Pisans (1326). Pierre IV sut mettre à profit la rivalité des divers corps de l'État, et remporta une victoire éclatante sur les barons révoltés contre la royauté, sans pouvoir cependant rendre le pouvoir royal absolu (1348). La royauté se vit contrainte à se soumettre à la censure du *justiza*, magistrat populaire, dont la considération s'accrut dans le quinzième siècle [1].

---

[1] Les fonctions du *justiza* étaient, dans le principe, analogues à celles du comte palatin en Allemagne. Depuis 1348, il devint le juge des différends entre le roi et les États, et des États entre eux.

A la mort du roi Martin (1410), petit-fils de Pierre IV, qui avait réuni définitivement la Sicile à l'Aragon (1409), le trône fut disputé par cinq concurrens. Une commission des États provinciaux déféra la couronne à l'infant de Castille, Ferdinand Ier, le Juste (1412-1416), grand-père de Ferdinand-le-Catholique et frère du roi de Castille Henri III, le Maladif.

Alphonse V, son fils (1416-1458), fit en 1443 la conquête de Naples. C'est pendant son règne que les cortès augmentèrent l'autorité du justiza, en enlevant au roi la faculté de le déposer sans le consentement des États et en lui conférant sa charge à vie (1442). Jean II, frère d'Alphonse V (1458-1479), réunit à l'Aragon la Sardaigne, la Sicile et la Navarre, du vivant de son épouse Blanche, reine de Navarre. L'infant Ferdinand, depuis connu sous le nom de Ferdinand II, le Catholique, épousa, en 1469, Isabelle, héritière de Castille, et jeta les fondemens de l'union de la couronne d'Aragon avec celle de Castille, et de la grandeur de l'Espagne. Ce n'est qu'en 1479 que Ferdinand succéda à son père, Jean II, comme roi d'Aragon, mais il ne fut jamais reconnu roi de Castille.

Le roi avait le droit de le nommer; mais il était forcé de le choisir dans la noblesse inférieure. Le pouvoir de ce magistrat était lui-même limité par des assesseurs. A dater de 1390, chaque diète nommait une commission pour examiner sa gestion depuis la dernière réunion des cortès. Absolument indépendant de l'autorité royale, le justiza ne devait compte de ses actions qu'à l'assemblée des États. (SEMPERE, *Histoire des cortès d'Espagne.*)

50. L'histoire du royaume de *Castille*, dans cette période, offre quelques points d'analogie avec celle de l'Aragon sous le rapport des conquêtes et des dissensions intestines entre la royauté et la noblesse; cependant, en Castille, la noblesse a été plus puissante et plus hostile à la royauté que l'aristocratie aragonaise, et ni les communes, ni les cortès n'y atteignirent jamais la considération et l'influence constitutionnelle qu'ils ont eues en Aragon.

A peine la tombe se fut-elle fermée sur Alphonse X (1284), que le trône de Castille fut disputé par ses deux fils, Ferdinand de la Cerda et don Sanche, et leurs descendans. Cette guerre de famille, qui désola la Castille pendant plus de quarante ans, profita à l'aristocratie au détriment du pouvoir royal. La querelle se décida enfin en faveur de Ferdinand IV, fils de don Sanche (1295-1312). L'ordre public, encore troublé pendant la minorité d'Alphonse XI, le Justicier (1312-1350), fut consolidé par ce prince dès qu'il prit lui-même les rênes du gouvernement (1324). C'est pendant son règne qu'on établit l'*Alcavala* (1349), taxe imposée aux villes, qui ne contribua pas peu à la ruine de la Castille. Alphonse, allié au roi du Portugal, remporta sur les Maures la fameuse victoire de Tariffe, en Andalousie (1340).

51. Depuis la mort d'Alphonse XI jusqu'à l'union de Ferdinand avec Isabelle (1350-1469), la Castille fut le théâtre de cruelles guerres civiles, causées par

la rivalité entre la royauté et l'aristocratie, par les divisions qui régnaient entre les nobles, et par des querelles de succession.

La plus importante de ces guerres est celle que Pierre-le-Cruel (1350-1369) fit à son frère, le comte Henri de Transtamare, qui lui disputait la couronne (1366). Henri, secouru par les bandes que Duguesclin lui amena de la France, détrôna son frère, qui, appuyé à son tour par le prince de Galles, duc de Guyenne, remonta sur le trône; puis, vaincu une seconde fois par Henri de Transtamare et Duguesclin à la bataille de Montiel, il périt de la main de son frère (1369). Le comte de Transtamare fut proclamé roi, sous le nom de Henri II. Il se maintint (1369-1379), malgré les efforts du roi de Portugal et d'autres prétendans, qui contestaient ses droits, ainsi que ceux de son fils Jean Ier (1379-1390). Celui-ci força enfin le Portugal à faire la paix. Sous Henri III (1390-1406), Jean II (1406-1454), qui abandonna les rênes du gouvernement à son favori, le connétable Alvaro de Luna, mort sur l'échafaud, victime de l'injustice de son maître, et sous le faible Henri IV (1454-1474), la royauté castillane fut avilie par les usurpations de la noblesse. Le pouvoir des rois ne se releva qu'à l'avènement d'Isabelle, sœur de Henri IV, proclamée souveraine (1474) à l'exclusion de Jeanne (Bertrandilla), fiancée à Alphonse V, roi de Portugal. Cette exclusion souleva entre l'Espagne et le Portugal une guerre qui fut terminée par la victoire de Gonsalve de Cordoue à Toro (1476). Le roi de Portugal renonça à ses prétentions sur la Castille.

52. Avec le règne d'Isabelle (1474-1504) commence une nouvelle ère pour la Castille. Le caractère énergique de cette reine et le ferme appui que lui prêtaient son époux Ferdinand d'Aragon et son ministre, le cardinal Ximénès de Cisneros, donnèrent à la royauté de Castille, si long-temps humiliée par les grands, une vigueur jusqu'alors inconnue. Les cortès ne furent plus qu'un pâle simulacre des antiques assemblées nationales; ils n'étaient plus convoqués que pour accorder des subsides. La noblesse et le clergé furent contenus par la *sainte-Hermandad* [1], devenue l'instrument du pouvoir royal. Celui-ci trouva de nouveaux soutiens dans la concentration des domaines enlevés aux grandes maîtrises, dans le tribunal de l'inquisition, introduit (1478) par Mendoza, archevêque de Tolède, dans la conquête de la Grenade sur les Maures par l'illustre Gonsalve de Cordoue (1492)[2], et dans l'acquisition de colonies en Amérique, depuis le voyage de Christophe Colomb.

---

[1] La sainte-Hermandad a été dans le principe une confédération des principales villes de la Castille, destinée à mettre un frein aux excès et aux guerres des nobles.

[2] Le dernier roi maure de la Grenade fut Boabdil, qui avait détrôné son père Muley-Hassem.

Le Portugal.

53. L'histoire du Portugal, qui n'est pas d'un intérêt majeur au commencement de cette période, gagne en importance depuis le quinzième siècle, où elle se lie à celle des grandes découvertes qui illustrèrent la dernière moitié de ce siècle, et qui furent les préludes des révolutions dont le seizième a été le témoin.

C'est à la fin du treizième siècle, au règne du roi Denis (1279-1325), que remonte l'origine des communes en Portugal. Ce prince éclairé favorisa les associations communales en accordant des affranchissemens dans ses domaines ; il protégea le commerce, l'agriculture et les sciences, et fonda l'université de Lisbonne. Il eut à combattre les rebellions de son fils Alphonse IV (1325-1357), qui, parvenu au trône, fit oublier les fautes de sa jeunesse par une sage administration et sa courageuse résistance aux Castillans. En 1340, il partagea avec le roi de Castille la gloire de la victoire de Tariffe sur les Maures. Pierre Ier, surnommé le Justicier (1357-1367), fit oublier ses cruautés en donnant de puissans encouragemens au commerce et à la navigation. Lors de l'extinction de la dynastie de Bourgogne par la mort de Ferdinand Ier (1383), Jean-le-Bâtard, son frère naturel, grand-maître de l'ordre d'Avis, s'empara de la couronne et la conserva après avoir battu à Aljubarotta (1385) le roi de Castille, qui la lui contestait. La fermeté de Jean servit à consolider le pouvoir royal.

54. Jean-le-Bâtard donna le signal des conquêtes portugaises en Afrique par la prise de Ceuta (1415). La navigation trouva un auguste protecteur dans le prince Henri, troisième fils de Jean Ier, grand-maître de l'ordre du Christ († 1460). C'est lui qui se chargea de la direction des voyages que les Portugais entreprirent à cette époque. Sous ses auspices se forma une école de navigation, la première qui ait existé en Europe. Les découvertes des Portugais se succédèrent alors rapidement. En 1419 ils découvrirent les îles de Madère et de Porto-Santo; les Açores en 1432. Sous Alphonse V, l'Africain (1438-1481), ils longèrent les côtes occidentales de l'Afrique. Le règne de ce prince fut signalé par la prise de possession des îles du cap Vert et de la côte de Guinée (1459), et, en dernier lieu, par la conquête de Tanger (1471).

Malgré la lutte opiniâtre qui, depuis l'avènement de Jean II (1481-1495), exista entre la royauté et l'aristocratie, les navigateurs portugais poursuivirent avec persévérance leurs entreprises maritimes. La découverte du cap de Bonne-Espérance (1486), que Barthélemi Diaz appela d'abord le cap des Tourmentes, précéda celle de la route maritime aux Indes, dont la gloire appartient à Vasco de Gama (1498), et illustra le règne d'Emmanuel-le-Fortuné (1495-1521). Vasco fonda à Calicut, sur la côte de Malabar, la domination des Portugais, qui fut étendue ensuite par François d'Almeida et par Alphonse d'Albuquerque, l'illustre conquérant de Goa (1505-1515). C'est pendant le même règne que Cabral dut à une tempête la découverte du Brésil (1500), que visita plus tard (1503) le Florentin Améric Vespuce, entré au service du Portugal.

SOURCES. — LEQUIEN DE LA NEUFVILLE, *Histoire générale du Portugal* — 1521. — DE LA CLÉDE, *Histoire générale du Portugal.* — GEBAUER'S *portugiesische Geschichte, mit genealogischen Tabellen.* — *Abrégé chronologique de l'histoire d'Espagne et du Portugal*, 2 vol. — *Résumés de l'histoire d'Espagne et du Portugal*, par ALPHONSE RABBE.

Les royaumes du Nord [1].

55. L'histoire des trois royaumes du Nord ne présente, dans la plus grande partie du quatorzième siècle, que des dissensions intestines, provenant de l'esprit turbulent de la noblesse, de l'ambition et de l'avidité des gens d'Église, des fréquens partages du pays entre différens princes et de l'état précaire de la royauté, mélange de la forme héréditaire et élective. Mais au milieu de l'anarchie qui déchirait ces royaumes, on remarque la formation précoce du tiers-état, et même de l'ordre des paysans, qui votait séparément aux diètes nationales.

[1] Voyez, dans la troisième période, la notice bibliographique de l'histoire du Nord et de l'Orient.

56. Le partage que le roi Waldemar II (1241) avait fait de ses États entre ses fils, donna lieu à des guerres interminables, qui menaçaient sans cesse le royaume de Danemarck d'une entière dissolution, et ne profitaient qu'à l'aristocratie. Le roi Christophe II (1320-1336) n'obtint le trône qu'en signant une capitulation qui contenait des clauses favorables à la liberté des ordres de l'État, mais qui compromettait l'autorité royale. Au surplus, le royaume était démembré par les invasions des Suédois et par les usurpations de la noblesse.

Waldemar III (1340-1375), le plus jeune des fils de Christophe, qui avait été déposé, fut rétabli sur le trône (1340) après une sanglante anarchie. Ce prince, élevé dans l'adversité et doué de nobles qualités, parvint à réunir les débris du royaume et à relever le pouvoir royal. Avec lui s'éteignit la ligne mâle des anciens rois de Danemarck (1375). Sa fille cadette, la célèbre Marguerite, veuve de Haquin VII, roi de Norwège et de Suède, après avoir réuni à la mort d'Olof V (1387), son fils, les sceptres du Danemarck et de la Norwège, vainquit le roi de Suède, Albert de Mecklenbourg, à la bataille de Falkœping (1389), et fut proclamée reine de Suède. Cette princesse, que son courage et son ambition ont fait surnommer la Sémiramis du Nord, a été l'auteur de la fameuse *Union de Calmar* (1397), qui devait cimenter à jamais l'alliance des trois royaumes du Nord.

Cet acte, approuvé par les États, qui reconnurent comme successeur de Marguerite son petit-neveu, Éric-le-Poméranien, consacrait l'union des trois États, en réservant néanmoins à chaque royaume sa constitution, son sénat et sa législation particulière. Cette union, belle conception d'un grand génie politique, ne produisit pourtant pas les heureux effets que l'on pouvait en attendre. Il y avait trop d'élémens de discorde, trop peu d'harmonie dans cette confédération, et trop peu de force dans le pouvoir chargé de la maintenir, pour qu'elle pût être durable.

57. La faiblesse de la plupart des rois de l'Union, leur prédilection pour les Danois et les actes arbitraires dont ils se rendirent coupables, servirent à alimenter l'animosité des trois peuples et à exciter les Suédois à recouvrer leur indépendance.

L'avènement de la maison d'Oldenbourg au trône du Danemarck (1448), à la mort du roi de l'Union, Christophe-le-Bavarois, neveu et successeur d'Éric, fut le signal de la rupture du traité de Calmar. Tandis que les Suédois déféraient la couronne à Charles Canutson-Bonde, sous le nom de Charles VIII, Christian Ier d'Oldenbourg fut élu roi de Danemarck. Ce prince, dont le pouvoir fut limité par une capitulation, que lui imposèrent les États, renouvela l'union avec la Norwège, (1450) gouverna même passagèrement la Suède (1457-1464), et fit l'importante acquisition du Schleswig et du Holstein lors de l'extinction des anciens souverains de ce pays (1459).

Les rois de la maison d'Oldenbourg tentèrent plus d'une fois de rétablir l'union des trois royaumes; mais l'esprit d'indépendance des Suédois et les fautes commises par ces princes entravèrent constamment le maintien de cette confédération, qui fut rompue définitivement par la déposition de Christiern II, dernier roi de l'Union (1523).

Les ordres teutonique et de Livonie.

58. L'ordre teutonique, établi dans le courant du treizième siècle dans le pays des Borusses et uni aux chevaliers Porte-Glaives de Livonie, avait étendu ses conquêtes depuis les rives de l'Oder jusqu'en Esthonie, et était parvenu au faîte de sa grandeur au commencement du quinzième siècle. Les possessions de cet ordre comprenaient toute la Prusse avec la Poméranie de Dantzig, la Samogitie, la Courlande, la Livonie et l'Esthonie. Son alliance avec les villes anséatiques, dont le commerce était alors si florissant sur la Baltique, contribuait à accroître sa prospérité et sa puissance; mais les tentatives réitérées des chevaliers teutons pour soumettre les Lithuaniens, qui, soutenus par les Polonais, leur opposaient une résistance opiniâtre, et leurs querelles avec la noblesse indigène et les villes, préparèrent la décadence de l'ordre. Les villes et la noblesse, confédérées entre elles contre leurs oppresseurs, recherchèrent la protection de la Pologne, qui, après une guerre sanglante, obtint par la paix de Thorn la

cession de la moitié de la Prusse (1466). Le grand-maître fut obligé de prêter foi et hommage aux rois de Pologne pour l'autre partie qu'on lui laissait.

La Pologne.

59. Peut-être la Pologne n'aurait-elle jamais formé de royaume, si les guerres contre les Russes, les Borusses et les chevaliers teutons, n'eussent pas contraint les divers princes qui se partageaient ce pays à se réunir quelquefois sous un seul chef et à se fondre en une masse de peuple.

C'est ainsi qu'en 1309, Ladislas Lokieteck, un de ces princes, parvint à réunir la grande et la petite Pologne et à rendre la dignité royale permanente (1320). Son fils Casimir-le-Grand (1333-1370), engagé dans des guerres contre l'ordre teutonique et les rois de Bohème, se vit forcé à renoncer à la Poméranie et à la haute souveraineté sur la Silésie (1343); mais il se dédommagea de cette perte par des conquêtes sur les Lithuaniens et les Russes[1]. Casimir a mérité le nom de Grand comme législateur et comme protecteur des lettres. Il fonda l'université de Cracovie, et donna les premières lois écrites aux Polonais; d'autre part, on peut lui reprocher d'avoir détruit le principe héréditaire de la monarchie polonaise, en faisant assurer par l'assemblée nationale de Cra-

---

[1] Il fit en 1340, la conquête de la Russie rouge, et en 1349, celle de la Volhynie et de la Podolie, qu'il enleva aux grands-ducs de Lithuanie.

covie (1339), la succession à son neveu Louis-le-Grand, roi de Hongrie, au préjudice des droits des princes Piast, régnant en Mazovie et en Silésie. Casimir a été le dernier des Piast qui régna en Pologne. Long-temps avant la mort de Casimir, son neveu, appelé à lui succéder, donna, par un acte librement consenti (1355), de grandes franchises aux Polonais.

60. L'intention du roi Louis-le-Grand de conserver l'union qui existait entre la Pologne et la Hongrie, en désignant pour son successeur son neveu et gendre Sigismond de Luxembourg, ne fut pas remplie. A la mort de Louis (1382), les Polonais déférèrent la couronne à Hedwige, fille cadette de ce prince, et l'obligèrent d'épouser Jagellon, grand-duc de Lithuanie, qui embrassa le christianisme.

La réunion de la Lithuanie à la Pologne (1386), par l'avènement de Ladislas Jagellon, bien qu'elle ne fût consommée définitivement qu'en 1569, sous Sigismond II, Auguste, et par la conversion des Lithuaniens, a eu une grande influence sur les progrès de la puissance de la Pologne.

La lutte qui s'engagea depuis ce moment entre les Polonais, les chevaliers teutons et les Russes, tourna à l'avantage des premiers. L'ordre teutonique ne se releva jamais des désastres qu'il éprouva à la bataille de Tannenberg (1410), gagnée par les Polonais.

61. La succession au trône de Pologne avait lieu, depuis les Jagellons, d'après un mode où l'élection se trouvait combinée avec l'hérédité.

Ladislas V (1386-1434), pour maintenir la couronne dans sa famille, accorda à la noblesse de nouveaux droits, l'affranchissement des taxes et la liberté individuelle. A la même époque s'introduisit l'usage des diètes, où toute la noblesse polonaise était représentée par des nonces ou députés nommés par les diétines ou assemblées provinciales, tenues dans les woïwodies.

Les diètes mettaient des bornes à l'exercice du pouvoir royal, en consentant ou en refusant l'impôt, et en dirigeant la volonté du roi dans les affaires politiques. Ces assemblées étaient une véritable représentation nationale du peuple polonais, c'est-à-dire de la noblesse, qui seule constituait la nation.

Ladislas VI, fils de Jagellon (1434-1444), nommé roi de Hongrie (1440), périt dans la bataille que les chrétiens livrèrent au sultan Amurat II, à Varna (1444). Casimir IV, son frère (1445-1492), qui dut la couronne au suffrage de la nation, profita des troubles de la Prusse pour conquérir une partie de ce pays, et pour affaiblir la puissance de l'ordre teutonique, ancien rival de la Pologne.

La Hongrie.

62. Lors de l'extinction de l'antique race d'Arpad dans la personne d'André III (1301), le trône de

Hongrie, disputé par plusieurs compétiteurs, passa à la maison d'Anjou de Naples, soutenue par le pape Boniface VIII. Le prince napolitain Charles Robert, petit-fils de Charles II et de Marie de Hongrie, l'emporta sur ses compétiteurs. La couronne fut déclarée héréditaire (1308), et Charles gouverna arbitrairement, ne tenant aucun compte des diètes et opprimant la noblesse et le clergé.

Son fils Louis Ier, le Grand (1342-1382), qui fut aussi roi de Pologne (1370), régna avec autant de sagesse que de gloire. Il fut le protecteur de la justice et de la liberté légale, il favorisa l'agriculture, les sciences et les arts. Ce prince, qui a acquis une si éclatante renommée par sa bonne administration, s'illustra aussi par des conquêtes (1381). Il soumit la Valachie, la Moldavie, la Bulgarie et la Bosnie (1369), et reprit la Dalmatie aux Vénitiens (1381), en les forçant à être tributaires.

63. Le règne de Sigismond de Luxembourg (1388-1437), époux de Marie, fille de Louis-le-Grand, fut troublé à la fois par la fureur des factions et les invasions des Turcs, qui s'avançaient en Europe. La défaite de Nicopolis (1396) faillit coûter la vie à Sigismond. Bien que le trône lui fût un instant contesté par le roi Ladislas de Naples (1397), il parvint à s'y maintenir, et profita de ses malheurs pour gouverner avec plus de prudence. Il perdit, à la vérité, la plupart des conquêtes de son prédécesseur; mais le peuple gagna en liberté; les députés des villes fu-

rent admis à la diète[1] (1405), et le service de l'armée fut régularisé. Sigismond transmit sans difficulté la couronne à Élisabeth, sa fille, et à Albert II d'Autriche, son gendre (1437-1439), à qui succéda peu après le jeune Ladislas VI de Pologne (1440-1444). L'union des deux couronnes ne fut pas heureuse. La Hongrie fut à la fois en proie aux dissensions intérieures et aux ravages des Turcs.

64. Le courage héroïque de Jean de Hunyade, woïwode de Transylvanie, fils naturel de Sigismond et régent de Hongrie, pendant la minorité de Ladislas-le-Posthume, sauva le pays après la funeste bataille de Varna, où mourut Ladislas VI (1444). Mahomet II fut obligé de lever le siége de Belgrade (1456). Les désordres dont la Hongrie avait été le théâtre sous le faible Ladislas (1456-1457), furent apaisés par la fermeté de Mathias Corvin, qui, à l'âge de seize ans, sortit de prison pour prendre la couronne que le suffrage de la nation lui avait déférée (1458). Ce prince, aussi brave qu'éclairé, despote parfois, mais pour le bonheur des Hongrois, se couvrit de gloire pendant les trente-deux ans de son règne (1458-1490). Par sa valeur, il éleva une barrière contre les invasions des Turcs,

---

[1] Les diètes hongroises étaient composées de quatre ordres, des prélats, des barons, des nobles des comtés ou des propriétaires, et des députés des villes. Les deux premiers ordres étaient qualifiés de magnats; les deux derniers s'appelaient plus spécialement les États. La noblesse des comtés était représentée par des mandataires, comme en Pologne.

auxquels il enleva la Bosnie (1463), en conservant les anciennes limites du royaume du côté de la Transylvanie, de la Moldavie et de la Servie. Il détacha de la Bohême la Moravie, la Silésie et la Lusace, et dépouilla l'empereur Frédéric III, son ennemi, d'une grande partie de l'Autriche (1485). Il fut le protecteur zélé de l'agriculture, des lettres et des beauxarts. Il est à regretter que la gloire de ce grand roi ait été ternie par quelques actes de cruauté envers des hommes qui avaient contribué à donner de l'éclat à son règne. A la mort de Corvin (1490), toutes les passions se déchaînèrent de nouveau. Ladislas de Bohême obtint le sceptre, à l'exclusion du fils de Corvin, mais il fut obligé de sanctionner et d'étendre les priviléges des États. Les guerres avec les Turcs se renouvelèrent et la Hongrie fut livrée à leurs dévastations; les provinces conquises sur l'Autriche furent perdues sans qu'on les eût défendues. Le mariage de Ferdinand d'Autriche avec Anne, sœur de Louis II, fils de Ladislas (1521), prépara la réunion de la Hongrie avec la monarchie autrichienne.

La Russie.

65. La plus grande partie de la Russie dans le courant du treizième siècle, était tombée au pouvoir des Tartares de la horde d'Or ou du Kaptschak, fixés sur les rives du Wolga, tandis que les provinces occidentales de ce pays étaient démembrées par les Polonais et les Lithuaniens (1320-1340). Le grand-

duché de Wladimir, dont les souverains établirent leur résidence à Moscou (1328), fut le seul débris de la monarchie fondée par Ruric qui conservât quelque indépendance. Les dissensions entre les khans du Kaptschak encouragèrent enfin les grand-ducs de Moscou à s'armer pour leur propre émancipation. Le grand-duc Dimitry III, Iwanowitsch, remporta sur les Tartares, près du Don, une éclatante victoire (1380), qui lui valut le surnom de *Donskoï*; mais les Tartares s'en vengèrent par le sac de Moscou (1382). A la fin du quatorzième siècle, la Moscovie eut à souffrir des ravages d'un nouvel ennemi; elle fut envahie par Timour ou Tamerlan (1395), fondateur de l'empire tartare en Asie (1369), qui étendit ses dévastations sur la Perse, l'Asie-Mineure et les Indes.

Ce n'est que dans le quinzième siècle que les Russes, après avoir subi de nouvelles invasions des Tartares, profitèrent des troubles qui agitaient le Kaptschak, pour secouer le joug de leurs maîtres. Le grand-duc Iwan III, Wasiliewitsch (1462-1505), doit être considéré, par ses grandes qualités, comme le second fondateur de la monarchie russe. Il établit un despotisme alors nécessaire à la consolidation de l'unité de la Russie, et porta les coups les plus décisifs à la domination tartare, en affranchissant les Russes du joug de la horde du Kaptschak (1481). C'est aussi lui qui, en 1478, mit fin à l'indépendance de Nowgorod.

L'empire grec et les Turcs-Ottomans.

66. Pendant que les institutions sociales nées de la lutte entre la féodalité, la royauté et le pouvoir de l'Église, se développent, se coordonnent et se fortifient dans les divers États de l'Europe, l'antique empire de Byzance, relevé à Constantinople (1261) par Michel Paléologue, empereur de Nicée, s'avance vers sa dissolution au milieu des intrigues de cour, des discussions théologiques et des attaques réitérées des peuples de l'Asie. Après avoir été tour à tour démembré par les Perses, les Bulgares, les Russes, les Arabes, les Turcs Seljoucides et les croisés, cet empire devait périr sous les coups des *Ottomans* ou *Osmanlis*, nouvelle horde de Turcs, qui, depuis la fin du treizième siècle, était venue camper sur les bords du Sangar, au nord-est de l'Asie-Mineure.

C'est en 1300 qu'Osman, ou Ottoman leur chef, jeta les fondemens du second empire turc en Bithynie, sur les côtes de la mer Noire, profitant de la faiblesse de l'empire d'Orient et des déchiremens des petits États seljoucides, débris du sultanat d'Iconium ou de Roum détruit par les Mongols. Pruse en Bithynie fut la première capitale du nouvel empire.

Orkhan, fils d'Ottoman, fondateur de la milice des *janissaires* (1327), prit le nom de *Padischah* (grand sultan), et étendit ses conquêtes sur la Chersonèse de Thrace, à la faveur des troubles (1356) qui régnaient à Constantinople sous Jean V, Paléologue[1].

Amurat Ier, fils d'Orkhan (1360-1389) acheva la conquête de la Thrace (1360), et fixa sa résidence à Andrinople (1362). Ce sultan perfectionna l'institution des janissaires et soumit la Macédoine, l'Albanie et les émirs turcs seljoucides de l'Asie mineure. Il fut tué à la bataille de Cossova (1389) qu'il livra au despote de la Servie. Bajazet Ier continua l'œuvre de son père. La victoire qu'il remporta à Nicopolis sur Sigismond de Hongrie (1396) fut suivie de la conquête de la Servie et de la Bulgarie. Ce fut en vain que les empereurs Jean V et Manuel Paléologue, son fils, implorèrent l'assistance des princes et des peuples chrétiens et le secours du pape, offrant leurs bons offices pour faire cesser le schisme entre l'Église grecque et latine.

67. Les progrès du sultan Bajazet Ier (1389-1402), occupé à faire le siége de la capitale de l'empire grec, que les Turcs avaient rendu tributaire, furent arrêtés par l'invasion subite de Tamerlan en Syrie et dans l'Asie-Mineure. La bataille d'Ancyre (1402), où le sultan fut battu et fait prisonnier, offrait aux Grecs une occasion favorable pour se relever; mais l'empereur Manuel Paléologue ne sut pas profiter des circonstances et surtout des divisions qui éclatèrent entre les fils de Bajazet. Encouragés par le dé-

---

[1] Les Turcs, après avoir servi d'auxiliaires aux empereurs grecs, ne tardèrent pas à se montrer en ennemis.

membrement de la monarchie de Timour, mort en 1405, les Turcs réparèrent leurs revers ; Mahomet Ier, fils cadet de Bajazet, reprit le souverain pouvoir (1413), et menaça de nouveau Constantinople. La victoire de Varna (1444) sur les Hongrois et leurs alliés fixa la domination d'Amurat II en Europe. Les généreux efforts de Jean Hunyade, régent de Hongrie et du fameux Épirote Jean Castriota, surnommé Scanderberg, qui préservèrent la Hongrie et l'Albanie des ravages des Turcs (1443-1451), ne parvinrent cependant pas à sauver Constantinople, abandonnée à ses propres forces, mais vaillamment défendue par l'empereur Constantin IX, Dragasès.

Cette capitale, assiégée par Mahomet II (depuis le 6 avril jusqu'au 29 mai 1453), succomba sous la persévérance et la bravoure des Musulmans. L'empereur périt dans le combat.

La Grèce, le Péloponèse, la Servie, la Bosnie, la Valachie, l'Épire et le petit État de Trébisonde, sur les côtes de l'Asie, subirent successivement la loi du vainqueur (1455-1461). C'est au milieu de ces désastres éprouvés par les chrétiens que les chevaliers de Rhodes (1480), sous le commandement de leur vaillant grand-maître, Pierre Daubusson, repoussèrent glorieusement les attaques réitérées de Mahomet II et de Bajazet II.

SOURCE. — J. DE HAMMER, *Histoire de l'empire des Ottomans, depuis son origine jusqu'à nos jours.*

Conclusion.

68. L'établissement de l'empire turc sur le sol de l'Europe ne tarda pas à exercer sur la politique moderne une grave influence, qui se fit remarquer dès le seizième siècle, où la France parut pour la première fois comme l'alliée du sultan.

D'un autre côté, la chute du trône des empereurs grecs par la prise de Constantinople, en obligeant les savans de la Grèce à se réfugier dans les États occidentaux, favorisa la renaissance des lettres en Italie, où elles refleurirent sous l'égide des Médicis et d'autres souverains.

La régénération de la littérature classique en Italie, et l'essor que l'esprit humain prit dans le quinzième siècle, furent les précurseurs de la grande révolution religieuse, intellectuelle et politique qui s'opéra dans le seizième, et fraya une nouvelle carrière aux destinées de l'humanité.

FIN DE L'HISTOIRE DU MOYEN AGE.

TABLEAU

CHRONOLOGIQUE ET ETHNOGRAPHIQUE

DU MOYEN AGE.

TABLEAU

CHRONOLOGIQUE ET ETHNOGRAPHIQUE

DU MOYEN AGE.

PREMIÈRE PÉRIODE (406 — 800).

Vandales, Suèves et Alains.

406 Les Vandales, les Suèves et les Alains envahissent la Gaule.
409 Les Vandales, les Suèves et les Alains s'établissent en Espagne.
429 Conquête de l'Afrique septentrionale par les Vandales et les Alains sous Genséric.
455 Pillage de Rome par les Vandales.
534 Destruction de l'empire des Vandales en Afrique par Bélisaire.

Les Visigoths.

408 Invasion de l'Italie par les Visigoths sous Alaric.
410 Rome est pillée par les Visigoths. Alaric meurt en Calabre.
412 Passage des Visigoths dans la Gaule sous Athaulf.

415 Fondation de l'empire des Visigoths dans la Gaule méridionale et en Espagne, sous Vallia.
507 Défaite des Visigoths à Vouglé. Mort d'Alaric II.
526 Extinction de la race d'Alaric. La couronne devient purement élective.
584 Destruction du royaume des Suèves par Léovigild, qui achève la conquête de l'Espagne.
586 Commencement de la décadence de la monarchie des Visigoths, depuis le règne de Récarède.
711 Victoire des Arabes sur les Visigoths à Xérès de la Frontera. Mort du roi Rodéric.

Les Bourguignons.

413 Entrée des Bourguignons dans la Gaule.
456 Fondation du royaume des Bourguignons.
501 Loi gombette, publiée sous le règne du roi Gondebaut.
534 Destruction du royaume des Bourguignons par les fils de Clovis.

Les Huns.

445 Attila réunit l'empire des Huns.
451 Entrée des Huns dans la Gaule. Défaite d'Attila à Châlons-sur-Marne.
452 Les Huns envahissent l'Italie supérieure. Fondation de Venise par les Vénèdes.
454 Mort d'Attila; démembrement de la monarchie des Huns. Les Ostrogoths et les Gépides recouvrent leur indépendance.

Les Anglo-Saxons.

449 Arrivée des Anglo-Saxons en Bretagne.
586 Heptarchie anglaise.
827 Egbert, roi de Westsex, réunit une grande partie de l'heptarchie.

Les Hérules et les Rugiens.

472 Odoacre, roi des Hérules et des Rugiens.
476 Les Hérules renversent l'empire romain d'Occident; Romulus Momyllus (Augustule), dernier empereur, est obligé d'abdiquer.

Les Ostrogoths.

493 Les Ostrogoths sous Théodoric envahissent l'Italie. Ils étendent leurs conquêtes en Sicile, en Savoie et en Rhétie.
500 Édit de Théodoric.
526 Amalasonte, fille de Théodoric et son époux Théodat.
540 Conquêtes de Bélisaire en Italie. Vitigès, roi des Ostrogoths, est fait prisonnier.
541 Totila relève le royaume des Visigoths.
552 Défaite de Totila par Narsès, général de Justinien.
553 Mort de Téjas, dernier roi des Ostrogoths, à la bataille de Nocéra. Fin de la domination des Ostrogoths en Italie.

Les Lombards.

548 Les Lombards s'établissent en Pannonie.
568 Conquête de l'Italie septentrionale par les Lombards sous Alboin.
573 Mort d'Alboin. Le royaume des Lombards agité par des troubles.
584 Le roi Autharis, restaurateur de la monarchie des Lombards. Loi lombarde.
636 Rotharis.
712 Le roi Luitprand.
752 Aïstolphe s'empare de l'exarchat de Ravenne.
774 Prise de Pavie par Charlemagne. Abdication de Didier, dernier roi des Lombards.

Les Francs.

430 Établissement définitif des Francs dans la Gaule-Belgique. Les Francs-Saliens, sous les rois Mérovingiens, deviennent la tribu prépondérante.

451 Extension de la domination des Francs-Saliens sous le roi Mérovée. Il prend part à la bataille de Châlons-sur-Marne contre les Huns.

481 Clovis, fils de Childéric Ier.

486 Victoire de Clovis sur Syagrius à Soissons. Fin de la domination des Romains dans la Gaule.

496 Défaite des Allemans à Tolbiac par Clovis. Les Francs embrassent le christianisme.

507 Clovis remporte la victoire de Vouglé, près de Poitiers, sur Alaric II, roi des Visigoths. Les Francs étendent leurs conquêtes jusqu'à la Garonne.

509 Soumission des États des Francs-Ripuaires par Clovis.

511 Rédaction présumée de la loi salique. Mort de Clovis; partage de la monarchie des Francs entre ses quatre fils. Origine des royaumes de Metz, d'Orléans, de Paris et de Soissons.

531 Destruction du royaume des Thuringiens par les Francs.

534 Le royaume des Bourguignons est conquis par les fils de Clovis.

558 Clotaire Ier, fils de Clovis, réunit de nouveau la monarchie des Francs.

561 Nouveau démembrement de la monarchie à la mort de Clotaire Ier.

613 Clotaire II, roi de Neustrie, devient roi de toute la monarchie des Francs.

628 Dagobert Ier et Caribert II.

631 Dagobert Ier réunit toute la monarchie à la mort de Caribert II, second fils de Clotaire II. Origine de l'autorité des maires du palais.

638 Partage de la monarchie des Francs entre les deux fils de Dagobert Iᵉʳ : Sigebert II, roi d'Austrasie; Clovis II, roi de Neustrie et de Bourgogne.
656 Cinquième partage de la monarchie des Francs à la mort de Clovis II. Accroissement de la puissance des maires du palais.
678 Pépin d'Héristal, maire du palais du royaume d'Austrasie, prend le titre de duc.
687 Victoire de Testry-sur-Somme remportée par Pépin d'Héristal sur Bertaire, maire de Neustrie sous Thierry III. Conquête de la Neustrie par les Austrasiens.
716 Charles-Martel, vainqueur des Neustriens, gouverne la monarchie des Francs sous le titre de duc.
732 Victoire de Poitiers sur les Arabes par Charles-Martel.
737 Mort de Thierry IV, roi de Neustrie.
741 Charles partage l'empire entre ses fils Carloman et Pépin-le-Bref.
752 Déposition de Childéric III, dernier roi des Mérovingiens. Pépin-le-Bref, élu roi des Francs à Soissons, est sacré par Boniface, archevêque de Mayence. Avènement de la race carlovingienne.
756 Donation de l'exarchat de Ravenne au pape Étienne III par Pépin-le-Bref.
768 Réunion du duché d'Aquitaine. Partage de la monarchie des Francs entre Charlemagne et Carloman, à la mort de Pépin-le-Bref.
771 Charlemagne réunit toute la monarchie des Francs.
772 Charlemagne fait la guerre aux Saxons.
773 Expédition contre Didier, roi des Lombards. Conquête de la Lombardie.
778 Guerres des Francs contre les Arabes d'Espagne.
782 Massacre des Saxons sur les rives de l'Aller.
784 Conversion de Wittikind, chef des Saxons.

787 Les ducs lombards de Spolète et de Bénévent reconnaissent la suzeraineté de Charlemagne.
788 Réunion de la Bavière à l'empire des Francs, par suite de la rébellion du duc Tassilon II.
796 Destruction du royaume des Avares en Pannonie.
799 Soumission de l'Espagne entre les Pyrénées et l'Èbre.

Empire d'Orient.

406 Arcadius, empereur sous la tutèle de Ruffin.
408 Théodose II, le Jeune. Code Théodosien.
457 Léon Ier. Guerre contre les Vandales.
491 Anastase Ier. Querelles du cirque.
527 Justinien Ier. Conquêtes de Bélisaire et de Narsès en Afrique et en Italie. Guerres contre les Perses et les Bulgares. Code de Justinien.
565 Justin II. Perte de l'Italie supérieure.
582 Maurice. Guerres contre les Avares en Pannonie.
591 Conquête de la Syrie, de la Palestine, de l'Asie-Mineure et de l'Égypte par Cosroës II, roi de Perse.
602 Le trône est usurpé par Phocas, qui fait périr l'empereur Maurice.
610 Héraclius détrône Phocas. L'empire se relève pendant son règne.
628 Paix entre Héraclius et Siroës, roi de Perse, qui rend à l'empire toutes les provinces conquises.
641 Mort d'Héraclius. Dissensions religieuses dans l'empire. Les Arabes commencent à menacer Constantinople. Invention du feu grégeois par Callinique.
717 Léon III, l'Isaurien, proclamé par les soldats. Origine de la querelle des Iconoclastes.
780 L'impératrice Irène.
802 Irène est détrônée par Nicéphore.

PREMIÈRE PÉRIODE.

Les Arabes.

570 Naissance de Mahomet, fils d'Abdallah de la tribu des Koreïchites.

622 Fuite de Mahomet de la Mecque à Médine. Ère de l'Hégire. Origine de l'islamisme et de la puissance des Arabes.

629 Mahomet s'empare de la Mecque. Soumission de l'Arabie à l'islamisme.

632 Mort de Mahomet. Création du califat en faveur de son beau-père Abou-Béker. Rédaction du Coran.

634 Califat d'Omar. Les Arabes étendent leurs conquêtes en Syrie, en Palestine et en Égypte.

640 Prise d'Alexandrie par Amrou. Destruction de la bibliothèque des Ptolémées.

644 Califat d'Othman. Conquête de l'Afrique septentrionale, des îles de Chypre et de Rhodes, et de la Perse. Fin de la dynastie des Sassanides.

655 Califat d'Ali, gendre de Mahomet.

660 Moawijah, gouverneur de la Syrie, s'empare du califat et le rend héréditaire dans la famille des Ommiades. Origine des Sunnites et des Chiites.

705 Valid Ier, calife. Conquêtes dans l'Afrique septentrionale sous l'émir Musa.

711 Victoire des Arabes à Xérès de la Frontera sur les Visigoths. Conquête de l'Espagne.

749 Le calife Mervan II détrôné par Aboul-Abbas. Destruction de la dynastie des Ommiades en Orient. Fondation du califat des Abbassides.

754 Le calife Al-Mansor encourage les sciences et les arts parmi les Arabes d'Asie.

756 Fondation du califat de Cordoue ou d'Espagne, par Abdérame, dernier rejeton des Ommiades.

762 La ville de Bagdad est fondée par Al-Mansor.
786 Le calife Haroun-al-Raschid, protecteur des lettres et des arts.

DEUXIÈME PÉRIODE (800—1095).

Empire des Francs.

800 Couronnement de Charlemagne à Rome par le pape Léon III. Renouvellement de la dignité impériale en Occident.
803 Soumission totale des Saxons par la paix de Salza; établissement du christianisme en Saxe.
814 Mort de Charlemagne. Louis-le-Débonnaire empereur.
817 L'empereur Louis partage l'empire entre ses trois fils Lothaire, Pépin et Louis. Lothaire associé au gouvernement.
818 Révolte de Bernard, roi d'Italie, neveu de l'empereur.
829 Second partage provoqué par l'impératrice Judith en faveur de Charles-le-Chauve, quatrième fils de l'empereur.
833 Rébellion des trois fils aînés de Louis-le-Débonnaire, soutenue par une partie du clergé et le pape Grégoire IV. Déposition de l'empereur.
834 L'empereur Louis est rétabli sur le trône, soumission de Lothaire.
835 Troisième partage en faveur de Charles-le-Chauve et au détriment des enfans de Pépin, roi d'Aquitaine.
838 Soulèvement des peuples de l'Aquitaine, soutenus par Louis-le-Germanique.
840 Mort de l'empereur Louis; guerre entre ses fils.
841 Lothaire, roi d'Italie, est vaincu à Fontenay en Bourgogne par Louis-le-Germanique et Charles-le-Chauve.
842 Alliance de Louis et de Charles à Strasbourg.

843 Traité de Verdun, partage de l'empire des Francs: Lothaire, empereur et roi d'Italie; Louis-le-Germanique, roi d'Allemagne; Charles-le-Chauve, roi de France.
855 Partage du royaume de Lothaire: Louis II, empereur et roi d'Italie; Lothaire II, roi de Lotharingie; Charles, roi de Provence.
858 Fondation du royaume de Navarre par don Garcie.
863 Lothaire II, à la mort de Charles, roi de Provence, réunit ce royaume à la Lotharingie.
869 Mort de Lothaire II. La Provence est réunie à la France par Charles-le-Chauve; la Lorraine et l'Alsace à l'Allemagne par Louis-le-Germanique.
875 Mort de l'empereur Louis II. Charles-le-Chauve et Louis-le-Germanique se disputent l'Italie et la couronne impériale.
879 Fondation du royaume de Bourgogne cis-jurane ou d'Arles par Boson, beau-frère de Charles-le-Chauve.
884 Réunion de la plus grande partie de la monarchie des Francs sous la domination de Charles-le-Gros, empereur, roi d'Allemagne et d'Italie.
887 Démembrement final de la monarchie des Francs par la déposition de Charles-le-Gros en Italie, en Allemagne et en France.
888 Rodolphe Guelfe fonde le royaume de Bourgogne transjurane. Guy, duc de Spolète et Bérenger, duc de Frioul, se disputent la couronne d'Italie.

Le royaume de France.

851 Charles-le-Chauve s'engage à ne rien entreprendre sans le consentement de la noblesse.
856 Charles accorde aux nobles le droit d'opposition armée et celui de n'être jugés que par leurs pairs.
877 Capitulaire de Kiersy, qui consacre l'hérédité des

fonctions judiciaires et militaires ; l'hérédité des fiefs devient générale. Louis II, le Bègue.

879 Louis III et Carloman. Consolidation du système féodal.

884 Charles-le-Gros, roi de France.

885 Paris est assiégé par les Normands et défendu par le comte Eudes.

888 Eudes, comte de Paris, proclamé roi de France, dispute le trône à Charles-le-Simple.

898 Charles-le-Simple est reconnu roi.

912 Les Normands sous Rollon s'établissent en France. La Normandie érigée en fief à titre de duché.

923 Raoul, duc de Bourgogne, élu roi de France.

936 Louis IV, d'Outremer, fils de Charles-le-Simple, parvient au trône avec la permission de Hugues-le-Grand, duc de France.

986 Louis V, le Fainéant, dernier roi carlovingien.

987 Hugues-Capet, comte de Paris et duc de France, proclamé roi par ses vassaux. Avènement de la race des Capétiens. Organisation du système féodal.

988 Hugues Capet associe son fils Robert à la couronne.

996 Robert. Progrès de l'autorité temporelle des papes.

1031 Henri Ier.

1041 Établissement de la trêve de Dieu.

1060 Régence de Baudouin, comte de Flandre, pendant la minorité de Philippe Ier.

1067 Philippe Ier prend les rênes du gouvernement.

L'Angleterre.

871 Alfred-le-Grand, roi d'Angleterre, triomphe des Danois. Division de l'Angleterre en comtés ; création des schérifs ; institutions judiciaires ; naissance de la marine.

946 Grande puissance des moines. Dunstan, archevêque de Cantorbéry, réformateur de l'ordre des Bénédictins.
978 Renouvellement des incursions des Danois sous Ethelred II. Établissement du Danegeld.
1003 Massacre des Danois en Angleterre.
1004 Grand armement du roi danois Suénon contre les Anglais.
1017 Canut-le-Grand, fils de Suénon, roi de toute l'Angleterre.
1036 Mort de Canut-le-Grand.
1042 Expulsion des Danois. Édouard-le-Confesseur, fils d'Ethelred II, roi d'Angleterre.
1066 Mort d'Édouard, élection de Harold. Bataille de Hastings. Conquête de l'Angleterre par Guillaume, duc de Normandie. Introduction du système féodal.

L'Allemagne et l'Italie.

887 Arnoul, duc de Carinthie, roi d'Allemagne. Invasion des Normands et des Esclavons.
900 Louis IV, l'Enfant, dernier roi carlovingien en Allemagne. L'Allemagne ravagée par les Hongrois établis en Pannonie.
911 Conrad Ier, duc de Franconie, roi d'Allemagne. L'Allemagne tributaire des Hongrois.
919 Henri Ier, l'Oiseleur, premier roi de la maison de Saxe. Commencement de la civilisation allemande.
925 Réunion du royaume de Lorraine à l'Allemagne.
933 Défaite des Hongrois à Mersebourg.
936 Othon Ier, le Grand, roi d'Allemagne.
952 Première expédition d'Othon en Italie.
954 Les Hongrois sont défaits sur les bords du Lech.
961 Othon est couronné roi d'Italie après avoir détrôné Bérenger II et son fils Adalbert.

962 Othon-le-Grand, empereur. Origine de l'empire d'Allemagne.
973 L'empereur Othon II épouse Théophanie, fille de l'empereur grec, Romain II.
998 Rome est prise d'assaut par l'empereur Othon III sur l'usurpateur Crescence.
1002 Henri II, dernier empereur de la dynastie saxonne.
1024 Conrad II, duc de Franconie, premier empereur de la maison salique.
1032 Réunion du royaume de Bourgogne ou d'Arles à l'empire d'Allemagne.
1039 Henri III; grandeur de l'Allemagne.
1043 Henri III recule les frontières de l'Allemagne jusqu'en Pannonie dans une guerre contre les Hongrois.
1056 Minorité orageuse de Henri IV.
1073 Révolte des Saxons contre Henri IV.
1074 Origine de la querelle des investitures entre Henri IV et le pape Grégoire VII. Célibat des prêtres. Fondation de la puissance temporelle des papes.
1076 Déposition du pape Grégoire VII par le concile de Worms. Henri IV est à son tour déposé et excommunié par le pape.
1077 Henri IV, déposé par la diète de Forchheim, combat l'anticésar Rodolphe de Souabe, et s'humilie devant le pape Grégoire VII au château de Canosse.
1080 Défaite de Rodolphe de Souabe à la bataille de Volksheim, en Thuringe.
1083 Henri IV assiège Grégoire VII à Rome; le pape se retire auprès de Robert Guiscard, duc de Calabre.
1086 Mort de Grégoire VII.
1087 L'empereur Henri IV est obligé de combattre l'anticésar Herman de Luxembourg, soutenu par les Saxons et les fils de l'empereur Henri.

1106 Henri IV, dépouillé de la couronne par son fils Henri, meurt excommunié à Liége. Règne de Henri V. Renouvellement des querelles entre l'empereur et la cour de Rome.

1122. Concordat de Worms avec le pape Calixte II ; Henri V renonce à l'investiture avec la crosse et l'anneau. Fin de la querelle des investitures.

Les Normands-Français dans l'Italie méridionale.

1016 Arrivée des Normands-Français sur les côtes de l'Italie.

1038 Le comté d'Averse, premier établissement des Normands-Français dans l'Italie méridionale.

1059 Robert Guiscard, fils de Tancrède de Hauteville, duc de la Pouille et de la Calabre, se rend vassal du pape.

1072. Conquête de Palerme et de la Sicile sur les Sarrasins par Roger, frère de Robert Guiscard. Roger, premier comte de Sicile.

1085 Mort de Robert-Guiscard.

1127 Roger II, comte de Sicile, réunit les provinces de Naples à la Sicile et se fait proclamer roi des Deux Siciles, vassal du saint-siége.

L'Espagne et le Portugal.

912 Abdérame III, le Grand, calife de Cordoue.

914 Ordogno II défait les Arabes et fixe sa résidence à Léon ; il étend ses conquêtes sur la Biscaye, la Castille et la Galice.

923 Le comté de Burgos est séparé du royaume de Léon.

1028 Don Sanche-le-Grand, roi de Navarre, réunit les différens royaumes chrétiens de l'Espagne.

1030 Démembrement du califat de Cordoue.

1035 Partage des États de don Sanche-le-Grand : Ferdinand Ier, roi de Castille et de Léon ; Garcie IV, roi de Navarre; Ramire Ier, roi d'Aragon. Illustration de Rodrigue Diaz de Vivas, sous le nom du *Cid.*

1038 Mort du calife Hescham IV. Les gouverneurs des provinces de l'Espagne arabe se rendent indépendans.

1085 Conquête de Tolède et de Madrid par Alphonse VI, roi de Castille.

1086 Les Almoravides d'Afrique envahissent l'Espagne. Défaite d'Alphonse VI à Badajoz.

1095 Henri de Bourgogne, gendre du roi de Castille Alphonse VI, créé comte de Portugal.

1139 Alphonse Ier, fils du comte Henri, proclamé roi de Portugal après la victoire d'Ourique sur les Maures.

Les califats de Bagdad et des Fatimites.

833 Création d'une garde d'esclaves turcs par le calife Motassem.

868 L'Égypte se sépare du califat de Bagdad.

908 Fondation du califat des Fatimites en Égypte par Mahadi Abdallah ; il s'étend sur une grande partie de l'Afrique septentrionale.

936 Démembrement du califat de Bagdad. Les premiers ministres (émirs-al-Omrah) s'emparent de l'autorité civile et militaire.

969 Le Caire devient la résidence des califes Fatimites qui font la conquête de la Syrie, de la Palestine et de l'Arabie septentrionale.

Les Turcs Seljoucides.

1037 Fondation de l'empire des Turcs Seljoucides par Togrulbeg, petit fils de Seljouk.

1055 Conquête de la Perse et de Bagdad par Togrulbeg, qui prend le titre d'Émir-al-Omrah.

1063 Alp-Arslan, neveu de Togrulbeg, étend ses conquêtes dans l'Asie-Mineure.
1075 Le Sultan Malek achève la fondation de l'empire des Seljoucides en Asie; il protège les lettres.
1092 Démembrement de l'empire des Turcs Seljoucides à la mort de Malek. Origine des États d'Iran, d'Iconium, de Syrie et du Kerman.

Empire d'Orient.

880 Schisme d'Orient. Séparation de l'Église grecque de l'Église latine sous le pontificat de Jean VIII.
1057 Avènement de la maison des Comnène au trône de Constantinople, dans la personne d'Isaac Comnène.
1059 Constantin X, Ducas, empereur.
1081 Alexis Comnène, neveu d'Isaac, empereur. Il protège les lettres. La princesse Anne Comnène.

La Norwège.

872 Découverte des îles Féroër et de l'Islande par les Norwégiens.
875 Le roi Harald Haarfager réunit les États de la Norwège.
936 Introduction du christianisme sous Haquin Ier.
982 Les navigateurs norwégiens visitent les côtes orientales du Groënland.
995 Olof Ier. Progrès du christianisme. La Norwège partagée entre les Danois et les Suédois.
1016 La Norwège recouvre son indépendance sous Olof II. Destruction du paganisme.
1028 La Norwège soumise par Canut-le-Grand.
1041 Magnus, roi de Norwège, fait la conquête du Danemarck.

Le Danemarck.

863 Gormon-le-Vieux, roi supérieur de Lethra, réunit les différentes parties du Danemarck.

936 Harald Blaatand, premier roi de tout le Danemarck, fondateur de la dynastie des Skioldungs.
991 Suénon Ier rétablit le paganisme. Conquête de la Norwège.
1014 Canut-le-Grand.
1017 Conquête de l'Angleterre.
1036 Mort de Canut, démembrement de son empire.
1041 Mort de Hardi-canut; le Danemarck passe sous le sceptre de Magnus, roi de Norwège.
1047 Suénon II Estristhson rétablit la famille de Harald.

La Suède.

1001 Les rois électifs de la Suède reconnaissent la suprématie du roi d'Upsal Olof Skötkonung. Établissement du christianisme.

La Pologne.

966 Miesko ou Mieczyslaw Ier, duc de Pologne, embrasse la religion chrétienne et se reconnaît vassal de l'empereur Othon-le-Grand. Règne des Piast.

La Russie.

862 Fondation de la monarchie russe par Ruric, chef des Warègues, qui fixe sa résidence à Nowgorod.
879 Oleg, successeur de Ruric, soumet les Esclavons du Dnieper. Kiew devient la résidence des grands-ducs.
957 Olga, veuve du grand-duc Igor, reçoit le baptême à Constantinople.
980 Agrandissement de l'empire sous Wladimir-le-Grand.
988 Introduction du christianisme selon le rite grec.

La Hongrie.

884 Origine de l'établissement des Hongrois ou Magyars en Europe, sous Almus et son fils Arpad.

900 Fondation de la domination des Hongrois en Pannonie par Arpad.
908 Invasions des Hongrois en Allemagne, en France, en Italie et dans l'empire grec.
973 Introduction du christianisme en Hongrie par le duc Geisa.
1001 Étienne Ier, roi de Hongrie, consolide le christianisme et commence la civilisation des Hongrois.
1038 Mort d'Étienne Ier. La Hongrie déchirée par des guerres de succession.
1063 La Hongrie cesse d'être fief de l'Allemagne. Mort de Béla Ier.

TROISIÈME PÉRIODE (1095 — 1300).

Les Croisades.

1095 Concile de Clermont ; la première croisade est prêchée par Pierre-l'Ermite, sous les auspices du pape Urbain II.
1096 Première croisade sous le commandement de Godefroi de Bouillon, de Baudouin, comte de Flandre, de Robert, duc de Normandie, de Raymond, comte de Toulouse, de Boëmond, prince de Tarente, etc.
1097 Prise de Nicée par les croisés.
1098 Les Chrétiens s'emparent d'Antioche.
1099 Conquête de Jérusalem. Victoire d'Ascalon sur les Musulmans.
1100 Mort de Godefroi de Bouillon ; Baudouin, prince d'Édesse, son frère, est élu roi de Jérusalem. Fondation de l'ordre de Saint-Jean ou des Hospitaliers.
1118 Fondation de l'ordre des Templiers. Baudouin II, de Bourges. Agrandissement du royaume de Jérusalem.

1131. Foulques d'Anjou, roi. Commencement de la décadence du royaume.
1142. Baudouin III, roi de Jérusalem.
1144. Prise de la ville d'Édesse par le Curde Atabeck Zenghi.
1147. Seconde croisade, prêchée par saint Bernard, abbé de Clairvaux, et entreprise par Louis VII, roi de France et Conrad III, empereur d'Allemagne.
1171. Fondation de la dynastie des Ayoubites en Égypte par Saladin.
1187. Défaite du roi Guy de Lusignan à la bataille de Tibériade. Prise de Jérusalem par le sultan Saladin.
1189. Troisième croisade, sous le commandement de l'empereur d'Allemagne Frédéric Barberousse, de Philippe-Auguste, roi de France, et de Richard-Cœur-de-Lion, roi d'Angleterre.
1191. Prise de Ptolémaïde par les croisés. Fondation de l'ordre teutonique.
1202. Quatrième croisade, entreprise par Boniface, marquis de Montferrat, Baudouin, comte de Flandre, et les Vénitiens.
1204. Intervention des croisés dans les désordres de Constantinople, causés par l'usurpation d'Alexis III, l'Ange. Prise de Constantinople par les croisés; fondation de l'empire des Latins. Baudouin, comte de Flandre, empereur. Origine des empires grecs de Nicée et de Trébisonde. Accroissement de la puissance vénitienne.
1217. Cinquième croisade, sous les ordres d'André II, roi de Hongrie.
1221. Expédition de Guillaume, comte de Hollande, du roi de Chypre Jean de Brienne, et de Léopold, duc d'Autriche, contre l'Égypte.
1228 Sixième croisade, entreprise par l'empereur Fré-

déric II de Hohenstaufen. Jérusalem est rendue aux chrétiens par le sultan d'Égypte.
1244 Combat de Gaza, soutenu par les Templiers et les chevaliers de Saint-Jean contre les Musulmans.
1248 Septième croisade, entreprise par Louis IX, roi de France, contre l'Égypte.
1249 Prise de Damiette.
1250 Le roi de France est fait prisonnier à Massoure.
1252 Destruction de la dynastie des Ayoubites par les Mameloucks.
1254 Retour de saint Louis en France.
1270 Expédition de Louis IX contre Tunis.
1291 Prise de Tyr et de Ptolémaïde par les Mameloucks. Fin des croisades.

La France.

1108 Louis VI, dit le Gros. Origine des communes; accroissement de l'autorité royale.
1124 Louis VI, à la tête de ses vassaux, s'oppose à l'invasion de l'empereur Henri V.
1137 Louis VII, le Jeune, roi de France.
1147 Régence de l'abbé Suger. Création des écoles de Paris.
1153 Divorce de Louis VII avec Éléonore de Guyenne.
1180 Philippe II, Auguste.
1181 Les juifs sont bannis du royaume.
1200 Origine de l'université de Paris.
1202 Meurtre d'Arthur de Bretagne, par Jean-sans-Terre.
1205 Confiscation de la Normandie et de plusieurs autres provinces par suite de la sentence de la cour des pairs contre le roi Jean. Système des réunions.
1209 Croisade contre les Albigeois. Origine du tribunal de l'inquisition.
1214 Bataille de Bouvines, gagnée par Philippe-Auguste

sur l'empereur Othon IV et le comte de Flandre. Consolidation du pouvoir royal.
1223 Louis VIII.
1224 Conquête du Poitou et d'une partie de l'Aquitaine sur les Anglais. Louis VIII fait une croisade contre les Albigeois.
1226 Louis IX. Régence de Blanche de Castille. Ligue des barons contre la royauté.
1229 Fin de la guerre contre les Albigeois.
1235 Louis IX entre dans sa majorité. Établissemens de Saint-Louis; extension de la souveraineté royale.
1242 Victoires de Louis IX à Taillebourg et à Saintes.
1259 Paix avec le roi d'Angleterre Henri III; cession de plusieurs provinces à ce roi.
1269 Pragmatique-sanction avec la cour de Rome.
1270 Philippe III, le Hardi.
1271 Réunion du comté de Toulouse.
1283 Philippe III se met à la tête d'une croisade contre Pierre III d'Aragon.

L'Angleterre.

1107 Henri Ier enlève la Normandie à son frère le duc Robert, après la bataille de Tinchebrai. Première charte.
1135 Guerre civile en Angleterre entre Mathilde, duchesse de Normandie, fille de Henri Ier, et Étienne, comte de Blois.
1154 Henri II de Plantagenet, époux d'Éléonore de Guyenne, succède à Étienne de Blois. Introduction de l'impôt du scutage. Établissement des juges ambulans.
1163 Querelles entre Henri II et Thomas Becket, archevêque de Cantorbéry.
1172 Henri II entreprend la conquête de l'Irlande.

1189 Richard-Cœur-de-Lion. L'Angleterre agitée par les intrigues du prince Jean.
1194 Retour de Richard de la Palestine.
1199 Jean-sans-Terre.
1213 Le roi Jean se rend vassal du pape.
1215 Les barons anglais forcent le roi à signer la grande charte. Le prince Louis, fils de Philippe-Auguste, appelé au trône par la noblesse.
1216 Mort du roi Jean; Henri III, son fils, proclamé roi d'Angleterre.
1258 Articles de réforme, connus sous le nom des provisions d'Oxford.
1265 Soulèvement des barons sous la conduite de Simon de Montfort, comte de Leicester. Admission des chevaliers de comtés et des députés des communes au parlement. Bataille d'Evesham, défaite et mort de Leicester.
1272 Édouard Ier. Consolidation des prérogatives du parlement et des libertés anglaises.
1281 Soumission du pays de Galles.
1285 Création des juges de paix.
1291 Guerres en Écosse causées par la contestation entre les Baliols et les Bruces. Exploits de Guillaume Wallace.

L'Allemagne et l'Italie.

1125 La couronne impériale est déférée à Lothaire II, duc de Saxe. Guerre civile entre Lothaire et Conrad, duc de Franconie.
1138 Avènement de Conrad III de Hohenstaufen. Querelle entre Conrad III et Henri-le-Superbe, de la maison des Guelfes. Origine des partis des Guelfes et des Gibelins. Déposition de Henri-le-Superbe. Le duché de Saxe est donné à Albert-l'Ours, margrave

de Brandebourg; celui de Bavière est conféré à Léopold, margrave d'Autriche.

1139 Soulèvement des Saxons en faveur de Henri-le-Lion, fils de Henri-le-Superbe.

1140 Bataille de Weinsberg; défaite du duc Guelfe par l'armée impériale.

1142 Diète de Francfort. Henri-le-Lion est rétabli dans ses fiefs de Saxe. Guerre entre le duc Guelfe et l'empereur Conrad III.

1152 Frédéric Ier, Barberousse, neveu de Conrad III, empereur d'Allemagne. Accroissement de l'autorité impériale.

1154 Le duché de Bavière est rendu à Henri-le-Lion; grandeur de la maison des Guelfes. Diète de Goslar. Les Milanais déclarés rebelles. Origine des guerres contre les villes de la Lombardie.

1156 Érection du duché d'Autriche en faveur du margrave Henri.

1160 Milan et Crème révoltées sont mises au ban de l'empire.

1162 Milan se rend à Frédéric Ier.

1167 Ligue des villes de la Lombardie contre Frédéric Ier, appuyée par le pape Alexandre III et la république de Venise.

1169 Fondation de la ville d'Alexandrie de la Paille.

1176 Défection de Henri-le-Lion et victoire de la ligue lombarde sur Frédéric Ier à Legnano, près de Côme.

1177 Le pape Alexandre III impose à Frédéric Ier le traité de Venise.

1180 Diète de Würzbourg. Proscription de Henri-le-Lion. Le duché de Saxe conféré à Bernard d'Anhalt, celui de Bavière au comte palatin Othon de Wittelsbach.

1183 Paix de Constance entre l'empereur et la ligue lombarde.

1186 Mariage de Henri, roi des Romains, fils de Frédéric Ier, avec Constance, héritière du royaume des Deux-Siciles. Tancrède, fils naturel de Roger, duc de la Pouille, prétend au trône des Deux-Siciles.
1190 Henri VI, empereur.
1197 Régence de Philippe, duc de Souabe pendant la minorité de Frédéric II.
1198 Philippe, duc de Souabe, et Othon IV de Brunswick se disputent le trône.
1208 Assassinat de Philippe de Souabe par le comte Othon de Wittelsbach. Othon IV, empereur.
1212 Frédéric II de Hohenstaufen, élu empereur, dispute le trône à Othon IV.
1218 Mort de l'empereur Othon IV; Frédéric II règne seul.
1226 Renouvellement de la ligue lombarde.
1234 Henri, roi des Romains, se révolte contre son père Frédéric II.
1235 Paix publique pour réprimer les désordres de l'anarchie féodale en Allemagne.
1237 Insurrection des villes lombardes contre l'empereur Frédéric II, vaincue à Corte-Nuova. Eccelin III de Romano, podestat de Vérone, chef des Gibelins.
1241 Formation de la ligue anséatique.
1245 Querelle entre l'empereur Frédéric II et le pape Innocent IV. Guerre civile en Allemagne. Henri Raspon, landgrave de Thuringe, opposé par un parti à Frédéric II.
1250 Conrad IV, dernier empereur de la maison de Hohenstaufen.
1254 Anarchie en Allemagne. Empereurs de différentes maisons. Interrègne. Formation de la ligue du Rhin.
1273 Élection de l'empereur Rodolphe de Habsbourg; fin de l'interrègne. Origine des sept électeurs.

1278 Victoire de Rodolphe de Habsbourg sur Ottocar, roi de Bohème. La maison de Habsbourg acquiert l'Autriche, la Styrie, la Carinthie et la Carniole.
1291 Albert Ier d'Autriche et Adolphe, comte de Nassau, se disputent la couronne impériale.
1298 Adolphe de Nassau est tué au combat de Gelheim, près de Worms. Albert Ier, empereur.

L'Italie.

1102 Donation de la comtesse Mathilde des fiefs de la Toscane à la cour de Rome.
1115 Irnerius enseigne le droit romain en Italie.
1144 Prédications d'Arnaud de Brescia contre les abus de l'Église.
1152 Introduction du droit-canon sous le nom de décrétales.
1188 Le pape Innocent III s'érige en souverain de Rome.
1189 Le royaume de Naples passe sous la domination de la maison de Hohenstaufen.
1204 Agrandissement de la puissance de Venise par des conquêtes en Dalmatie et dans l'Archipel.
1252 Croisade contre Eccelin III de Romano, podestat de Vérone, fameux par ses cruautés.
1254 Mainfroi, frère naturel de l'empereur Conrad IV, se fait proclamer roi des Deux-Siciles.
1259 Combat de Cassano, sur l'Adda. Mort d'Eccelin III.
1263 Charles d'Anjou, frère de Louis IX, est appelé au trône des Deux-Siciles par le pape Urbain IV.
1266 Mort de Mainfroi à la bataille de Bénévent, gagnée par Charles d'Anjou.
1268 Conradin, dernier rejeton de la maison de Hohenstaufen, est vaincu à la bataille de Tagliocozzo ou Scurcola, près d'Aquila, et décapité à Naples par les ordres de Charles d'Anjou.

1282 Vêpres siciliennes. Massacre général des Français en Sicile.
1285 Pierre III d'Aragon s'empare de la Sicile.
1290 Fin de la lutte entre les républiques de Gênes et de Pise par la conquête de l'île d'Elbe et la destruction du port de Pise par les Génois.
1298 Établissement de l'aristocratie héréditaire à Venise.

L'Espagne.

1114 Conquête de Tudéla et de Sarragosse par les Aragonais, sous Alphonse Ier.
1137 Réunion du comté de Barcelonne à l'Aragon.
1212 Bataille d'Ubéda en Andalousie, gagnée par Alphonse IX, roi de Castille, sur les Almohades d'Afrique. Alliance entre les rois de Castille, d'Aragon et de Navarre.
1213 Jacques Ier, le Conquérant, roi d'Aragon, agrandit son royaume.
1230 Conquête de la Murcie et des îles Baléares par le roi d'Aragon Jacques Ier.
1236 Prise de Cordoue par les Castillans.
1238 Conquête du royaume de Valence par le roi d'Aragon.
1241 Conquête d'une grande partie de l'Estramadure par le roi de Castille Ferdinand III.
1248 Prise de Séville par les Castillans.
1250 Soumission de Cadix.
1252 Alphonse X, le Sage, roi de Castille.
1274 Réunion du royaume de Navarre à la France, par le mariage de la reine Jeanne Ire avec le roi Philippe-le-Bel.

Le Portugal.

1142 Assemblée des cortès à Lamego. Constitution du Portugal sous Alphonse Ier.

1147 Alphonse Ier s'empare d'Évora, de Santarem et de Lisbonne.
1249 Conquête du royaume des Algarves, achevée par Alphonse III.
1279 Denis-le-Juste favorise la consolidation du tiers-état et les progrès du commerce et de la navigation.

Le Danemarck.

1157 Waldemar Ier, roi de Danemarck, essaie de soumettre les Esclavons et Vénèdes des côtes de la Baltique.
1165 Fondation de Dantzig.
1182 Canut VI soumet les princes de Mecklenbourg et de Poméranie.
1201 Prise de Hambourg et de Lübek.
1202 Waldemar II étend ses conquêtes sur le Lauenbourg et une partie de la Russie et de l'Esthonie.
1209 Fondation de Stralsund.
1219 Fondation de Reval.
1223 Waldemar II prisonnier du comte Henri de Schwérin.
1227 Défaite de Waldemar II à la bataille de Bornhœvède en Holstein.

La Suède.

1157 Conquête de la Finlande par les Suédois sous le roi Éric-le-Saint.
1161 Le roi Charles VII, de la famille des Suerker, réunit la Gothie à la Suède.
1250 Avènement des rois Folkungiens dans la personne de Waldemar Ier. Extension des conquêtes de la Suède en Carélie. Guerres contre les Russes.

La Prusse.

1230 Croisade des chevaliers teutons contre les Borusses.
1237 Réunion des chevaliers de l'ordre teutonique à ceux

de l'ordre des Porte-Glaives de Livonie, sous le même grand-maître. Extension des conquêtes de ces ordres.
1283 Conquête de la Prusse.

La Pologne.

1138 Partage de la Pologne à la mort du duc Boleslas III.
1241 Invasion des Mongols. Défaite des chrétiens à Liegnitz en Silésie.

La Hongrie.

1077 Ladislas Ier. Agrandissement de la Hongrie.
1095 Coloman. Conquête de la Croatie.
1105 Conquête de la Dalmatie.
1141 Geisa II. La Hongrie déchirée par les guerres civiles.
1205 André II.
1222 Charte ou bulle d'or donnée par André II à la noblesse hongroise.
1241 La Hongrie, pendant le règne de Béla IV, est envahie par les Mongols sous les khans Batu et Gajouk. Défaite de Béla près de la rivière de Sajo.
1244 La Hongrie recouvre son indépendance.
1245 Fondation de Bude.
1285 Nouvelle tentative des Mongols unis aux Cumans pour subjuguer la Hongrie sous le règne de Ladislas IV.

La Russie.

1015 Partage de la Russie entre les fils de Wladimir-le-Grand. Commencement de longues guerres civiles.
1235 Défaite des Russes sur les rives de la Kalka, près d'Azow, par Tschutschi, fils aîné de Gengis-Khan.
1237 Prise de Moscou et de Kiew par Batu-Khan. Soumission de la Russie par les Mongols.

1241 Victoire du czar Alexandre Newsky, près de la Newa, sur les chevaliers Porte-Glaives. Batu-Khan le reconnaît comme grand-duc tributaire des Tartares.

QUATRIÈME PÉRIODE (1300 — 1500).

Décadence du pouvoir papal.

1300 La puissance papale atteint sa plus haute élévation sous le pontificat de Boniface VIII.
1305 Clément V parvient à la papauté par l'influence française.
1309 Translation du saint-siége de Rome à Avignon. Commencement de la décadence de l'autorité des papes.
1378 Grand schisme d'Occident par suite de la double élection des papes Urbain VI et Clément VII.
1409 Concile de Pise.
1414 Concile de Constance; on y proclame le principe que les conciles sont supérieurs au pape.
1415 Condamnation du réformateur Jean Huss et de Jérôme de Prague, son disciple, par les pères du concile de Constance.
1418 Guerre des Hussites.
1431 Concile de Bâle.
1438 Pragmatique-sanction de Bourges, favorable aux libertés de l'Église gallicane.
1439 Pragmatique-sanction de Mayence. Schisme de Bâle. Concile de Florence.
1449 Fin du schisme de Bâle par l'abdication de Félix V.

La France.

1285 Philippe IV, dit le Bel.
1293 Guerre entre Philippe VI et Édouard Ier. Philippe s'allie avec l'Écosse, et Édouard avec l'empereur Adolphe de Nassau et Guy, comte de Flandre.

QUATRIÈME PÉRIODE. 363

1302 Révolte des Flamands contre le roi de France. Différend de Philippe-le-Bel avec le pape Boniface VIII. Convocation des États généraux; admission des députés des communes ou du tiers-état.
1303 Paix avec l'Angleterre.
1304 Défaite des Flamands à Mons-en-Puelle.
1307 Persécution et procès des Templiers.
1312 Abolition de l'ordre des Templiers au concile de Vienne en Dauphiné.
1314 Exécution de Jacques de Molay.
1315 Affranchissement des serfs de la couronne par Louis X, le Hutin.
1316 Philippe V, le Long.
1322 Charles IV, le Bel. Persécution des juifs.
1328 Avènement des Valois dans la personne de Philippe VI, comte de Valois.
1330 Introduction des appels comme d'abus.
1338 Nouvelle guerre entre la France et l'Angleterre, à l'occasion des prétentions d'Édouard III au trône de France.
1339 Accroissement de l'autorité des États généraux en matière d'impôts.
1340 Combat de l'Écluse entre les flottes française et anglaise.
1346 Défaite du roi Philippe VI à la bataille de Crécy. Usage de la poudre à canon.
1347 Prise de Calais par les Anglais, sous Édouard III. La peste, appelée la *mort noire*, ravage la France et une grande partie de l'Europe.
1349 Réunion du Dauphiné au domaine de la couronne.
1350 Jean-le-Bon.
1355 Renouvellement de la guerre entre la France et l'Angleterre. Les États généraux posent de nouvelles limites à la souveraineté du roi. Charles-

le-Mauvais, roi de Navarre. Révolte des paysans, connue sous le nom de Jacquerie.

1356 Le Prince-Noir défait les Français à Maupertuis, près de Poitiers. Captivité de Jean-le-Bon.

1357 Les factions populaires dominent Paris. Grande autorité d'Étienne Marcel, prévôt des marchands.

1358 Rétablissement de l'autorité royale par le dauphin Charles.

1360 Traité de Bretigny; le roi d'Angleterre renonce à ses prétentions à la couronne de France et à la Normandie.

1364 Charles V, le Sage. Le connétable Bertrand Duguesclin. La majorité des rois de France fixée à quatorze ans dans un lit de justice. Encouragemens donnés aux lettres et au commerce.

1369 Charles V renouvelle la guerre contre les Anglais. Glorieux combats du connétable Duguesclin.

1376 Mort du prince de Galles; revers des Anglais en France.

1380 Minorité orageuse de Charles VII. Régence de Louis, duc d'Anjou. Insurrection parisienne des Maillotins.

1388 Charles VI déclaré majeur; influence du connétable Olivier de Clisson. La reine Isabeau de Bavière, épouse de Charles VI.

1392 Démence du roi Charles VI. La France livrée aux troubles causés par la rivalité des maisons d'Orléans et de Bourgogne.

1407 Assassinat du duc d'Orléans, frère du roi, par les ordres de Jean-sans-Peur, duc de Bourgogne. Guerre civile entre les Armagnacs et les Bourguignons.

1415 Henri V, roi d'Angleterre, recommence la guerre contre la France. Défaite des Français à Azincourt.

1419 Meurtre du duc de Bourgogne sur le pont de Montereau. La reine s'allie à Philippe-le-Bon, nouveau duc de Bourgogne. Progrès des armées anglaises en France.

1420 Traité de Troyes en Champagne; Henri V de Lancastre proclamé successeur du roi Charles VI et régent du royaume de France.

1422 Mort de Charles VI et de Henri V de Lancastre. La France partagée entre Henri VI d'Angleterre et Charles VII de Valois.

1429 Siége d'Orléans; apparition de Jeanne d'Arc.

1431 Jeanne d'Arc brûlée à Rouen.

1435 Paix d'Arras entre Charles VII et le duc Philippe de Bourgogne; décadence du parti anglais en France.

1440 Révolte des nobles, appelée la Praguerie. Le dauphin Louis à la tête des rebelles.

1445 Établissement de la milice perpétuelle.

1453 Expulsion des Anglais de la France.

1461 Louis XI.

1464 Établissement des postes en France.

1465 Ligue du bien public, formée par la noblesse, contre Louis XI. Traité de Saint-Maur entre le roi et les nobles.

1468 Entrevue de Péronne entre Louis XI et le duc de Bourgogne, Charles-le-Téméraire.

1472 Guerre entre le roi de France et le duc de Bourgogne. Siége de Beauvais.

1475 Traité de Péquigny, appelé trève marchande, entre Louis XI et Édouard IV, roi d'Angleterre.

1477 Réunion du duché de Bourgogne à la France, à la mort de Charles-le-Téméraire.

1481 La Provence réunie à la France.

1483 Charles VIII.

1484 États généraux de Tours. La régence est conférée à Anne de Beaujeu, sœur aînée de Charles VIII.

1488 La ligue de la noblesse vaincue par l'armée royale à la bataille de Saint-Aubin en Bretagne; captivité du duc d'Orléans. Paix entre le roi de France et François II, duc de Bretagne.
1491 Mariage de Charles VIII avec Anne de Bretagne; réunion de ce fief à la couronne.
1493 Traité de Senlis; la Franche-Comté, l'Artois et le comté de Charolais cédés à l'Autriche.
1494 Expédition de Charles VIII dans le royaume de Naples; conquête de ce royaume.
1498 Mort de Charles VIII, avènement de Louis XII.

Maison de Bourgogne.

1361 Extinction de l'ancienne maison de Bourgogne.
1363 Fondation de la seconde maison de Bourgogne, par Philippe-le-Hardi, fils de Jean-le-Bon.
1419 Accroissement de la puissance de la maison de Bourgogne, par des acquisitions dans les Pays-Bas.
1475 Guerre entre Charles-le-Téméraire, duc de Bourgogne, et la Confédération helvétique.
1476 Défaite du duc de Bourgogne à Granson et à Morat.
1477 Défaite et mort de Charles-le-Téméraire, près de Nancy.

L'Angleterre.

1307 Édouard II. Insurrection de la noblesse contre l'autorité royale.
1314 Victoire des Écossais sur le roi Édouard II à Bannockburn.
1327 Édouard II, déposé par le parlement, périt en prison. Avènement d'Édouard III. Accroissement de la marine. Établissement des manufactures de drap.
1347 Division du parlement en chambre des pairs et en chambre des communes.

1377 Minorité orageuse de Richard II ; la chambre des communes agrandit ses prérogatives.
1382 Insurrection des paysans (*Bondes* ou *Cotagers*). Secte de Wicleff ou Lollards.
1389 Majorité de Richard II. Bannissement du jeune duc de Lancastre.
1399 Déposition de Richard II par un acte du parlement. Avènement de la Rose-Rouge ou de la maison de Lancastre dans la personne de Henri IV.
1403 Henri IV triomphe de la conspiration des Piercy de Northumberland, soutenus par les Gallois. Extension des priviléges de la chambre des communes.
1413 Henri V.
1420 Mariage de Henri V avec Catherine de France.
1422 Henri VI roi d'Angleterre et de France. Régence du duc de Bedford en France et du duc de Glocester en Angleterre.
1452 Origine des guerres entre les deux Roses. Richard, duc d'York, proclamé protecteur par le parlement.
1455 Henri VI vaincu et fait prisonnier à la bataille de Saint-Alban.
1460 Le parlement reconnait le droit d'aînesse de la maison d'York. Mort de Richard à la bataille de Wakefield.
1461 Marguerite d'Anjou, épouse de Henri VI, rend la liberté à son époux. Avènement de la Rose-Blanche dans la personne d'Édouard IV.
1470 Seconde restauration de Henri VI par l'alliance de Marguerite et du comte de Warwick.
1471 Bataille de Barnet ; défaite et mort de Warwick ; second avènement d'Édouard IV ; meurtre de Henri VI.
1483 Richard III monte au trône après avoir fait assassiner ses neveux Édouard V et Richard.

1485 Bataille de Bosworth; mort de Richard III; avènement de la maison des Tudor dans la personne de Henri VII.
1486 Mariage de Henri VII et d'Élisabeth d'York; union des deux Roses.
1499 Exécution de l'imposteur Perkin Warbek, prétendu duc d'York, et du jeune comte de Warwick. Servilité du parlement.

L'Allemagne et la Suisse.

1298 Albert Ier, de la maison de Habsbourg, empereur.
1307 Conjuration du Rütli, origine de la liberté helvétique.
1308 Assassinat de l'empereur Albert Ier par le duc Jean de Souabe. Élection de Henri VII, de la maison de Luxembourg. Renouvellement des expéditions en Italie.
1313 Mort de Henri VII.
1314 Double élection de Louis V de Bavière et de Frédéric-le-Bel, duc d'Autriche.
1315 Victoire des Suisses sur les Autrichiens à Morgarten, dans le canton de Schwitz, suivie de la ligue de Brunnen.
1322 Défaite de Frédéric-le-Bel par Louis V, à Mühldorf en Bavière. Querelles de Louis V avec la papauté.
1325 Réconciliation entre Louis V et Frédéric-le-Bel; ils partagent la couronne.
1330 Mort de Frédéric-le-Bel; Louis V seul empereur.
1338 La diète de Francfort proclame que l'élection des empereurs est indépendante de la volonté du pape. Ligue des électeurs.
1347 Charles IV de Luxembourg, roi de Bohême, élu empereur.

QUATRIÈME PÉRIODE.

1354 Les Visconti sont créés vicaires-héréditaires de l'empire, en Lombardie.
1355 Loi fondamentale de l'empire, appelée *bulle d'or*.
1366 Fondation de l'université de Prague.
1378 Wenceslas, empereur. Alliance des villes du Rhin avec celles de la Souabe et de la Franconie.
1386 Bataille de Sempach, illustrée par l'héroïsme d'Arnold de Winckelried.
1388 Victoire des Suisses sur les Autrichiens, à Næfels.
1393 Renouvellement de la ligue de Brunnen.
1400 Déposition de l'empereur Wenceslas; élection de Robert Ier, comte palatin; consolidation de la souveraineté des princes de l'Allemagne.
1410 Sigismond, roi de Hongrie, frère de Wenceslas, est élu empereur.
1414 Sigismond convoque le concile de Constance.
1415 Les Suisses s'emparent des possessions de la maison de Habsbourg.
1417 Sigismond vend l'électorat de Brandebourg à Frédéric de Hohenzollern, burggrave de Nuremberg.
1418 Commencement de la guerre des Hussites.
1422 La maison de Misnie obtient l'électorat de Saxe.
1433 Les Hussites obtiennent du concile de Bâle le libre exercice de leur culte. Traité d'Iglau en Moravie.
1436 Sigismond est reconnu roi de Bohême. Fin de la guerre des Hussites. — Invention de l'imprimerie à Strasbourg, par Jean Gutenberg, de Mayence.
1437 Mort de l'empereur Sigismond.
1438 Albert II, duc d'Autriche, gendre de Sigismond, empereur, roi de Hongrie et de Bohême.
1440 Frédéric III d'Autriche, empereur.
1444 Combat de Saint-Jacques, près de Bâle, entre les Suisses et les Français, sous le dauphin Louis.
1448 Concordat entre Frédéric III et le pape Nicolas V.

1452 Alliance des confédérés suisses avec la France. — Invention de la fonte des caractères d'imprimerie, attribuée à Pierre Schœffer, de Gernsheim.
1477 Mariage de l'archiduc Maximilien d'Autriche avec Marie de Bourgogne.
1486 L'archiduc Maximilien est associé à son père Frédéric III, comme roi des Romains.
1488 Formation de la ligue des États de Souabe, destinée à mettre un frein aux brigandages de la noblesse.
1493 Maximilien Ier, empereur.
1495 Diète de Worms, établissement de la paix publique. Institution de la chambre impériale. Création d'une milice permanente.
1512 Division de l'empire en dix cercles.

L'Italie. — Le Milanais.

1315 Mathieu Visconti, reconnu souverain de Milan, fait des conquêtes en Lombardie.
1395 Jean-Galéas Visconti rend sa dignité héréditaire et fait de nouvelles conquêtes.
1412 Établissement du gouvernement républicain à Milan.
1418 Philippe-Marie relève l'autorité des Visconti.
1447 Le Milanais passe sous la domination des Sforze.
1451 François Sforze proclamé duc de Milan par l'assentiment du peuple.
1464 Gênes passe sous la domination du duc de Milan.
1476 Mort du duc Galéas-Marie Sforze.
1494 Louis Sforze, le More, usurpe la souveraineté de Milan. Commencement des guerres des Français en Italie.

Florence.

1292 Le gouvernement est confié par le peuple à un gonfalonier de justice.

1320 Castruccio Castracani, tyran de Lucques, envahit le territoire de Florence.
1326 Florence se met sous la protection de Robert, roi de Naples.
1328 Mort de Charles, duc de Calabre, seigneur de Florence. Réforme de la constitution.
1340 Florence ravagée par la peste.
1342 Gauthier de Brienne, duc d'Athènes, devient souverain de Florence, sous le nom de capitaine de justice.
1343 Rétablissement du gouvernement populaire.
1400 Jean de Médicis, fondateur de la puissance de cette famille à Florence.
1407 Conquête de Pise par les Florentins.
1429 Gouvernement de Cosme de Médicis.
1433 Bannissement de Cosme.
1478 Gouvernement de Laurent de Médicis, surnommé le magnifique. Progrès des sciences et des arts.
1492 Mort de Laurent de Médicis; décadence de la république sous son fils Piétro.
1494 Bannissement des Médicis; Florence livrée à l'anarchie.

Venise.

1310 Consolidation de l'aristocratie vénitienne, création du tribunal des dix.
1342 Traité de commerce avec les sultans de Syrie et d'Égypte; commerce des Vénitiens avec les Indes.
1355 Conjuration du doge Marino Falieri.
1379 Destruction de la flotte génoise à Chiozza par les Vénitiens.
1381 Paix avec la république de Gênes; supériorité maritime de Venise.
1402 Les Vénitiens commencent à étendre leur domination sur le continent de l'Italie.

1487 Cession de l'île de Chypre par la reine Catherine Cornaro.
1498 Commencement de la décadence de Venise.

Gênes.

1339 Création d'un doge à vie.
1353 Gênes gouvernée par l'archevêque Jean Visconti, seigneur de Milan.
1396 Les Génois se soumettent au roi de France Charles VI.
1409 Gênes soumise au marquis de Montferrat.
1421 Les Génois sous la domination de Milan.
1458 La république de Gênes sous la souveraineté française.
1474 Ruine des colonies génoises en Crimée.

État de l'Église.

1309 Le Pape Clément V transfère la résidence papale de Rome à Avignon.
1347 Nicolas Rienzi se met à la tête du gouvernement sous le titre de tribun.
1353 Rienzi est revêtu pour la seconde fois de l'autorité souveraine à Rome.
1354 Rienzi périt victime de la fureur du peuple.
1355 Rétablissement de l'autorité papale dans l'état de l'Église.
1378 Le pape Grégoire XI retourne à Rome.
1447 Le pape Nicolas V raffermit l'autorité pontificale à Rome; il fait construire le château de Saint-Ange.

Les royaumes de Naples et de Sicile.

1309 Robert-le-Bon.
1343 Jeanne Ire, reine de Naples, épouse le prince André de Hongrie.

QUATRIÈME PÉRIODE. 373

1345 Assassinat du roi André; Jeanne épouse le prince Louis de Tarente.
1351 Louis Ier, roi de Hongrie, renonce à ses prétentions au trône de Naples.
1378 Jeanne Ire prend le parti du pape Clément VII contre Urbain VI.
1380 Jeanne Ire adopte Louis Ier, duc d'Anjou, fondateur de la seconde maison des Angevins à Naples.
1382 Charles de Duras fait périr la reine Jeanne Ire et se fait proclamer roi sous le nom de Charles III.
1385 Charles III réunit la couronne de Hongrie à celle de Naples.
1386 Mort de Charles III; le royaume de Naples livré à l'anarchie. Règne glorieux de Ladislas, fils de Charles III.
1401 Union de la couronne de Naples avec celle de Hongrie, par Ladislas.
1414 Jeanne II. Progrès des sciences.
1421 Jeanne II adopte Alphonse V, roi d'Aragon, et l'oppose à Louis III d'Anjou; origine de la lutte entre les Français et les Aragonais.
1423 Adoption de Louis III d'Anjou par la reine Jeanne II.
1435 Mort de Jeanne II. Le royaume de Naples est disputé par René d'Anjou à Alphonse V.
1443 Alphonse V, roi d'Aragon et de Sicile, s'empare du royaume de Naples.
1458 Ferdinand Ier succède à son père au trône de Naples.
1495 Le roi de France Charles VIII s'empare du royaume de Naples.
1504 Le roi d'Espagne Ferdinand-le-Catholique expulse les Français du royaume de Naples.

L'Espagne. — L'Aragon.

1326 Conquête de la Sardaigne par Jacques II, roi d'Aragon.
1348 Victoire de Pierre IV sur les barons.
1409 Réunion de la Sicile et de l'Aragon.
1410 Mort du roi Martin; le trône est disputé par cinq concurrens.
1412 Ferdinand Ier, le Juste, roi d'Aragon et de Sicile.
1416 Alphonse V.
1442 Accroissement de l'autorité du justiza.
1443 Conquête du royaume de Naples.
1458 Jean II, roi d'Aragon, de Navarre, de Sicile et de Sardaigne.
1469 L'infant Ferdinand épouse Isabelle, héritière de Castille.
1479 Ferdinand II le Catholique succède à son père Jean II.

La Castille.

1284 Mort d'Alphonse X; querelle de succession.
1295 Ferdinand IV.
1312 Minorité orageuse d'Alphonse XI, le Justicier.
1324 L'ordre public rétabli par Alponse XI.
1340 Victoire de Tariffe en Andalousie sur les Maures.
1349 Établissement de la taxe dite *Alcavala*.
1350 Pierre-le-Cruel; la Castille agitée par les guerres civiles.
1369 Défaite de Pierre-le-Cruel à la bataille de Montiel; son frère Henri, comte de Transtamare, proclamé roi.
1379 Jean Ier.
1454 Henri IV. La royauté castillane avilie par la noblesse.
1474 Avènement d'Isabelle; grandeur de la Castille.
1479 Victoire de Gonsalve de Cordoue sur les Portugais à Toro.

1478 Introduction du tribunal de l'inquisition.
1492 Conquête de la Grenade par Gonsalve de Cordoue. Découverte de l'Amérique par Christophe Colomb.

Le Portugal.

1325 Alphonse IV.
1357 Pierre I*er*, le Justicier, roi de Portugal. Progrès du commerce et de la navigation.
1383 Extinction de la dynastie de Bourgogne, par la mort de Ferdinand I*er*. Jean-le-Bâtard s'empare du trône.
1385 Bataille d'Aljubarotta, gagnée par Jean I*er* sur les Castillans.
1415 Prise de Ceuta; commencement des conquêtes des Portugais en Afrique.
1419 Découverte de l'île de Madère.
1432 Découverte des îles Açores.
1438 Alphonse V, l'Africain. Les Portugais longent les côtes occidentales de l'Afrique.
1459 Les Portugais prennent possession des îles du cap Vert et de la côte de Guinée.
1471 Conquête de Tanger.
1481 Jean II; lutte entre la royauté et l'aristocratie. Progrès de la navigation portugaise.
1486 Découverte du cap de Bonne-Espérance par Barthélemi Diaz.
1495 Règne glorieux d'Emmanuel-le-Fortuné.
1498 Nouvelle route maritime aux Indes, trouvée par Vasco de Gama; fondation de la domination des Portugais sur la côte de Malabar.
1500 Découverte du Brésil par Cabral.

Les royaumes du Nord.

1320 Règne de Christophe II en Danemarck; il signe une capitulation favorable à la liberté des ordres de l'État.

1340 Waldemar III, rétabli sur le trône, relève le pouvoir royal en Danemarck.
1375 Mort de Waldemar III; extinction de la lignée mâle des anciens rois de Danemarck.
1387 Union du Danemarck et de la Norwège par la reine Marguerite.
1389 Victoire de la reine Marguerite à Falkœping, sur le roi de Suède Albert de Mecklenbourg.
1397 Union des trois royaumes du Nord par le traité de Calmar; Éric de Poméranie successeur de Marguerite.
1448 Mort de Christophe-le-Bavarois, roi de l'Union; avènement de Christian Ier d'Oldenbourg au trône de Danemarck; rupture du traité de Calmar. Charles Canutson-Bonde élu roi de Suède, sous le nom de Charles VIII.
1450 Christian Ier, roi de Danemarck, renouvelle l'union avec la Norwège.
1459 Le Sleswig et le Holstein passent à la maison d'Oldenbourg.

La Pologne et l'ordre teutonique.

1309 Union de la grande et de la petite Pologne par Ladislas Lokieteck.
1320 La dignité royale rendue permanente par Ladislas Lokieteck.
1340 Casimir-le-Grand fait la conquête de la Russie-Rouge.
1343 Casimir renonce à la Poméranie et à la souveraineté de la Silésie.
1349 Conquête de la Volhynie et de la Podolie sur les Lithuaniens.
1355 Extension des priviléges de la noblesse polonaise.
1370 Mort de Casimir-le-Grand; fin des rois Piast. Louis Ier, roi de Hongrie, élu roi de Pologne.

1386 Ladislas Jagellon, grand-duc de Lithuanie, roi de Pologne. Union de la Lithuanie à la Pologne et introduction du christianisme dans le premier de ces pays. Guerre contre l'ordre teutonique et les Russes.
1410 Défaite des chevaliers teutons à Tannenberg.
1434 Ladislas VI, fils de Jagellon.
1445 Casimir IV fait la conquête d'une partie de la Prusse.
1466 Paix de Thorn; la Prusse partagée entre la Pologne et l'ordre teutonique.

La Hongrie.

1301 Mort du roi André III, extinction de la race d'Arpad; avènement de Charles Robert, de la maison des Angevins de Naples.
1308 La couronne de Hongrie déclarée héréditaire.
1342 Louis Ier, le Grand; progrès de la civilisation.
1369 Conquête de la Valachie et de la Moldavie.
1381 Cession de la Dalmatie par les Vénitiens.
1388 Sigismond de Luxembourg.
1396 Sigismond défait par les Turcs à Nicopolis.
1405 Les députés des villes admis à la diète.
1437 Albert II, gendre de Sigismond, roi de Hongrie.
1440 Ladislas VI de Pologne; la Hongrie ravagée par les Turcs.
1456 Jean Hunyade force le sultan Mahomet II à lever le siége de Belgrade.
1458 Mathias Corvin, roi de Hongrie, combat glorieusement les Turcs et protège la civilisation.
1463 La Bosnie est enlevée aux Turcs.
1485 Les Hongrois font des conquêtes en Autriche.
1490 Mort de Mathias Corvin; Ladislas, roi de Bohême, obtient la couronne. Renouvellement des guerres contre les Turcs.

La Russie.

1320 Démembrement de la Russie par les Polonais et les Lithuaniens.
1328 Les grands-ducs de Russie fixent leur résidence à Moscou.
1380 Victoire sur les Tartares, près du Don, par le grand-duc Dimitry III, Iwanowitsch-Donskoï.
1382 Sac de Moscou par les Tartares.
1395 La Russie envahie par les Tartares sous Tamerlan.
1462 Iwan III, Wasiliewitsch, grand-duc de Russie, second fondateur de la monarchie russe.
1478 Soumission de la ville de Nowgorod.
1481 Iwan III, Wasiliewitsch, secoue le joug des Tartares du Kaptschak.

L'empire grec et les Turcs-Ottomans.

1261 Michel Paléologue, empereur de Nicée, s'empare de Constantinople. Fin de l'empire des Latins.
1300 Fondation de l'empire turc-ottoman; affaiblissement de l'empire grec.
1327 Orkhan, fils d'Ottoman, prend le nom de Grand-Sultan.
1356 Orkhan étend ses conquêtes dans la Chersonèse de Thrace.
1360 Amurat Ier; conquête de la Thrace; la résidence fixée à Andrinople; institution des janissaires.
1389 Mort d'Amurat Ier à la bataille de Cossova en Servie.
1396 Conquête de la Servie et de la Bulgarie, par Bajazet Ier.
1402 Défaite de Bajazet Ier par Timour, à la bataille d'Ancyre.
1413 Mahomet Ier, sultan turc, menace Constantinople.
1443 George Castriota, surnommé Scanderbeg, prince albanais, vainqueur des Turcs.

QUATRIÈME PÉRIODE. 379

1444 Victoire de Varna sur les Hongrois par Amurat II; la domination des Turcs fixée en Europe.
1453 Siége et prise de Constantinople par les Turcs, sous Mahomet II. Constantin IX, Dragasès, dernier empereur grec.
1461 Soumission de la Grèce, du Péloponèse, de la Servie, de la Bosnie, de la Valachie, de l'Épire (Albanie), de l'État de Trébisonde.
1481 Bajazet II. Défense héroïque de l'île de Rhodes, par Pierre Daubusson, grand-maître de l'ordre de Saint-Jean.

FIN DE LA CHRONOLOGIE.

TABLE DES MATIÈRES.

	Pages
AVANT-PROPOS	1
CONSIDÉRATIONS PRÉLIMINAIRES	11
Les peuples de la Germanie avant leur établissement dans les provinces romaines.	22

PREMIÈRE PÉRIODE (406-800).

Observations générales.	33
Peuples qui ont figuré dans la migration.	41
Invasion des Vandales, Suèves et Alains dans la Gaule. Établissement de ces peuples en Espagne.	42
Conquête de l'Afrique septentrionale par les Vandales. Fin de leur domination	43
Les Suèves en Espagne.	45
Les Visigoths. Leur invasion en Italie sous Alaric .	Ib.
Les Visigoths en Gaule.	Ib.
Établissement des Francs dans la Gaule belgique jusqu'à Clovis.	48
Établissement des Bourguignons en Gaule.	49

	Pages
Invasion des Huns en Gaule et en Italie	50
Conquête de la Bretagne par les Anglo-Saxons	51
Destruction de l'empire d'Occident par les Hérules	53
Conquête de l'Italie par les Ostrogoths	54
Grandeur des Ostrogoths sous Théodoric	Ib.
Décadence et chute du royaume des Ostrogoths	55
Établissement des Lombards en Italie	56
Fondation de la monarchie des Francs par Clovis, jusqu'à l'avènement de Charlemagne	58
État social des Francs depuis leur établissement dans les Gaules	64
Empire d'Orient	71
Les Arabes	74
Fondation du califat des Abbassides et de celui de Cordoue ou d'Espagne	77
Les premiers califes Abbassides. Progrès de la civilisation parmi les Arabes	78

DEUXIÈME PÉRIODE (800-1095).

Observations générales	80
Empire des Francs sous Charlemagne	90
Guerres et conquêtes de Charlemagne	Ib.
Institutions civiles, politiques et littéraires	93
Règne de Louis-le-Débonnaire, jusqu'au démembrement de l'empire des Francs au partage de Verdun	99
Traité de Verdun	103
Nouveaux démembremens de l'empire des Francs jusqu'à la déposition de l'empereur Charles-le-Gros	104
Aperçu des partages qui eurent lieu depuis 855 jusqu'en 881	105
La France sous Charles-le-Chauve	106

	Pages
Progrès de la féodalité sous les derniers Carlovingiens.	107
La France depuis le règne d'Eudes jusqu'à l'avènement des Capétiens	108
Hugues-Capet et ses trois premiers successeurs	111
L'Angleterre sous les Anglo-Saxons, jusqu'à la conquête des Normands.	114
L'Allemagne, depuis l'avènement de la maison de Saxe jusqu'à la conquête de l'Italie par Othon Ier.	119
Les successeurs d'Othon-le-Grand jusqu'à la mort de Henri II.	123
L'Allemagne et l'Italie sous les premiers empereurs de la maison de Franconie, jusqu'à l'époque de la lutte entre l'empire et le sacerdoce.	124
Henri IV, empereur de la maison de Franconie, et le pape Grégoire VII.	127
L'empereur Henri V. Fin de la querelle des investitures	131
Établissement des Normands dans l'Italie méridionale.	132
L'Espagne. Démembrement du califat des Ommiades.	134
Accroissement des royaumes chrétiens en Espagne. Fondation du royaume de Portugal.	136
Coup d'œil sur l'histoire de l'Orient.	137
Les Turcs Seljoucides	138
Empire d'Orient.	139
Avènement de la maison des Comnène	140
Les peuples du Nord.	141
La Norwège	143
Le Danemarck	144
La Suède.	146
La Pologne.	*Ib.*
La Russie	147
La Hongrie.	149

TROISIÈME PÉRIODE (1095-1300).

	Pages
Observations générales.	152
Les croisades.	161
Première croisade.	163
Le royaume de Jérusalem	164
Les ordres religieux et militaires.	165
Seconde croisade	167
Destruction du royaume de Jérusalem par Saladin.	168
Troisième croisade.	169
Quatrième croisade	171
Empire franc ou latin à Constantinople	172
Cinquième et sixième croisades	173
Croisades de Louis IX	175
Effets des croisades	177
Origine des communes.	179
Organisation des communes.	181
Affranchissement des serfs de la campagne	183
La France.	184
L'Angleterre.	194
L'Allemagne et l'Italie.	208
L'Italie.	231
L'Espagne et le Portugal	235
Les peuples du nord et de l'orient de l'Europe	239
Conquête de la Prusse par les chevaliers teutons, et de la Livonie par l'ordre des Porte-Glaives	243
La Pologne.	244
La Hongrie.	245
La Russie	246

QUATRIÈME PÉRIODE (1300-1500).

Observations générales.	248
Décadence du pouvoir papal.	251
La France.	254

TABLE DES MATIÈRES.

	Pages
Guerres entre la France et l'Angleterre	263
La France sous Louis XI	266
La France sous Charles VIII	269
L'Angleterre	272
L'Allemagne et la Suisse	282
La maison de Bourgogne jusqu'à la mort de Charles-le-Téméraire	293
L'Italie	295
Le Milanais	296
Florence	298
Venise	302
Gênes	303
État de l'Église	304
Les royaumes de Naples et de Sicile	307
L'Espagne	311
Le Portugal	316
Les royaumes du Nord	318
Les ordres teutonique et de Livonie	321
La Pologne	322
La Hongrie	324
La Russie	327
L'Empire grec et les Turcs-Ottomans	329
Conclusion	332
TABLEAU CHRONOLOGIQUE ET ETHNOGRAPHIQUE DU MOYEN AGE	333

FIN.

ERRATA.

Page 53, ligne 3, Lingaird, *lisez:* Lingard.
— 78, — 21 et 22, Al-Maimun, *lisez:* Al-Mamon.
— 79, — 5, Aysubites, *lisez:* Ayoubites.
— 96, — 27, *supprimez:* 3°.
— 97, — 18, *supprimez:* 4°.
— 136, — 7, Odogno, *lisez:* Ordogno.
— 138, — 7 et 8, émirs, al-Omrah, *lisez:* Émirs-al-Omrah.
— 139, — 23, Maraïs-des-Schus Joseph, *lisez:* Maraïs des Sohns Josephs.
— 144, — 28, Blaatland, *lisez:* Blaatand.
— 147, — 14, Borziwoz, *lisez:* Borziwoy.
— 194, — 22 et 23, (1100-1187), *lisez:* (1087-1100).
— 213, — 3, fils de Léopold, *lisez:* frère de Léopold.
— 233, — 17, Henri IV, *lisez:* Henri VI.
— 246, — 17, époux de Marie, *lisez:* petit-fils de Marie.
— 272, — 13, Charles Nodier, *lisez:* Naudet.
— 293, — 23 et 24, augmentèrent leur prospérité, *lisez:* en augmentèrent la prospérité.
— 313, — 9, ils, *lisez:* elles.
— 331, — 8, Jean Castriota, *lisez:* George Castriota.

A LA MÊME LIBRAIRIE.

SOUS PRESSE:

COURS
DE DROIT CIVIL FRANÇAIS,

TRADUIT DE L'ALLEMAND

DE

M. ZACHARIÆ,

PROFESSEUR A L'UNIVERSITÉ DE HEIDELBERG,

CORRIGÉ ET AUGMENTÉ,

DE CONCERT AVEC L'AUTEUR,

PAR

MM. AUBRY ET RAU,

PROFESSEURS A LA FACULTÉ DE DROIT DE STRASBOURG.

4 VOL. IN-8°.

www.ingramcontent.com/pod-product-compliance
Lightning Source LLC
Chambersburg PA
CBHW050433170426
43201CB00008B/655